Research on the Influence Mechanism and
Economic Consequences of Government R&D Subsidy on
Enterprise Innovation Performance

政府 R&D 补贴
对企业创新绩效的影响机制
及经济后果研究

邵欢　刘星◎著

中国财经出版传媒集团
经济科学出版社
Economic Science Press

图书在版编目（CIP）数据

政府 R&D 补贴对企业创新绩效的影响机制及经济后果研究/邵欢，刘星著．－－北京：经济科学出版社，2021.11

ISBN 978 - 7 - 5218 - 3122 - 1

Ⅰ.①政…　Ⅱ.①邵…②刘…　Ⅲ.①政府补贴 - 影响 - 企业创新 - 经营决策 - 研究 - 中国　Ⅳ.①F279.23

中国版本图书馆 CIP 数据核字（2021）第 246150 号

责任编辑：杨　洋　卢玥丞
责任校对：郑淑艳
责任印制：王世伟

政府 R&D 补贴对企业创新绩效的影响机制及经济后果研究
邵　欢　刘　星　著
经济科学出版社出版、发行　新华书店经销
社址：北京市海淀区阜成路甲 28 号　邮编：100142
总编部电话：010 - 88191217　发行部电话：010 - 88191522
网址：www.esp.com.cn
电子邮箱：esp@ esp.com.cn
天猫网店：经济科学出版社旗舰店
网址：http://jjkxcbs.tmall.com
北京季蜂印刷有限公司印装
710 ×1000　16 开　15.5 印张　220000 字
2022 年 6 月第 1 版　2022 年 6 月第 1 次印刷
ISBN 978 - 7 - 5218 - 3122 - 1　定价：60.00 元
（图书出现印装问题，本社负责调换。电话：010 - 88191510）
（版权所有　侵权必究　打击盗版　举报热线：010 - 88191661
QQ：2242791300　营销中心电话：010 - 88191537
电子邮箱：dbts@ esp.com.cn）

前言

　　基于我国大部分企业主要采取"引进、消化、吸收及再创新"的利用式创新模式，而对具有突破性的探索式创新重视不足的现状，以及银行等债权投资者与股权投资者因其风险特性差异而对不同风险类别的企业创新活动具有差异化支持特性的现实状况。如果仅从债权融资的视角考察政府研究与开发（research & development，R&D）补贴对企业融资的影响，而轻视 R&D 补贴对股权融资影响的重要性，则不利于我们从更为完整的逻辑画像厘清 R&D 补贴该如何引导外部资金助力企业研发这一问题。并且，如果仅从 R&D 补贴能否引导外部资金助力企业研发的视角来分析其政策效果，而轻视企业创新战略的重要性，则不仅可能因企业创新战略的实际情况与 R&D 补贴的目标南辕北辙而使 R&D 补贴的政策效果大打折扣。而且在目前我国为企业降税减负的趋势与中央、地方财政压力不断吃紧的矛盾下，仍可能无法更好地优化我们的 R&D 补贴政策以提升其补助效率。此外，基于技术创新是一项系统和持续的进程，企业进行创新的过程中，其创新相关的风险与持续经营风险等交织相伴，良好的持续经营状况是企业进行创新这一持续性活动的基本保障，因此企业需考虑创新失败带来的风险是否会影响其持续经营，尤其是当企业进行探索式创新等风险相对较大的创新活动时，更需如此。并且，面对企业持续经营风险可能长期凸显的状况，以及 IPO 监管思路从强调持续盈利能力到注重持续经营能力的转变，企业的持续经营风险无疑将成为投资者和监管层关注的焦点。

鉴于此，本书通过手工归集 2007～2019 年 A 股上市制造业企业的政府 R&D 补贴数据，基于信息不对称理论、信号理论、资源依赖理论和间断平衡理论等，以规范分析和实证研究的方法，从股权融资和创新战略的视角研究 R&D 补贴对企业创新绩效的影响机制，进而从持续经营风险的角度探讨 R&D 补贴对企业创新绩效影响的经济后果。研究发现：在样本范围内，R&D 补贴能显著增加企业的股权融资额度、减少企业的股权融资成本、促进企业的创新战略重心转换、提升企业的创新绩效和降低企业的持续经营风险。且在增补重要控制变量、改变回归样本、更换主要变量度量指标、变更回归方法及考虑各类内生性问题的稳健性检验后，上述结论依然成立。并且，经中介效应检验后发现，R&D 补贴可通过增加企业的股权融资额度、降低股权融资成本或增加企业创新战略重心由利用式创新向探索式创新转变的程度来提升企业的创新绩效，进而降低其持续经营风险。但 R&D 补贴也可通过促进企业的创新战略重心由探索式创新向利用式创新转换的程度来降低企业的创新绩效，进而增加其持续经营风险。此外，结合理论分析与假设推导的主要逻辑，经调节效应检验后发现，企业所受融资约束程度越低、寻租越严重或影子银行化水平越高，越会弱化 R&D 补贴对企业股权融资额度的增加效应、对股权融资成本的减少效应、对创新战略重心转化的促进效应、对创新绩效的提升效应及对持续经营风险的降低效应。

本书补充了现有的关于政府 R&D 补贴与企业创新绩效影响机制和路径的相关文献，拓展了有关 R&D 补贴经济后果和持续经营风险影响因素的研究，为我国的 R&D 补贴政策该如何从股权融资和创新战略的路径去引导企业提高其对基础研究的重视程度，以缓解或突破"利用式创新过度、探索式创新不足"的"创新困境"提供了理论参考和经验借鉴。本书不仅为企业是否应当对研发项目实施积极的管理提供了一定的参考，还能为政府优化其 R&D 补贴政策、提升其 R&D 补贴效率提供创新战略重心转换层面的视角，并能为企业厘清 R&D 补贴如何通过创新影响其持续经营风险提供实证参考依据。

目 录 <<

<< CONTENTS

第1章 绪 论

1.1 现实背景与理论背景

1.1.1 现实背景

自1978年改革开放以来，中国积极参与国际生产网络和全球价值链分工体系，并依靠劳动、土地和资本等要素的禀赋优势逐步成长为制造业大国。但由于中国制造业过度依赖自身的比较优势，自主创新能力不足及发达国家对中国制造业实行技术封锁和控制等原因，致使中国制造业长期处于全球价值链的中低端环节，核心竞争力明显不足，在关键材料、核心部件和重大装备等领域仍受制于人，尤其是近年来中美贸易摩擦背景下的"芯片危机"等事件折射出核心技术"受制于人"的心头之痛。一方面，随着劳动、土地等要素成本不断上涨和国际经贸摩擦加剧，印度、越南等发展中国家的"中低端分流"和发达国家的"高端回流"对中国制造业的生存和发展空间造成了双重挤压，由创新引致的转型升级成为中国制造业拓展存续空间、突破"大而不强"困境的关键。另一方面，由于新冠肺炎疫情对全球经济的冲击、地缘政治风险上升和中美关系的不确定性进一步加剧等原因，国际经济大循环动能趋势减弱，中国制造业能否在国内、国际经济双循环中通过创新提供新的产品和服务、挖掘新的市场潜力成为其存续的关键。党中央和国务院也高度重视科技创新的政策扶持与引导，为此作出了一系列重大部署，出台了一系列政策文件。如党的十八大提出实施创新驱动发展战略；党的十八届五中全会提出把创新摆在国家发展全局的核心位置；党的十九大提出创新是引领发展的第一动力和建设现代化经济体系的战略支撑①。《中华人民共和国国民经济和社会发展第十三个五年规划纲要》提出深入推进大众创业万众创新，《中共中央关于制定国民经济和社会发展第十四个五年规划和二○三五年远景目标的建议》提出坚持创新在现代化建设全局中的核心地位，并把科技自主自强作为国家发展的战略支撑。此外，党中央和国务院还陆续颁布了《国家创新驱动发展战略纲要》《关于深化体制机制改革加快实施创新驱动发展战略的若干意见》《促进科技成果转化法》《深化科技体制改革实施方案》等一系列政策文件。

近些年，随着中国经济不断增长及中央与地方政府对科技创新的政策扶持和引导，中国的研究与发展（R&D）投入总额和 R&D 投入强度（R&D 支出/GDP）不断攀升（见图 1-1）。根据世界银行公布的数据，中国的 R&D 投入总额从 1996 年的 48.650 亿美元逐步增长到 2018 年的 3036.962 亿美元，已超过日本的 1617.502 亿美元和欧盟（欧洲货币联盟）的 2983.997 亿美元，仅次于美国的 5825.446 亿美元，居世界第 2 位。中国的 R&D 投入强度从 1996 年的 0.563 逐步攀升到 2018 年的 2.186，已接近欧盟的 2.210，位居世界第 12 位。从我国在国外和国内获得的授权专利数来看，中国当年在国外获得授权的专利总数从 1996 年的 3.444 千件逐步增长到 2018 年的 112.049 千件，在国内获得授权的专利总数从 1996 年的 39.725 千件逐步增长到 2018 年的 2335.411 千件，高居世界第一位。其中，国外获得授权的发明专利从

---

① 《中国共产党第十八次全国代表大会》提出实施创新驱动发展战略。

1996 年的 1.582 千件增长到 2018 年的 86.188 千件，国内获得授权的发明专利从 1996 年的 1.383 千件增长到 2018 年的 345.959 千件。国外获得授权的实用新型专利从 1996 年的 0.16 千件增长到 2018 年的 7.303 千件，国内获得授权的实用新型专利从 1996 年的 26.961 千件增长到 2018 年的 1471.759 千件。国外获得授权的外观设计专利从 1996 年的 1.702 千件增长到 2018 年的 18.558 千件，国内获得授权的外观设计专利从 1996 年的 11.381 千件增长到 2018 年的 517.693 千件。总体而言，我国在获得授权的专利总数、发明专利总数、实用新型专利总数和外观设计专利总数方面均已超过美国、日本、德国、法国和英国等世界主要经济体（见图 1-2）。

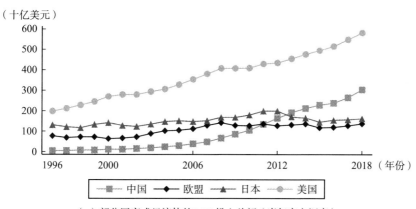

（a）部分国家或经济体的 R&D 投入总额（当年官方汇率）

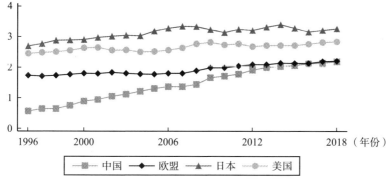

（b）部分国家或经济体的 R&D 投入强度（当年 R&D 投入总额/GDP）

图 1-1　部分国家或经济体的 R&D 投入总额和 R&D 投入强度

资料来源：世界银行官网。

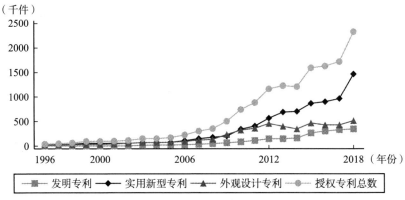

（a）中国在国内获得授权的各类专利数

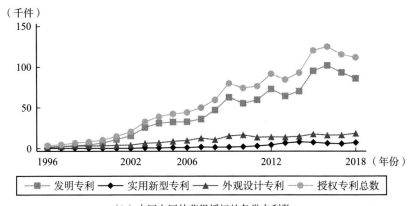

（b）中国在国外获得授权的各类专利数

图 1-2 中国在国内和国外获得授权的各类专利数

资料来源：国泰安 CSMAR 数据库。

但中国在全球的创新竞争力与自身在 R&D 投入和专利授权方面的全球
领先地位并不匹配。根据世界经济论坛发布的《2018 年全球竞争力报告》
和《2019 年全球竞争力报告》，在 2018 年和 2019 年，德国的创新能力均排
名世界第 1 位，美国均排名世界第 2 位，日本分别排名世界第 6 位和第 7
位，英国分别排名世界第 7 位和第 8 位，法国分别排名世界第 11 位和第 9
位，而中国的创新能力仅均位列世界第 24 位。根据世界知识产权组织、康
纳尔大学和欧洲工商管理学院发布的《2018 年全球创新指数报告》和
《2019 年全球创新指数报告》，在 2018 年和 2019 年，美国的创新指数分别

排名世界第 6 位和第 3 位，英国分别排名世界第 4 位和第 5 位，德国均排名世界第 9 位，日本分别排名世界第 13 位和第 15 位，法国均排名世界第 16 位，中国则分别排名世界第 17 位和第 14 位。根据中国科学技术发展战略研究院发布的《国家创新指数报告 2018》和《国家创新指数报告 2019》，中国的创新指数排名分别位列全球第 17 位和第 15 位，低于美国、日本、德国、英国和法国等发达国家。

由此可见，虽然中国在全球的创新竞争力正逐步提升，但中国在 R&D 投入和专利授权等方面的全球领先地位与其在全球的创新竞争力并不匹配。究其原因，可以从 R&D 经费支出结构和专利质量等方面窥探一二。从 R&D 经费支出结构来看，中国的 R&D 经费支出中（见图 1-3），基础研究经费从 1996 年的 20.2 亿元逐步增长到 2018 年的 1090.37 亿元。并且，1996~2018 年，基础研究经费占 R&D 经费支出的比例常年在 4.595%~5.959% 上下浮动。应用研究经费从 1996 年的 99.1 亿元逐步增长到 2018 年的 2190.87 亿元，且应用研究经费占 R&D 经费支出的比例整体呈下降趋势，从 1996 年的 24.505% 震荡下滑到 2018 年的 11.134%。试验发展经费从 1996 年的 285.1 亿元逐步增长到 2018 年的 16396.69 亿元，且试验发展经费占 R&D 经费支出的比例整体呈上升趋势，从 1996 年的 70.5% 缓慢震荡攀升到 2018 年的 83.325%。整体而言，1996~2018 年，中国基础研究经费、应用研究经费和试验发展经费皆保持增长态势，其中试验发展经费已位居世界第一位，并且试验发展经费的增长速度最快，其次为应用研究经费，而基础研究经费的增长速度则最慢。此外，根据美国国家科学基金会（NSF）发布的《2018 科学与工程指标》，基础研究经费在欧美等发达国家的总研发经费配置中往往能达到 16% 以上的比例，如法国可达 24.4%、美国 16.9%、英国 16.9%，中国基础研究经费占比则不足 6%，远低于发达国家的平均水平。而基础研究能力是建设世界科技强国的必然要求，是成为世界科技强国的关键要素。从专利质量来看，据中国专利数据统计及分析公司——智慧芽对 1978~2017 年美国、英国、德国、法国和日本的专利申请类别的统计分析发现，首先，美国申请的发明专利占总申请专利数的比重高达 90.43%，日本为 82.92%、德国为 80.5%、英国为 72.27%、法国为 68.81%，而中国申请的发明专利占比仅为 35.53%，且有效专利占所有专利的比重不到 50%。其次，2000～2016 年，美国、德国、日本和韩国等国家的专利申请得到许可的比例都高达 40% 以上，而中国的这一比例仅为 23.4%。即使到 2019 年，中国的专利申请许可比例仍不到 30%。最后，权威的专利统计及分析机构 Innography 结合专利被引用次数等因子将专利强度按分值由低到高排列后，把专利分为一般专利、重要专利和核心

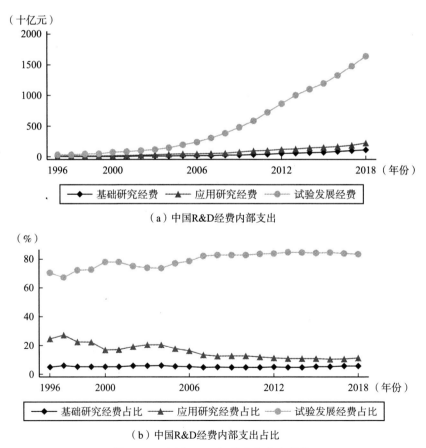

（a）中国R&D经费内部支出

（b）中国R&D经费内部支出占比

图 1-3　中国 R&D 经费内部支出结构

资料来源：国泰安 CSMAR 数据库。

专利三个等级，并参考 2015 年的专利数据情况，发现美国的一般专利数量、重要专利数量和核心专利数量在专利授权总量中的占比分别为 51.04%、42.56%、6.40%，而中国这一比例则分别为 93.57%、6.27%、0.16%，重要专利和核心专利比例远低于美国。

此外，从微观企业的研发情况来看，据《中国科技统计年鉴》的数据显示，在 2003~2018 年间，中国企业的 R&D 经费内部支出连续多年保持正增长，但增长率从 2004 年的高点 41.600% 逐步下滑到 2018 年的 12.155%。中国企业的 R&D 经费内部支出占 GDP 的比重则从 2003 年的 0.699% 逐步攀升到 2018 年的 1.692%，但中国政府的资金占企业 R&D 经费内部支出比重整体呈下降趋势，从 2003 年的高点 4.926% 逐步下滑到 2018 年的 3.225%（见图 1-4）。根据《中国工业企业科技活动统计年鉴》的数据（见图 1-5），2008~2018 年，中国规模以上工业企业的 R&D 经费支出从 2008 年的 3073.1 亿元高速增长到 2018 年的 12954.83 亿元，专利申请数从 2008 年的 173.573 千件（其中发明专利申请数 59.254 千件）快速增长到 2018 年的 957.298 千件（其中发明专利申请数 371.569 千件），但专利多而质量不高的特点仍旧较为显著。而且，根据科睿唯安（原汤森路透知识产权与科技事业部）发布的《2018~2019 年德温特全球百大创新机构》报告和《德温特 2020 年度全球百强创新机构》报告，美国在 2018 年和 2019 年分别有 32 家和 39 家企业入选全球百大创新机构，日本分别有 39 家和 32 家企业入选，法国均有 5 家企业入选，德国均有 4 家企业入选，而中国仅均有 3 家企业入选。其中 2018 年为华为、比亚迪和小米，2019 年为腾讯、小米与华为。另外，虽然在 2008~2018 年间，我国规模以上工业企业的 R&D 支出保持高速增长[1]，但 R&D 支出占主营业务收入的比重却增长缓慢，仅从 2008 年的 0.61% 缓慢增长到 2018 年的 1.25%，在此期间，R&D 支出占主营业务收入比重平均

---

① "规模以上工业企业"，1998~2006 年，是指全部国有和年主营业务收入 500 万元及以上的非国有工业法人单位；2007~2010 年，统计范围调整为年主营业务收入 500 万元及以上的工业法人单位；2011 年开始至今，统计范围为年主营业务收入 2000 万元及以上的工业法人单位。

仅 0.83%。最后，中国 A 股上市企业的 R&D 投入总额从 2007 年的 131 亿元左右震荡攀升到 2019 年的 8662 亿元左右，其中上市工业企业的 R&D 投入总额从 2007 年的 12 亿元左右增加到 2019 年的 6420 亿元左右，上市制造业企业的 R&D 投入总额从 2007 年的 12 亿元左右上升到 2019 年的 5810 亿元左右。而且，2007～2019 年，中国 A 股上市企业的 R&D 投入强度（R&D 投入总额/营业收入总额）在 1.58%～3.93% 浮动，平均值约为 2.69%。上市工业企业的 R&D 投入强度在 1.78%～5.11% 波动，平均值约为 3.32%。上市制造业企业的 R&D 投入强度则在 1.87%～5.77% 的范围内，平均值约为 3.74%（见图 1－6）。根据欧盟的统计标准，5% 以上属于高研发强度，

（a）中国企业的R&D经费内部支出增长率

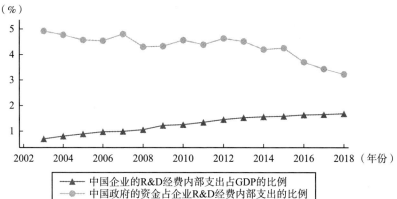

（b）中国企业的R&D经费内部支出占GDP比例和政府资金占企业R&D经费内部支出比例

图 1－4 中国企业 R&D 经费内部支出及结构

资料来源：《中国科技统计年鉴》。

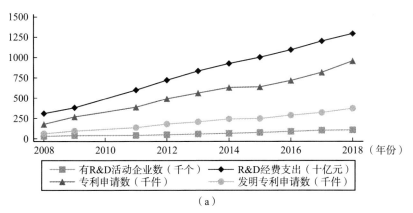

（a）

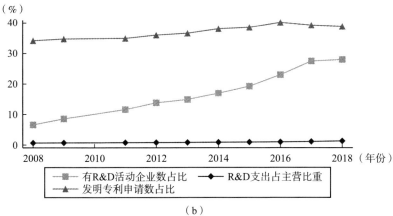

（b）

图 1-5 中国规模以上工业企业的 R&D 投入和 R&D 投入强度等信息

资料来源：《中国工业企业科技活动统计年鉴》。

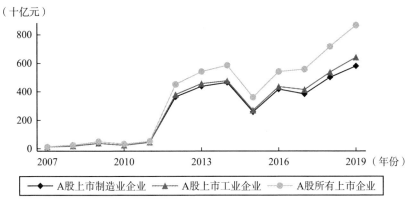

（a）A股各类上市企业研发投入总额

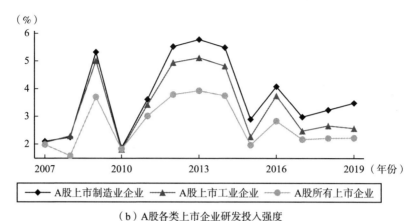

（b）A股各类上市企业研发投入强度

图 1-6 中国 A 股各类上市企业的 R&D 投入和 R&D 投入强度

资料来源：国泰安 CSMAR 数据库。

此类企业一般被认为具备充分的研发竞争力优势，2% 以下属于中低强度，不足 1% 则属于低强度。而中国工业企业在 2008～2018 年的研发强度最高也仅为 1.25% 左右，均值约为 0.83%，位于低研发强度或中低研发强度之列。中国上市企业的情况则相对较好，2007～2019 年，上市企业、上市工业企业和上市制造业企业的平均研发强度分别约为 2.69%、3.32% 和 3.74%，但离 5% 的高研发强度还有一段距离。

由上可知，整体而言，随着经济的持续增长和创新驱动发展等战略的持续推进，中国在全球的创新竞争力正逐步提升。但中国在全球的创新竞争力与其在 R&D 投入和专利授权等方面的全球领先地位并不匹配，存在基础研究投入不足和专利质量不高等问题。改革开放以来，中国制造业企业通过直接引进国外先进技术的方式增加了技术积累，并为自主创新能力的提升奠定了一定基础。但如果大部分企业不能打破此前主要采取"引进、消化、吸收及再创新"的利用式创新模式的创新战略惯性，仍旧对具有突破性的探索式创新模式重视不足，则在该模式下，企业虽然可以在短期内获得部分非核心技术，却难以得到支撑其长远发展的关键核心技术。企业作为微观经济活动的主体，2002～2018 年，其资金占中国 R&D 经费内部支出比例逐步提升，目前，企业资金占比已高达近 80%，是名副其实的创新主力军（见图 1-7）。企业的技术进步和突破事关中国经济能否由过去的要素粗放型拉动向技术创新型驱动成功过渡，因此要通过创新驱动发展的方式支撑和引领中国经济由高速增长阶段向高质量发展阶段迈进。企业能否取得技术进步和突破的核心在于其 R&D 活动，企业 R&D 活动的溢出性会增加其研发成本和投资风险进而抑制其 R&D 投资的积极性，而 R&D 活动的吸收性却不能有效弥补 R&D 活动溢出性带来的 R&D 投资不足，从而导致市场

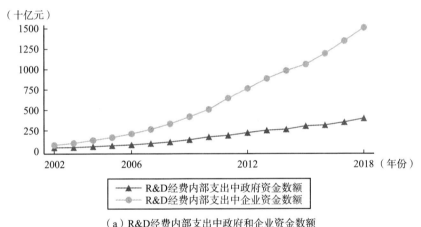

（a）R&D 经费内部支出中政府和企业资金数额

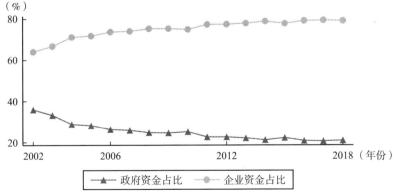

（b）R&D 经费内部支出中政府资金和企业资金占比

图 1-7 中国 R&D 经费内部支出中政府资金和企业资金

资料来源：《中国统计年鉴》。

机制内企业 R&D 活动欠缺。但对政府而言，R&D 投入的外部经济性有利于产业整体创新能力的提升和社会的长远发展。鉴于此，各国政府一般采取 R&D 补贴等政策工具来弥补企业 R&D 投资的不足，如中国的新能源汽车、印度的医药、日本的超大规模集成电路和美国的计算机等产业的 R&D 活动都曾获得了政府的大力扶持。那么，中国的 R&D 补贴政策工具对企业的研发行为具有什么样的影响？又会如何影响企业的创新产出和绩效？中国的 R&D 补贴政策工具该如何引导企业的创新行为，以逐步缓解或克服目前中国存在的基础研究投入不足、利用式创新过度、探索式创新不足等问题？另外，在目前中国为企业降税减负趋势背景和中央、地方财政压力不断吃紧的矛盾下，如何优化中国的 R&D 补贴政策，以更好地发挥 R&D 补贴的杠杆作用，引导企业内部和外部资金助力研发，努力实现公共财政资源的优化配置？这些问题都值得进一步审慎思考和深入研究。

1.1.2　理论背景

企业的技术创新以知识的积累和连续吸收为典型特征，其 R&D 活动具有明显的资产专用性，失败带来的沉没成本较高。而且，由于企业的 R&D 活动具有过程较为复杂、见效周期较长等特征，加之 R&D 投资活动的评价标准难以准确量化，存在较大的主观性，这容易引发研发管理者与研发参与者之间的逆向选择和道德风险问题，从而使得企业 R&D 活动面临的不确定性较大。此外，企业 R&D 活动产生的技术知识具有溢出性等特征，可通过研发活动产生的专利、研发人员流动及研发交叉许可协议等方式溢出到其他企业。当市场对这些技术知识缺乏严格的制度保护时，企业的 R&D 成果容易被其竞争对手模仿甚至剽窃，此时，企业在 R&D 活动中的成果也为其他企业带来了部分收益，甚至增强了竞争对手的实力。最后，由于企业 R&D 活动的专业性较强、中国的知识产权保护意识较为薄弱、关于研发信息的会计公开制度不够健全及第三方信息提供主体较为匮乏等原因，致使外部投资者与企业之间有关企业的 R&D 活动存在较大的信息不对称性。企业 R&D 活动的这些特征通常使其较难吸引到外部资金用于自身研发，此时，在无政府 R&D 补贴的情况下，企业的 R&D 活动资金来源大多依靠自身。此外，从《2017·中国企业家成长与发展专题调查报告》来看，2016 年受调查企业创新的主要风险集中在创新资金的有效供给、知识产权侵权和创新竞争上，而创新资金链断裂风险最为致命（仲为国等，2017）。一旦企业内部资金不充足，企业的创新活动就可能面临资金链断裂并进而导致研发项目停滞的风险，此时，外部资金的支持就显得尤为重要。而据《中国科技统计年鉴》的数据，2003～2018 年，中国规模以上工业企业的 R&D 经费内部支出中，政府资金占比在 3.23%～4.93%，平均占比仅约 4.32%，这无疑是杯水车薪。

对政府而言，R&D 补贴政策的初衷不仅在于 R&D 补贴能作为一种资源直接激励企业增加 R&D 投入，也希望它能作为一种信号引导更多的外部资金助力企业研发。有大量文献从这两个视角对 R&D 补贴政策的效果进行了分析和研究：部分学者认为因政府 R&D 补贴会降低企业对其研发项目的风险预期，R&D 补贴可溢出到企业的其他 R&D 项目并进而间接降低其他 R&D 项目的固定成本，以及知识的溢出性提升了其他 R&D 项目的成功概率等原因，致使 R&D 补贴对企业的 R&D 投入具有激励效应。如胡德和胡辛格（Hud & Hussinger，2015）利用德国的数据，恩格尔等（Engel et al.，2016）利用瑞士的数据，霍滕罗特等（Hottenrott et al.，2017）利用比利时的数据，贝都和范德施托肯（Bedu & Vanderstocken，2019）利用法国的数据，比安基尼等（Bianchini et al.，2019）利用西班牙等国家的数据，佛瑞恩（Florian，2020）利用欧盟的数据，解维敏等（2009）、王俊（2010）、白俊红（2011）、李玲和陶厚永（2013）、廖信林等（2013）、郑世林和刘和旺（2013）、王业斌（2014）、杨向阳和童馨乐（2014）、李永等（2015）、刘等（Liu et al.，2016）、郭迎锋等（2016）、伍健等（2018）和孙等（Sun et al. , 2020）等利用中国的数据，皆发现 R&D 补贴对企业 R&D 投入具有一定的激励效应（该激励效应可能受地区、行业或企业等层面的异质性影响）。但也有学者认为，由于政府 R&D 补贴会提升要素需求进而提升要素价格，从而抑制企业 R&D 投入，R&D 补贴与企业 R&D 投入私人支出的替代效应，以及 R&D 补贴可能引发资源配置扭曲并进而可能打击创新能力强的企业的研发热情等原因，导致 R&D 补贴对企业 R&D 投入具有挤出效应。如瓦尔斯滕（Wallsten, 2000）利用美国的数据、卡托泽拉和维瓦雷利（Catozzella and Vivarelli, 2016）利用意大利的数据、波音（Boeing, 2016）等利用中国的数据，皆发现 R&D 补贴对企业 R&D 投入具有挤出效应（该挤出效应可能受地区、行业或企业等层面的异质性影响）。不过，也有学者认为政府 R&D 补贴与企业 R&D 投入的关系受"激励效应""挤出效应""门槛效应"或"时间效应"等多种因素的影响，从而导致 R&D 补贴与企业 R&D 投入之间并非直接的线性关系，如蒙马丁和埃雷拉（Montmartin & Herrera, 2015）、张杰等（2015）和武咸云等（2016）均发现 R&D 补贴与企业 R&D 投入呈倒"U"型关系。戴小勇和成力为（2014）、吴俊和黄东梅（2016）和霍滕罗特等（Hottenrott et al. , 2017）皆发现 R&D 补贴对企业 R&D 投入的影响具有门槛效应。马里亚尼和梅利（Mariani & Mealli, 2018）、尚洪涛和黄晓硕（2018）都发现 R&D 补贴对企业 R&D 投入的影响具有滞后效应。

另外，也有学者认为政府 R&D 补贴具有积极的信号效应，可引导外部资金助力企业研发。部分学者认为企业获得 R&D 补贴可向资本市场发出该企业 R&D 项目真实及创新能力较好等积极信号，这有助于减少企业与外部投资者之间的 R&D 信息不对称，从而有利于缓解企业的融资约束问题，为企业获得更多能够用于其 R&D 活动的外部资金提供了条件。如李莉等（2015）通过理论分析和模型推导，认为具有公信力的政府作为独立的第三方，对缓解高科技企业的信贷约束起到了积极作用。此外，如勒纳（Lerner, 1999）、费尔德曼和凯利（Feldman & Kelley, 2006）、豪厄尔（Howell,

2017）利用美国的数据，缪勒曼和德·梅森内勒（Meuleman & De Maeseneire，2012）利用欧洲的数据，康迪（Conti，2018）利用以色列的数据，王刚刚等（2017）、吴（Wu，2017）和李等（Li et al.，2019）利用中国的数据，皆发现政府 R&D 补贴有利于企业获得外部融资（该效应可能受地区、行业或企业等层面的异质性影响）。不过，也有少量研究认为政府 R&D 补贴不能缓解企业的融资约束问题，如席尔瓦和卡雷拉（Silva & Carreira，2017）认为 R&D 补贴可能使企业变得相对懒惰且更加依赖于补贴，使 R&D 补贴并未能缓解企业的融资约束。魏和左（Wei & Zuo，2018）认为可能由于中央政府的 R&D 补贴倾向于资助那些风险高、失败概率大的项目，反而恶化了受补贴企业获得外部融资的机会。

总体而言，首先，现有关于 R&D 补贴能否增加企业 R&D 投入、提高创新产出的文献大多从 R&D 补贴的资源属性或信号属性能否增加企业内部或外部创新资源的视角展开分析。但这些研究大多局限于 R&D 补贴能否通过释放良好的信号以缓解信息不对称，进而降低企业的债权融资成本、增加其债权融资额度，而对企业股权融资的影响等问题则涉及较少。企业创新活动的风险高、投入大、周期长等特征构成了企业创新融资难的重要原因。由于银行对其资金安全性具有较高要求，致使其对企业创新的贷款主要偏向风险相对较小的项目。但在股票市场，由于金融资本追求较高收益的天然逐利性，其愿意承担相对较高的风险。而相比于利用式创新，探索式创新是企业为探索新的知识和资源进行的突破式的、风险相对较大的创新活动（March，1991）。银行出于对资金安全的天然诉求，一般难以对企业的这类风险较大的创新活动进行资金支持，或者需要企业给予银行足够高的风险溢价补偿，但这会提升企业的融资成本，而股权融资等直接融资方式则因其较高的风险承受能力而相对容易对企业的这类风险较高的创新活动给予支持。因此，如果轻视 R&D 补贴对企业股权融资影响的重要性，不仅不利于从更为完整的逻辑画像厘清 R&D 补贴如何引导外部资金助力企业研发这一问题，而且不利于从 R&D 补贴能否影响企业股权融资的视角来探讨 R&D 补贴该如何引导企业提高其对基础研究的重视程度，以缓解或突破中国企业面临的"利用式创新过度、探索式创新不足"的"创新困境"。

其次，对企业而言，其创新活动不仅受创新资源的影响，还与其创新战略密切相关，只有企业的创新战略与创新资源达成统一，才能更好地进行创新活动。否则，企业的 R&D 活动便容易陷入"拙妇难为有米之炊"的叹息或"巧妇难为无米之炊"的无奈。尽管现有关于政府 R&D 补贴的文献从 R&D 补贴能否增加企业内部和外部创新资源并进而影响企业 R&D 投入和创新绩效的视角进行了大量研究，但有关 R&D 补贴是否影响企业创新战略并进而可能影响企业创新绩效的研究则较少。而对政府 R&D 补贴与企业创新战略关系这一问题的研究不仅能从企业创新战略的视角研究 R&D 补贴的政策效果，补充现有关于 R&D 补贴的研究文献，还能为中国的 R&D 补贴政策该如何通过企业创新战略的方式引导企业提高其对基础研究的重视程度，以缓解或突破"利用式创新过度、探索式创新不足"的"创新困境"提供理论参考和经验借鉴。

最后，考虑到企业的技术创新是一项系统和持续的工程，在技术创新的过程中，企业不仅面临因创新自有特征带来的风险，还面临着与其交织相伴的持续经营风险等其他风险，而良好的持续经营状况是企业进行创新这一持续性活动的基本保障。并且，由于世界经济增长低迷、新冠肺炎疫情对全球经济的冲击和国际经贸摩擦加剧等原因，企业的持续经营风险可能长期凸显。此外，2020 年 3 月 1 日正式实施的《中华人民共和国证券法》，在 IPO 条件中删除了企业需"具有持续盈利能力，财务状况良好"的表述，从强调企业的"持续盈利能力"转变为注重"持续经营能力"。对企业而言，创新风险与持续经营风险交织相伴，在其进行创新的过程中，需考虑创新失败带来的风险是否影响其持续经营，尤其是当企业进行探索式创新等风险相对较大的创新活动时更需如此。对投资者而言，面对企业持续经营风险可能长期凸显的现实及 IPO 监管思路从强调持续盈利能力到注重持续经营能力的转变，企业的持续经营风险将成为他们关注的焦点，投资者能否较为准确地把握企业的持续经营风险将影响其投资决策的成败。就监管层而言，对企业持续经营风险的重视，不仅是当前中国经济下行压力加大环境下实施稳就业、保民生等六稳工作政策的关键，也是适应注册制改革、提升资本市场服务实体经济效率、促进中国经济转型升级的应有之义。而现有关于政府 R&D 补贴经济后果的研究文献大多集中于 R&D 补贴对企业 R&D 投入、创新产出、生产率和企业价值等方面的研究，对企业持续经营风险的研究则涉及较少。而且，基于中国 R&D 补贴激励政策存在扭曲的可能及企业"重利用式、轻探索式"的创新模式占主导地位的实际背景，这些使得有关 R&D 补贴与持续经营问题的研究变得既复杂又具有特殊性。尤其是在中国转轨经济的特殊制度背景下，伴随着市场化进程的不断深化和注册制改革的逐步推进，对该问题的深入研究具有较为重要的理论意义和现实价值。

1.2 问题提出与研究目的

1.2.1　问题提出

经上述对现实状况和理论背景的分析可知，R&D 补贴作为政府支持企业创新的主要政策工具之一，其目的在于引导企业内部和外部资金助力研发，其政策实施效果不仅可能受外部融资的影响，还与其创新战略密切相关。如果仅从债权融资的视角研究 R&D 补贴对外部融资的引导效应，而轻视 R&D 补贴对股权融资影响的重要性，则不仅不利于本书从更为完整的逻辑画像厘清 R&D 补贴该如何引导外部资金助力企业研发这一问题，而且不利于从 R&D 补贴能否影响企业股权融资的视角来探讨 R&D 补贴该如何引导企业提高其对基础研究的重视程度，以缓解或突破中国企业面临的"利用式创新过度、探索式创新不足"的"创新困境"。并且，如果仅从 R&D 补贴能否引导外部资金助力企业研发的视角来分析其政策效果，而轻视企业创新战略的重要性，则不仅可能因企业创新战略的实际情况与 R&D 补贴的目标南辕北辙而使得 R&D 补贴政策的效果大打折扣，而且在目前中国为企业降税减负趋势背景下和中央、地方财政不断吃紧的矛盾下，可能无法更好地优化 R&D 补贴政策以提升其补助效率。而从股权融资和企业创新战略的视角来研究政府 R&D 补贴对企业创新绩效的影响，不仅补充了现有关于 R&D 补贴与企业创新绩效的路径机制研究文献，还能为中国的 R&D 补贴政策该如何从股权融资和企业创新战略的途径引导企业提高其对基础研究的重视程度，以缓解或突破"利用式创新过度、探索式创新不足"的"创新困境"提供理论参考和经验借鉴。

此外，企业的技术创新是一项系统和持续的工程，在技术创新的过程中，企业不仅面临因创新自有特征带来的风险，还面临着持续经营风险等其他风险与其交织相伴。而良好的持续经营状况是企业进行创新这一持续性活动的基本保障，企业需考虑创新失败带来的风险是否会影响其持续经营，尤其是当企业进行探索式创新等风险相对较大的创新活动时，更需如此。而且，面对企业持续经营风险可能长期凸显的现实，以及 IPO 监管思路从强调持续盈利能力到注重持续经营能力的转变，企业的持续经营风险无疑将成为投资者和监管层关注的焦点。而现有关于政府 R&D 补贴经济后果的文献，大多集中于 R&D 补贴对企业 R&D 投入、创新产出、生产率和企业价值等方面的研究，对企业持续经营风险的研究则涉及较少。而对政府 R&D 补贴与企业持续经营风险的研究不仅能为企业厘清 R&D 补贴如何通过创新影响其持续经营风险提供实证参考依据，也能为投资者更好地评价 R&D 补贴的经济后果提供企业持续经营风险层面的经验借鉴，还能为注册制改革下新监管规则体系的构建提供 R&D 补贴层面的视角。

　　鉴于上述原因，本书主要从政府 R&D 补贴与企业创新的资金保障、政府 R&D 补贴与企业创新的战略重心、政府 R&D 补贴与企业创新的创新绩效、政府 R&D 补贴与企业创新的经济后果这四个方面的问题展开研究。

1.2.2　研究目的

　　基于对前文 1.2.1 问题提出部分内容的考量，本书从企业股权融资和创新战略的视角研究政府 R&D 补贴对企业创新绩效的影响及其路径机制，从企业持续经营风险层面的角度来探讨 R&D 补贴对企业创新绩效影响的经济后果。以期为我国的 R&D 补贴政策该如何从股权融资和创新战略的路径引导企业提高其对基础研究的重视程度，以缓解或突破"利用式创新过度、探索式创新不足"的"创新困境"提供理论参考和经验借鉴。还能为政府优化其 R&D 补贴政策、提升其 R&D 补贴效率提供创新战略层面的视角。不仅为企业厘清 R&D 补贴如何通过创新影响其持续经营风险提供实证参考证据，也为投资者更好地评价 R&D 补贴的经济后果提供企业持续经营风险层面的经验借鉴，还为注册制改革下新监管规则体系的构建提供 R&D 补贴层面的视角。

1.3
研究思路与研究内容

1.3.1　研究思路

　　总体而言，本书主要的研究思路大体如下：首先，本书先通过数据对比与分析及对国内外创新实践的理解和比对，初步了解国内制造业企业面临的部分创新困境及可能的原因。其次，结合国内外现有关于政府 R&D 补贴与企业创新等方面的研究，通过文献梳理与整合，找出现有研究可供完善、精进或空白填补之处，并基于现实状况和理论背景提出研究目的和研究问题。再次，结合技术创新理论、国家创新系统理论、市场失灵理论、信息不对称理论、委托代理理论、资源依赖理论、信号理论和间断平衡理论等，对研究问题的主干逻辑进行详细分析与阐述，再将研究问题拆解成相互关联、逻辑严密而又可自成一体的四个部分：政府 R&D 补贴与企业创新的资金保障、政府 R&D 补贴与企业创新的战略重心、政府 R&D 补贴与企业创新的创新绩效，以及政府 R&D 补贴与企业创新的经济后果。最后，基于前述的理论基础和国内外相关的权威文献，并结合企业的创新实践，推导出上述四个问题的主要研究假设，并考虑实证分析中可能存在的各类内生性问题等，选择较为恰当的实证方法进行相应的主检验，且从增补重要控制变量、改变回归样本、更换主要变量度量指标、变更回归方法和考虑各类内生性问题等方面进行稳健性检验。结合理论分析与假设推导的核心逻辑，对主要的中介变量和调节变量分别进行相应的中介效应检验和调节效应分析，以找出各变量之间的影响机制路径和相应的调节因子。

1.3.2 研究内容

本书主要的研究内容均围绕政府 R&D 补贴对企业创新绩效的影响机制及经济后果展开，其研究问题可拆解成四个部分，即政府 R&D 补贴与企业创新的资金保障、政府 R&D 补贴与企业创新的战略重心、政府 R&D 补贴与企业创新的创新绩效，以及政府 R&D 补贴与企业创新的经济后果。上述四个问题大体对应的研究内容主要如下：

（1）政府 R&D 补贴与企业创新的资金保障。具体而言，首先分别研究 R&D 补贴对企业股权融资额度和股权融资成本的影响，而后结合理论分析与假设推导的核心逻辑，从融资约束和企业寻租的视角，分别探讨这两者对 R&D 补贴与企业股权融资额度和股权融资成本关系的调节效应。该部分内容的关键在于对影响机理和机制的分析与阐述、股权融资成本的度量，以及由样本自选择、遗漏变量、测量误差和互为因果等引起的内生性等问题。本书将结合国内外现有相关文献及企业融资实践来阐述 R&D 补贴对企业股权融资的影响机理和机制，并借鉴国内外度量股权融资成本的经典文献来解决股权融资成本的度量问题，再通过工具变量法（IV）、倾向得分匹配法（PSM）等计量方法来缓解各类内生性问题。

（2）政府 R&D 补贴与企业创新的战略重心。具体而言，将企业的创新战略重心转换分为由利用式创新向探索式创新转换和由探索式创新向利用式创新转换两种。首先，研究 R&D 补贴对创新战略重心转换的影响，然后再比较 R&D 补贴对这两种创新战略重心转换影响的差异。其次，结合理论分析与假设推导的主要逻辑，分析融资约束和寻租对 R&D 补贴与企业创新战略重心转换关系的调节效应。该部分内容的关键在于对影响机理和机制的分析与阐述、企业创新战略重心转换的度量及各类内生性问题。本书将结合国内外相关文献及企业创新实践案例来阐述 R&D 补贴对企业创新战略重心转换的影响机理和机制，借鉴国内外相关经典文献对企业创新战略重心转换的度量来解决变量刻画的问题。最后，本章还将通过各种适用于内生性问题的计量方法来缓解各类内生性问题。

（3）政府 R&D 补贴与企业创新的创新绩效。具体而言，首先检验 R&D 补贴对创新绩效的影响，其次从企业股权融资和创新战略重心转换的路径，通过中介效应检验来分析 R&D 补贴对企业创新绩效的影响机制，最后结合理论分析与假设推导的核心逻辑，研究融资约束、寻租和影子银行化对 R&D 补贴与企业创新绩效关系的调节效应。该部分内容的关键在于企业股权融资和创新战略重心转换作为 R&D 补贴对企业创新绩效影响的中介变量的机制和机理，以及企业创新绩效的度量和各类内生性问题。本书将结合问题 1 和问题 2 中机理与机制的分析和阐述思想，再结合国内外相关研究和企业的创新实践，对机理和机制进行分析与阐述。并结合国内外已有文献，通过专利引用率和发明专利授权等指标来度量企业的创新绩效，同时注意计量方法的选取以缓解各类内生性问题。

（4）政府 R&D 补贴与企业创新的经济后果。具体而言，首先检验 R&D 补贴对企业持续经营风险的影响，其次从企业创新绩效的视角进行中介机制检验，最后结合理论分析与假设推导的主要逻辑，从融资约束、企业寻租和影子银行化的视角分别研究 R&D 补贴与企业持续经营风险关系的调节因子。该部分研究内容的关键在于对 R&D 补贴影响企业持续经营风险的路径机制和机理分析及各类内生性问题。本书将结合国内外相关文献与企业持续经营实践来分析和阐述机制及机理，而后通过各类能缓解内生性问题的计量方法来进行实证分析和稳健性检验。

1.4 研究方法与技术路线

1.4.1 研究方法

本书采用规范研究与实证研究相结合的方法进行分析和研究。

在规范研究方面，首先，对本书涉及的核心变量进行详细界定，以避免概念模糊给后续研究带来的不便。其次，基于相关理论及我国的制度背景、国内外企业的创新实践、相关文献的梳理与相应的研究问题，对主干和分支部分进行理论分析与阐述。再次，围绕政府 R&D 补贴和企业创新等方面的相关研究对国内外文献进行详细梳理与阐述，并评述现有研究可供完善、精进或空白填补之处。最后，基于前述的理论基础和国内外相关的权威文献，结合企业的创新实践，以逻辑严密完整、语言流畅简洁等为要求，推导出研究问题的主要假设。

在实证研究方面，首先，结合国内外现有相关文献及缓解各类内生性问题的计量方法，选择 IV（工具变量法）、PSM（倾向得分匹配法）等合适的实证方法来缓解各研究问题中可能存在的各类内生性问题。其次，由于本书着重分析和研究了政府 R&D 补贴对企业创新绩效的影响机制，以及从持续经营风险的视角探讨了 R&D 补贴对企业创新绩效影响的经济后果。其中涉及的中介变量有企业股权融资额度、股权融资成本、创新战略重心由利用式创新向探索式创新的转变、创新战略重心由探索式创新向利用式创新的转换和企业创新绩效。因此，本书也以中介效应模型的方法分别对上述中介变量的影响机制进行了检验。最后，基于对国内外相关文献的梳理、对我国的 R&D 补贴政策现状和企业创新实践的理解，并结合各主要假设的核心推导逻辑，本书还重点考察了融资约束、企业寻租或影子银行化在政府 R&D 补贴对企业股权融资、R&D 补贴对企业创新战略重心转换、R&D 补贴对企业创新绩效及 R&D 补贴对企业持续经营风险的调节效应。

1.4.2　技术路线

本书的技术路线大体遵循如下步骤：首先是问题提出与研究贡献部分，其次是概念界定与文献综述部分，再次是研究假设与实证检验部分，最后是研究结论与未来展望部分。问题提出与研究贡献部分主要包括问题提出、研究价值与研究创新等内容。概念界定与文献综述部分主要包括概念界定、相关理论与文献回顾等内容。研究假设与实证检验部分主要包括如下 4 个问题，即政府 R&D 补贴与企业创新的资金保障，政府 R&D 补贴与企业创新的战略重心，政府 R&D 补贴与企业创新的创新绩效，以及政府 R&D 补贴与企业创新的经济后果。研究结论与未来展望部分主要包括研究结论、研究局限和政策建议等内容。本书的技术路线大体如图 1-8 所示。

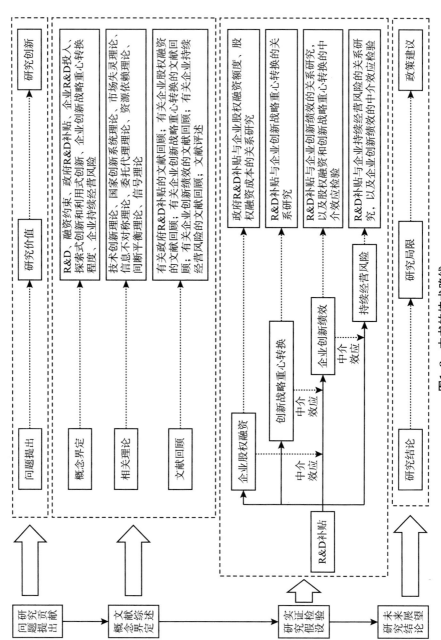

图1-8 本书的技术路线

1.5

研究创新与研究贡献

1.5.1 研究创新

本书的创新主要包括：

（1）现有关于政府 R&D 补贴能否增加企业 R&D 投入、提高创新产出的文献大多从 R&D 补贴的资源属性和信号属性能否增加企业内部和外部创新资源的视角展开分析，但企业的创新活动不仅受创新资源的影响，还与其创新战略密切相关。本书基于中国制造业企业"利用式创新过度、探索式创新不足"的"创新困境"，以及债权投资者与股权投资者因其风险偏好差异而对探索式创新和利用式创新等不同风险类别的企业 R&D 活动具有不同的支持特性，并利用资源依赖理论、信号理论和间断平衡理论等，从股权融资和创新战略的视角深入探讨和实证检验了政府 R&D 补贴对企业创新绩效的影响机制。不仅补充了现有关于企业股权融资和创新战略重心转换影响因素的文献，还丰富了现有关于 R&D 补贴对企业创新绩效影响机制和路径的研究。

（2）现有关于政府 R&D 补贴经济后果的文献大多集中于 R&D 补贴对企业 R&D 投入、创新产出、生产率和企业价值等方面的研究，对企业持续经营风险的研究则涉及较少。而技术创新是一项系统和持续的工程，良好的持续经营状况是企业进行创新这一持续性活动的基本保障，企业需考虑创新失败带来的风险是否会影响其持续经营，尤其是当企业进行探索式创新等风险相对较大的创新活动时更需如此。本书从企业持续经营风险的角度分析和检验了 R&D 补贴对企业创新绩效影响的经济后果，不仅补充了

R&D 补贴经济后果和企业持续经营风险影响因素的文献，还丰富了有关 R&D 补贴与持续经营风险关系路径机制的研究。

（3）对企业而言，获得 R&D 补贴后，其可直接支配的资源增加，面临的融资约束问题也可能得到缓解，当其资金约束条件发生变化后，企业原有的创新活动也可能发生改变。例如，企业可能将更多的资金用于研发创新等可以提升其创新绩效的实质性创新活动，也可能将更多的资金用于委托贷款、银行理财等致使其"脱实向虚"倾向提升的影子银行化活动，而企业的这些变化都可能对其研发活动及创新绩效产生影响，但现有相关文献对这些因素的考量相对较少。本书结合理论分析与假设推导的核心逻辑，考察了融资约束、企业寻租或影子银行化对 R&D 补贴与股权融资、创新战略重心转换、创新绩效和持续经营风险关系的调节效应，不仅补充和深化了已有的相关研究，还有助于本书从多个视角理解 R&D 补贴对企业创新绩效的影响机制和经济后果。

1.5.2　研究贡献

本书从企业股权融资和创新战略的视角研究 R&D 补贴对企业创新绩效的影响机制，不仅有助于为中国如何利用 R&D 补贴政策引导企业走出"利用式创新过度、探索式创新不足"的"创新困境"提供参考依据，还能为政府优化其 R&D 补贴政策、提升其 R&D 补贴效率提供企业创新战略层面的视角。

此外，本书对政府 R&D 补贴与企业持续经营风险关系及其机制进行了研究，不仅能为企业厘清 R&D 补贴如何通过创新影响其持续经营风险提供实证参考依据，也能为投资者更好地评价 R&D 补贴的经济后果提供企业持续经营风险层面的经验借鉴，还能为注册制改革下新监管规则体系的构建提供 R&D 补贴层面的视角。

第 2 章　概念界定与文献综述

概念界定

经对研究问题的梳理，本书涉及 R&D、融资约束、政府 R&D 补贴、企业 R&D 投入、探索式创新与利用式创新、企业创新战略重心转换和企业持续经营风险等核心变量。不同学者从不同视角、不同情境对这些变量进行了相关研究，对这些变量的定义可能存在些许差异。为了避免概念模糊给后续研究带来的不便，本书将对上述变量的概念进行明确界定与阐述。

2.1.1　R&D

R&D 即研究与开发（research & development），是科学研究和开发活动的简称。国内外组织与学者对 R&D 活动的阐释多种多样，如联合国教科文组织（UNESCO）将 R&D 活动定义为：为了在科学技术领域增加知识总量并将这些知识应用于基础性、系统性和创造性的活动中以产生新知识和新应用的系统性、创造性活动。经济与合作发展组织（OECD）在《弗拉斯卡蒂手册》① 中对 R&D 的定义为：为了在人类、文化和社会的知识库增加知识总量并以此为基础进行发明创造所实施的系统性、创造性活动。国家统计局在 2019 年发布的《研究与试验发展（R&D）投入统计规范（试行)》报告中指出：参照经济与合作发展组织（OECD）《弗拉斯卡蒂手册》的相关标准对 R&D 的基本定义及原则进行设定，认为 R&D 是为了增加知识存量（包括有关人类、文化和社会的知识）以及设计已有知识的新应用而进行的创造性、系统性工作，包括基础研究、应有研究和试验发展三种类型。一般而言，基础研究是指为了获得关于现象和可观察事实基本原理的新知识而进行的实验性或理论性研究，用来反映知识的原始创新能力。应用研究是为了确定基础研究成果可能的用途或为达到预定的目标，而探索应采取的新方法或新途径，用来反映对基础研究成果应用途径的探索。试验发展是指利用从基础研究、应用研究和实际经验所获得的现有知识，为产生新的产品、材料和装置，建立新的工艺、系统和服务，以及对已产生和建立的上述各项作实质性的改进而进行的系统性工作。总体而言，基础研究和应用研究主要是扩大科学技术知识，而试验发展则是开辟新的应用，即为获得新材料、新产品、新工艺、新系统、新服务及对已有上述各项作实质性的改进。

此外，由于本书集中研究企业的 R&D 活动，而且涉及企业的利用式创新和探索式创新，因此，参考黄亮华和谢德仁（2014）、张倩倩等（2017）和周铭山等（2017）的研究，将企业的 R&D 活动区分为研究（R）和开发（D）两个阶段。研究阶段是指企业为获取并理解新的科学或技术知识而进行的独创性的有计划调查阶段。该阶段具有计划性和探索性，一般伴随着较大的不确定性和较高的风险性。R&D 项目能否出现具有商业价值的科研成果、产生的科研成果是否存在足够便利的商业价值实现路径，产生的商

---

① Frascati Manual：Proposed Standard Practice for Surveys on Research and Experimental Development.

业成果是否与市场存在足够高的契合度等仍是未知数。开发阶段是指在进行商业性生产或使用前，企业将研究成果或其他知识应用于某项计划或设计，以生产出新的或具有实质性改进的材料、装置、产品的阶段。该阶段往往在很大程度上具备了形成一项新产品或新技术的基本条件，此时，企业的 R&D 项目的重心开始逐渐转向科研成果的商业价值路径。该阶段具有针对性且形成成果的可能性较大，已经产生的商业成果与现有市场的契合度有所提高，所研发的新产品或新技术一般也能在将来为企业带来现金流入。整体而言，相较于研究阶段，开发阶段的风险较低、不确定性也较小。

2.1.2　融资约束

融资约束是指在资本市场不完善的情况下，由于企业内外部融资成本存在较大差异，导致企业内部融资与外部融资之间具有不完全替代性，其投资决策过于依赖内部资金。MM 理论假定：如果市场是完全竞争的并存在完全自由的资本市场套利行为，在不考虑企业所得税、个人所得税和企业破产风险等情况下，公司的投资行为与其融资方式不相关，即公司的融资结构和方式不影响其投资活动，也就不存在融资约束（Modigliani & Miller，1958）。在完美资本市场假设条件下，企业内部融资和外部融资是自由替代且完全等效的。然而，MM 理论的假设过于严苛，无法和现实世界进行完美对接，其完全竞争市场、资本自由流动及不考虑税收和交易成本等假设在现实世界根本无法实现。反而，由于信息不对称和外部交易成本等原因，外部融资成本一般要在内部融资成本的基础上再加一个溢价。因此，当面临内部融资与外部融资的选择时，企业会考虑使用成本相对较低的内部资金，此时，企业的融资约束问题便产生了。

针对本研究涉及的企业 R&D 活动的融资约束问题，国内外学者如勒纳（Lerner，1999）、克莱尔（Kleer，2010）、缪勒曼和德·梅森内勒（Meuleman & De Maeseneire，2012）、格里利（Grilli，2014）、豪厄尔（Howell，2017）、李莉等（2015）、王刚刚等（2017）、李等（Li et al.，2019）从债权融资或股权融资等视角进行了研究。

2.1.3　政府 R&D 补贴

政府补贴是政府无偿向企业投入的直接性或间接性的货币性或非货币性资产。政府 R&D 补贴作为政府补贴的一种，指政府通过科技拨款、贴息、税收激励等方式支持或帮助高校、科研机构和企业等开展 R&D 活动。包括科学事业费、科技三项费、科研基建费、科学基金、教育等部门事业费中计划用于科技活动的经费及政府部门预算外资金中计划用于科技活动的经费等多种类别。执行 R&D 补贴政策的机构包括中央和地方政府的多个部门，如财政部、科技部、工信部、财政厅、科技厅、财政局和科技局等。政府 R&D 补贴的资助对象主要包括高校、科研机构等公共研发部门和企业等私人研发部门。由于企业作为微观经济活动的主体和创新的主力军，本书的研究对象也是企业的 R&D 活动，因此，接下来主要阐述政府给予企业的 R&D 补贴。

政府对企业进行 R&D 补贴主要是为了弥补企业 R&D 投资的不确定性和外部性等特征导致的 R&D 投资不足而采取的技术创新政策，以激励企业更好地进行 R&D 活动。目前，各国政府主要采用直接补贴和税收优惠等方式对企业进行 R&D 补贴。其中，直接补贴主要指政府通过科技拨款、专项基金、财政援助和低息贷款等形式直接资助企业以降低企业的 R&D 成本。国家层面的直接 R&D 补贴项目有国家重点基础研究发展计划、国家高技术研究发展计划、国家重点实验室、国家科技支撑计划、国家星火计划和国家火炬计划等。地方层面的直接 R&D 补贴项目有市级重大科技专项、市级重大科技成果转换专项、市级星火计划和市级火炬计划等。中国的税收优惠政策包括直接税收优惠和间接税收优惠，直接税收优惠是指政府通过降低企业所得税税率等方式来降低企业的税收负担。间接税收优惠是指政府通过研发费用税收抵免或加计扣除等方式来减少企业的应纳税额。目前，中国对企业采取的 R&D 补贴以直接补贴形式为主，本书也主要针对政府对企业的直接 R&D 补贴展开分析。此外，本书需结合 CSMAR、Wind 等数据库及上市公司年报、半年报、其他定期和非定期公告等。并参照经济与合作发展组织（OCED）的《弗拉斯卡蒂手册》（Frascati Manual）的相关标准、国家统计局在 2019 年发布的《研究与试验发展（R&D）投入统计规范（试行）》报告、陆国庆等（2014）和王刚刚等（2017）对 R&D 补贴的判断方法来甄别上市公司年度报告中的"政府补贴明细""计入当期损益的政府补贴""其他收益""摊销类收益""递延类收益"等科目中的明细项目是否为 R&D 补贴。具体整理方法将在第 3 章政府 R&D 补贴与企业创新的资金保障部分进行详细介绍。

2.1.4　企业 R&D 投入

R&D 投入是指企业进行 R&D 活动过程中发生的与 R&D 活动相关的支出，它不仅是企业运用到创新活动中各类资源的集合，也是创新主体创造和改进新知识能力的综合体现。其来源主要包括企业内部盈余、金融机构贷款、IPO 融资、股票市场再融资和债券融资等内部和外部途径。根据国家统计局在 2019 年发布的《研究与试验发展（R&D）投入统计规范（试行）》报告，一般来说，R&D 投入包括 R&D 活动中发生的直接费用和以合理的基础分配计入的间接费用等，具体包括以下六个方面：其一，科学技术人员的工资、奖金、津贴、福利费及其他相关的人工费用；其二，R&D 活动中消耗的材料和协作等费用，包括从企业外部购买的材料、技术文献等发生的资料费用和 R&D 活动中的咨询费，以及需要外界提供其他服务的劳务费等；其三，折旧费，主要是 R&D 活动分摊的厂房、设备等固定资产的折旧费用；其四，无形资产的摊销费用，主要是在 R&D 过程中使用的从企业外部购买的无形资产摊销；其五，管理费，指在 R&D 过程中，由于组织、管理、协调研发工作所发生的一些费用，包括管理部门的办公费、差旅费及管理人员的工资、奖金、津贴等人工费；其六，其他费用，指除以上所指外发生的水电费、保险费等。本书借鉴解维敏和方红星（2011）、温军和冯根福（2012）、吴超鹏和唐菂（2016）、许楠等（2019）、赵世芳等（2020）及段军山和庄旭东（2021）等有关企业创新的研究，分别以研发投入金额、研发投入减政府 R&D 补贴后的私人研发投入及研发投入占营业收入的比例这三个指标来度量企业的研发投入。

2.1.5　探索式创新与利用式创新

自马尔迟（March，1991）提出探索与利用的概念后，这些理念被战略管理及组织学习等领域的学者采纳。本纳和图什曼（Benner and Tushman，2003）更是以探索与利用的思想为基础提出了探索式创新和利用式创新的概念，且认为这两种创新模式是组织获得与保持持续竞争优势的关键。詹森等（Jansen et al.，2006）则进一步延伸了探索式创新与利用式创新的内涵，并指出其是双元型组织的显著特征。国内如焦豪（2011）、付丙海等（2015）、陈建勋等（2016）、张洁等（2018）、肖瑶等（2020）学者也从不同的视角对探索式创新或利用式创新进行了相关研究。结合国内外有关探索式创新与利用式创新的定义，本书的探索式创新是指企业为探索新的知识和资源进行的突破式的、风险相对较大的创新活动，探索式创新在于不断追求新的知识及开发新的产品和服务，与复杂搜寻、基础研究等有关；利用式创新则是指企业利用现有知识和资源进行的渐进式的、风险相对较小的创新活动，其特别强调通过质量的持续改进以不断延伸现有的技术及知识、扩展现有的产品和服务。

2.1.6　企业创新战略重心转换

根据双元创新理论（March, 1991），企业如果过分强调利用式创新，将导致核心能力刚性，陷入核心能力陷阱，最终导致创新的"自我锁定"；而若过分强调探索式创新，将导致核心能力涣散，陷入核心能力不足，最终导致创新的"自我毁灭"。利用式创新和探索式创新对于企业维持竞争优势是必要的，企业需根据环境的变化，将这两类创新活动进行组合来维持竞争优势。但因企业各种产品彼此之间的生命周期不尽相同，企业在每一阶段会有所侧重，而且，企业进行利用式创新与探索式创新所需的技能并不相容，加之两者相互竞争企业有限的资源，导致企业难以做到追求探索式创新与利用式创新的双元平衡。探索式创新和利用式创新交替进行的间断平衡才是企业实现创新平衡以提高竞争优势更为有效的途径（Mudambi and Swift, 2014；贾慧英等, 2018）。

间断平衡论将渐变与突变两种状态区分开来，在变化速度上存在"平衡—间断式突破—新的平衡"过程。间断式平衡能够帮助企业在较长时间内实现探索与利用的动态平衡，既能保持企业的灵活性以获取先动优势，又能通过不断地利用和完善以捍卫企业既有的竞争优势。一般而言，相比利用式创新，探索式创新需要综合不同机构的知识并使企业移动到一个新的技术轨迹，其成本比利用式创新高得多，而 R&D 投入作为企业一项至关重要的创新决策，能够反映出企业创新战略重心的实际情况。为此，穆达姆比和斯威夫特（Mudambi and Swift, 2014）引入了"研发投入跳跃"的概念，指出研发投入跳跃是企业创新战略重心在探索式创新与利用式创新之间转换的代理变量，代表企业通过时间上的转换来平衡探索式创新和利用式创新。国内学者如吴建祖和肖书锋（2015, 2016）、贾慧英等（2018）、马海燕和朱韵（2020）和海本禄等（2020）也从企业研发投入跳跃可表征企业创新战略重心转换的视角进行了相关研究。结合国内外有关企业创新战略重心转换的定义，本书的创新战略重心转换是指当研发投入在一段时期内脱离历史趋势或者偏离预期的短期、显著地增加时，通常意味着企业的创新战略重心由利用式创新转向了探索式创新。同样，当研发投入在一段时期内脱离历史趋势或者偏离预期的短期、显著地减少时，则意味着企业的创新战略重心由探索式创新转向了利用式创新。

2.1.7 企业持续经营风险

持续经营是会计四大基本假设之一，指一个会计主体的经营活动将会无限期地延续下去，在可以预见的未来，会计主体不会遭遇清算、解散等变故而不复存在（Moonitz，1961）。持续经营假设主要根源于大工业时代所有权与控制权分离情况下经营者向所有者报告"受托责任"履行情况的需要。该假设的存在，一部分是因为当时所处环境相对稳定，另一部分是因为企业恰当地计量资产负债的价值和合理确认实现的收入费用等需要一个基本前提。但随着企业面临的外部社会经济环境发生了巨变，持续经营不确定性成为企业常态，许多企业破产、清算和销声匿迹，尤其是在新冠肺炎疫情对全球经济的冲击、世界经济增长低迷、国际经贸摩擦加剧等因素的多重叠加下，企业的持续经营风险陡增。

企业的持续经营风险是指其在生产经营过程中，因生产经营变动或市场环境改变导致企业未来收益的不确定性。影响企业持续经营风险的因素包括自然环境、经济形势和经营环境的变化；市场供求和市场竞争的影响；税收政策的变化等外部因素；技术、企业管理、人力资源、原材料使用情况的变化；可能出现的安全事故和相应的企业应对危机的能力等内部因素。我国有关企业持续经营的研究中，有关持续经营风险的测度主要分为三类：第一类以上市企业是否被出具持续经营审计意见的视角展开（张俊瑞等，2014；周楷唐等，2016；张立民等，2017；彭雯等，2019）；第二类从企业生存的视角进行分析（许家云和毛其淋，2016；鲍宗客和朱魏巍，2017；

刘海洋等，2017；何文韬和肖兴志，2018）；第三类以统计指标来刻画企业的持续经营风险（翟胜宝等，2014；李建军和韩珣，2019）。本书参考阿特曼（Altman，1968）、翟胜宝等（2014），以及李建军和韩珣（2019）等的方法来表征企业的持续经营风险，具体测度方法见本书第 6 章政府 R&D 补贴与企业创新的经济后果部分。

2.2
相关理论

基于中国的制度背景、国内外企业的创新实践、相关文献的梳理及相应的研究问题，本书将从技术创新理论、国家创新系统理论、市场失灵理论、信息不对称理论、委托代理理论、资源依赖理论、间断平衡理论和信号理论对本书涉及的理论基础进行详细阐述与简要分析。

2.2.1　技术创新理论

技术创新理论首次由熊彼特（Schumpeter）在《经济发展理论》中系统提出，而后新古典经济学派将技术进步纳入新古典经济学的理论框架，形成了新古典经济增长理论和内生经济增长理论（Schumpeter，1934）。新古典经济增长理论由诺贝尔经济学奖获得者索洛提出，他认为技术创新与劳动、资本等生产要素都对经济发展具有至关重要的作用，且经济增长中无法归因于要素投入的部分可视为技术进步所致（Solow，1957）。内生经济增长理论由诺贝尔经济学奖获得者罗默（Romer）在《收益增长和长期增长》中提出，把技术进步视为经济的内生变量和知识积累的结果，并认为维持经济长期增长的最终推动力是不断出现的新技术，而这些新技术的产生源于企业的科研创新活动（Romer，1986）。但技术与众不同的一个特点在于它是公共品，产出这种技术的发明费用昂贵，但复制它却很廉价。在研发过程中一般存在知识溢出效应，容易产生市场失灵，这时就需要政府适时进行调控。新古典学派创新理论的提出，在一定程度上可以为政府进行市场干预和宏观调控提供理论依据，政府可通过 R&D 补贴等政策工具来纠正市场失灵，促进企业的技术创新。新增长理论的贡献之一在于改变了关于增长途径的思维方式，如果技术水平的不同是导致各国生活水平差异的主要原因，并且假定技术知识是一个可以生产出来的要素，那么需要着重研究的方面就有：国家怎样才能提高技术水平？怎样有效地进行技术的转移、扩散和增值等，这就引发了有关国家创新系统的探索。

2.2.2　国家创新系统理论

弗里曼（Freeman）首次提出国家创新系统的概念，即"公共部门和私营部门中的各种组织机构以促进新技术启发、引进、改造和扩散为目的而构成的网络"。他认为一国的创新能力不仅受制于该国企业的技术创新水平，还受制于该国的制度、组织等对创新活动的影响。在一国的技术创新实践中，政府扮演着重要的职能作用，政府可根据经济社会的发展变化，及时调整科技创新发展模式，通过整合社会公共资源，建设企业间的学习合作网络和制定产业政策以促进创新资源的有效配置，进而提升企业创新能力和国家竞争力（Freeman，1987）。而后伦德瓦尔（Lundvall）、纳尔逊（Nelson），以及帕里马尔和帕维特（Parimal and Pavit）等在弗里曼的基础上丰富和完善了国家创新系统理论。伦德瓦尔从国家创新系统的微观层面分析了国家科技创新制度安排的重要性。他认为知识是当代经济社会生活最基础的资源，知识的获得途径是学习，但这种学习的过程不是知识的单方面传递过程，而是一种相互作用的社会过程。且这种作用过程主要通过政府科技创新制度的安排，以及对教育主管部门、大学和科研机构等施加影响来实现（Lundvall，1992）。纳尔逊同样强调了国家制度安排对科技创新发展的关键作用，国家技术创新能力的提高不仅与资本和劳动力投入有关，还与一国创新知识的流动及市场转化能力有关，而一国的政府在推动企业、学校、研究机构的相互交流联系中起着重要的作用（Nelson，1993）。帕特尔和帕维特（Patel and Pavitt）认为造成国家间科技水平差距扩大的原因是由于各个国家政府科技投资政策的不同。而且他们将激励机制引入国家科技创新系统理论中，指出激励机制是对国家科技创新系统中行为主体创新活动的激励，能够有效提高其持续创新能力（Patel and Pavitt，1994）。总体而言，国家创新系统理论直接从国家层面探讨了科技创新中的国家制度安排对于提升国家创新能力的重要作用，国家创新系统理论已成为许多国家制定创新发展战略和政策的理论基础。

2.2.3　市场失灵理论

市场失灵是指通过市场配置资源的方式不能实现资源的最优配置。亚当·斯密在其著作《国富论》中提出，在完全竞争市场中，市场这只无形之手可通过价格机制实现社会资源的最优配置。但完全竞争市场仅是理论上的理想状态，在现实的社会经济活动中不可能完全满足。由于垄断、外部性和信息不对称等原因，仅仅依靠市场的价格机制来配置资源的方式无法实现社会资源的最优配置，从而出现了市场失灵。传统狭义的市场失灵理论认为，在现实的社会经济活动中，市场难以通过价格机制实现资源的最优配置，需借助政府干预来实现资源配置效率的最大化；现代广义上的市场失灵理论基于狭义的市场失灵理论提出仅依靠市场机制无法解决社会公平和经济稳定等问题，还需借助政府的调控。

本书认为，企业的 R&D 活动存在正外部性，需借助政府的调控来纠正这种市场失灵现象。正外部性是指一个经济主体的经济活动导致其他经济主体获得额外的经济利益而受益者无须付出相应代价，负外部性是指经济主体的经济活动给其他人造成了损失而其他人得不到补偿的情况。企业 R&D 活动产生的技术知识具有溢出性等特征，可通过研发活动产生的专利、研发人员流动及研发交叉许可协议等方式溢出到其他企业。当市场对这些技术知识缺乏较为严格的制度保护时，企业的 R&D 成果容易被其竞争对手模仿甚至剽窃，此时，企业在 R&D 活动上的成果也为其他企业带来了部分收益，甚至增加了竞争对手的实力。企业 R&D 活动的正外部性使其 R&D 活动的私人收益小于社会收益，损害了企业进行 R&D 活动的积极性，甚至有些企业在 R&D 方面不思进取，等待"搭便车"以坐享其成。但企业 R&D 活动的正外部性却有利于社会的进步和长远发展。因此，政府在考虑国家和社会发展的同时，又需兼顾企业的利益，如通过政府 R&D 补贴等方式纠正这种市场失灵现象，降低研发活动的风险，激励企业增加 R&D 投入。

另外，企业的 R&D 活动存在外部投资者与企业之间有关企业 R&D 信息不对称的问题，同样需借助政府的调控来实现资源配置效率的优化。创新往往意味着对未知领域的探索研究，R&D 项目能否出现具有商业价值的科研成果、产生的科研成果是否存在足够便利的商业价值实现路径、产生的商业成果是否与市场存在足够高的契合度等仍是一个未知数，这导致企业的创新活动具有高风险性和高不确定性等特征。此外，由于企业 R&D 活动的专业性较强、信息披露的有效性不足等原因，致使企业与银行等债权人及股票市场投资者之间有关企业的 R&D 活动存在较大的信息不对称，从而导致外部投资者对企业的创新活动望而却步，企业较难借助外部资金的力量进行研发活动。此时，需借助政府的力量建立有效的市场信息渠道，提高 R&D 信息的透明度，降低创新主体与银行等债权人及股票市场投资者之间的信息不对称，进而缓解融资约束，引导外部资金助力企业研发。

2.2.4　信息不对称理论

信息不对称是指由于交易双方对其交易对象或交易环境了解程度的不同致使双方信息不对等，交易中的一方可利用另一方无法掌握的信息谋取私利。按信息不对称发生的时间可将信息不对称分为事前的信息不对称和事后的信息不对称。事前的信息不对称常带来劣质品驱逐优质品进而出现市场交易产品平均质量下降的逆向选择问题。事后的信息不对称常带来负有责任的经济行为主体不完全承担风险后果时采取机会主义行为使其自身利益最大化的道德风险问题。在企业向政府申请 R&D 补贴的过程中，由于政府和企业之间有关企业技术能力的信息并不对称等原因，企业向政府申请 R&D 补贴时可能存在其利用自身信息优势以刻意隐瞒、虚假申报的方式骗取政府 R&D 补贴的"逆向选择"问题。如企业可通过释放聘请研究人员挂职企业名下、购置一些并不打算在日后用于研发的设备等"虚假"信号获取 R&D 补贴。而且，在创新政策实际执行过程中，由于政府部门与企业之间存在较大程度的信息不对称等原因，可能引发受 R&D 补贴企业将科研资金挪作他用的道德风险问题。企业获得 R&D 补贴后，在利益最大化目标的驱使下，可能将享有的政策资源用于服务自身利益，并未将补贴资金用于研发或真正的创新活动。

2.2.5　委托代理理论

美国经济学家伯利（Berle）和法学家米斯（Means）在 20 世纪 30 年代首次提出"所有权和控制权"分离这一命题。而后詹森（Jensen）和麦克林（Meckling）基于英美等国公司所有权与控制权分离的实际背景，于 1976 年最先提出委托代理理论：即在企业所有权和控制权分离的情况下，因委托人（企业所有者）和代理人（企业经营者）之间的效用函数可能并不一致，两者之间的利益最大化目标可能存在一定程度偏离，委托人需通过完备契约和实施监督等方式使两者之间的利益目标趋于一致（Jensen and Meckling，1976）。随着委托代理理论的发展与完备，一般而言，按委托人和代理人的不同，可分为股东和管理人之间的委托代理问题、中小股东和大股东之间的委托代理问题及债权人和股东之间的委托代理问题。

股东和管理人之间的委托代理问题源于管理者（代理人）掌握着企业生产经营和资源配置等各项大权却未持有公司股份或仅持有少量股份，而股东

（委托人）作为企业所有者却对企业运营信息的了解相对匮乏，这使得管理者可能利用其掌握的但股东未知的信息为自身谋取私利。中小股东和大股东之间的委托代理问题源于大股东（代理人）往往会得到与其所持股份并不对称的额外私人收益。如通过在职消费、关联交易和内幕消息等形式获取私人收益、侵占中小股东利益，而中小股东大多仅能通过股利或股票升值等方式获得收益。对于股权结构分散、所有权和经营权完全分离的企业而言，其代理问题一般主要表现为企业所有者与经营者之间的利益冲突。但当股权集中到一定程度，使得单一所有者能够有效地控制公司时，大股东往往会参与到公司的经营中，此时，代理问题的重心一般会从所有者与经营者之间的利益冲突转向大股东与中小股东之间的利益冲突。债权人和股东之间的利益冲突主要源于债权人（委托人）的投资收益主要由股东（代理人）分享，而债权人只能获得事先约定的部分收益，却需承担投资失败、本金损失的风险，这使得股东为谋求超额收益而可能过度投资，进而可能损害债权人的利益。面对一项高风险且可能高收益的项目，投资成功，则收益大部分归股东所有；一旦失败，损失主要由债权人来承担。债权人从自身利益出发，不愿投资高风险的项目，这与股东可能偏好高风险收益项目之间产生利益冲突。

在政府 R&D 补贴政策的实际执行过程中，政府为了在某些特定领域进行技术突破，其给予企业的某些 R&D 补贴具有一定的针对性。此时，政府作为委托人委托企业这一代理人进行有针对性的研发以帮助政府实现其特定目标，但对企业而言，政府的目标可能与企业的目标存在差异。此时，企业可能出于自身需要并不会完全按照政府的目标进行研发，而可能敷衍了事或将 R&D 补贴资金挪作他用。

2.2.6 资源依赖理论

资源依赖理论认为组织需通过获取环境中的资源以维持生存，而且，组织会因环境的不确定性等原因而追求更多的资源以减少和避免环境变化带来的冲击（Pfeffer and Salancik，1978）。企业作为一个社会组织，是一个开放的系统，从外部环境中不断获取其生存和发展所需的各类资源是其必然选择。而创新作为企业生存和发展的关键，从外部获取各类资源以支持企业的研发创新是其关注的焦点。企业的 R&D 活动一般具有高投入和高风险等特征，企业通常并不具备创新所需的所有资源要素，而且也较难从外部获取资源以助力其研发活动，创新资源不足等问题时常困扰着企业，成为影响其创新成败的主要风险之一。而政府对企业的创新活动实施 R&D 补贴则成为企业获取外部资源的重要途径之一。企业可按照政府规定的门槛和要求申请 R&D 补贴，一旦企业成功获得 R&D 补贴，不仅能补充企业创新资金的不足，直接降低企业创新的边际成本和不确定性，分散企业的创新风险，还能增加企业获得更多外部创新资源的机会。如企业可能有机会参与国家主导的科研项目，从中获取关键的研发资源、了解最新的研究技术。而且，企业还可能通过政府平台的整合或牵线，与其他企业、高校或科研机构等形成合作研发及共享创新资源的机会。此外，政府 R&D 补贴可向资本市场发出企业 R&D 项目真实和创新能力较好等积极信号，缓解外部投资者与企业间的信息不对称，提升外部投资者对企业技术创新的投资意愿，产生资金杠杆效应，帮助企业吸收更多的外部资金来支撑其技术创新活动。

2.2.7　间断平衡理论

间断平衡理论源于古生物学研究中由美国学者埃尔德里奇和古尔德（Eldredge and Gould，1988）提出的一种进化学说，该学说认为生物进化表征为平衡—跳跃—新平衡的路径。即一个生态在达到平衡后，在接下来的一段时间内将持续处于稳定状态，当某一因素再次触发进化的齿轮，既有平衡将被打破，生态系统开始进入不稳定状态，各要素相互作用，由旧的平衡跳跃到新的平衡，而后在新的平衡之下重新保持稳定。间断式平衡主要通过时间的转换来平衡两种相互排斥但又相互联系的活动（贾慧英等，

2018)。根据图什曼（Tushman，1986）和安德森（Anderson，1990）的研究，间断平衡在经济管理领域最早用来描述一定时期内企业技术创新的演进规律（Anderson and Tushman，2001）。而后，如罗曼内利等（Romanelli et al.，1994）以高度竞争和飞速发展的计算机行业为研究对象，发现那些成功的企业往往拥有规律的、基于时间的技术转换与创新活动。杨勇华（2007）分析了技术变迁与生物进化的类似性，并基于间断平衡理论阐述了技术创新的集群性和周期性现象。杨学儒等（2011）以中国珠三角地区企业为样本，研究发现，对新创企业而言，正是由于探索式创新与利用式创新之间的间断平衡，才为新创企业带来了存活与发展的可能。穆达姆比和斯威夫特（Mudambi and Swift，2014）引入"研发投入跳跃"的概念，指出研发投入跳跃是企业创新战略重心在探索式创新与利用式创新之间转换的代理变量，代表企业通过时间上的转换来平衡探索式创新和利用式创新。吴建祖和肖书锋（2016）认为企业创新战略重点在探索式创新和利用式创新之间的转移是企业进行间断平衡的表现，而且认为研发投入跳跃是企业在探索式创新和利用式创新之间移动（即创新战略变革）的标志。彭新敏和张帆（2019）基于纵向案例的研究，发现当技术发生根本性变革时，企业应更加注重探索式创新；相反，当技术范式趋于稳定收敛后，企业可转向利用式创新。

2.2.8　信号理论

信号理论主要包括信号传递和信号甄别两个方面，信号传递是指在信息不对称的前提下，具有信息优势的一方通过向信息劣势的一方发射信号，告诉信息劣势一方自己的真实价值（Spence，1973）。信号甄别是指市场交易中没有私人信息的一方为了减弱信息不对称对自己的不利影响，为能够区别不同类型的交易对象而提出的一种交易方式。由于企业的 R&D 活动涉及诸多技术问题，具有较强的专业性，外部投资者因专业知识所限，难以对其进行准确评估；而且，因 R&D 活动的正外部性等原因，企业出于自我保护的需要，一般不会公开披露大量的 R&D 信息，甚至可能有意将其隐藏；此外，中国资本市场的会计信息公开制度不够健全，第三方信息提供主体也较为匮乏，外部投资者难以便捷地通过第三方获取与企业相关的较为有效的研发信息。这些因素致使企业与外部投资者之间对有关企业的 R&D 活动存在较大的信息不对称，企业管理者相比外部投资者掌握着企业更多的 R&D 信息。此时，需要中介组织来扮演信号传递通道的角色，从而降低这种信息不对称。

而政府 R&D 补贴恰好就能扮演这种信号传递媒介通道的角色：一方面，企业获得 R&D 补贴可向资本市场发出该企业具有真实的 R&D 项目和较好的创新能力等积极信号。这有助于减少企业与外部投资者之间的 R&D 信息不对称，从而缓解企业的融资约束问题，为企业获取更多的外部资金用于 R&D 活动提供了条件。另一方面，基于政治主导的制度逻辑，在转型经济背景下，我国的司法体系、知识产权保护体系都尚不完善。获取政府 R&D 补贴可以看作是企业积极响应政策导向、顺应政府指引的方式，以及跟政府保持良好关系的信号，这有利于企业从其他渠道获取创新资源，帮助企业提升创新绩效。并且，获得政府 R&D 补贴的项目更有可能加入新的合作研究，与大学、企业等建立紧密联系，以获取更多政府资金外的资源。最后，政府对于特定的研究项目支持，可能会释放出未来公共部门产品需求的信号，当与私人部门的产品和服务需求相重合时，有利于提高预期的边际回报率，从而有助于吸引更多的私人投资。

2.3 文献回顾

本书主要围绕政府 R&D 补贴与企业创新绩效的影响机制和经济后果展开研究。其中，有关政府 R&D 补贴与企业创新绩效的机制研究包括政府 R&D 补贴与企业创新的资金保障、政府 R&D 补贴与企业创新的战略重心，以及政府 R&D 补贴与企业创新的创新绩效，共三个章节。而 R&D 补贴对企业创新绩效影响的经济后果研究则是从企业持续经营风险层面的角度展开，包括政府 R&D 补贴与企业创新的经济后果这一章节。其中，企业创新绩效在 R&D 补贴与企业持续经营风险的关系中起中介效应。本书将基于研究思路的递进关系分别对上述章节涉及的政府 R&D 补贴、企业股权融资、企业创新战略重心转换、企业创新绩效及企业持续经营风险共五个方面的主要文献进行梳理与回顾。

2.3.1 政府 R&D 补贴的文献回顾

经对国内外有关政府 R&D 补贴的文献进行梳理后发现，有关 R&D 补贴的研究主要集中于 R&D 补贴与企业 R&D 投入的关系、R&D 补贴与企业创新绩效或创新行为的关系，以及 R&D 补贴与企业外部融资的关系等方面。接下来，本章将分别从政府 R&D 补贴与企业 R&D 投入的关系、R&D 补贴与企业创新绩效或创新行为的关系，以及 R&D 补贴与企业外部融资的关系这三个方面对 R&D 补贴的国内外主要文献进行梳理与回顾。

1. 政府 R&D 补贴与企业 R&D 投入的关系

在英文文献方面，由于 R&D 活动的正外部性等原因，致使企业的 R&D 投资低于社会最优水平（Arrow，1962），各国政府一般采取 R&D 补贴等政策工具来缓解这一市场失灵（Bérubé and Mohnen，2009；Dimos and Pugh，2016）。然而，由于研究样本的差异、计量方法的不同、企业的异质性或行业和地区的差别等原因，导致有关 R&D 补贴能否激励企业增加 R&D 投入的研究并未达成一致结论。R&D 补贴对企业 R&D 投资的影响存在多条渠道，如 R&D 补贴可以降低企业相关 R&D 项目的单位成本并增加受资助项目的预期利润，从而对企业的 R&D 投资具有正面影响。而如果企业将 R&D 补贴替代自身的 R&D 投资或将其用于其他项目，则对企业的 R&D 投资具有负面影响或无影响（Lach，2002；Dimos and Pugh，2016）。部分研究认为，整体而言，R&D 补贴对企业 R&D 投资的正面影响大于其负面影响，从而使得 R&D 补贴表现出净效应为正的激励效应。如胡德和胡辛格（Hud and Hussinger，2015）运用 2006～2010 年德国的中小企业数据，研究发现 R&D 补贴增加了企业的 R&D 支出，而且，这种激励效应在第一个金融危机年时最小。恩格尔等（Engel et al.，2016）以 2011 年瑞士的调查企业数据为样本，研究发现 R&D 补贴显著激励了企业的私人 R&D 支出，而且该激励效应在受到多次补贴资助的企业中更明显。刘等（Liu et al.，2016）以 2012 年江苏省的高新技术制造业企业为样本，研究发现 R&D 补贴对企业的 R&D 投资具有积极影响，而且这种激励效应在规模较小的企业、财务约束较大的企业和非国有企业中更明显。霍滕罗特（Hottenrott et al.，2017）以 2000～2009 年比利时的调查企业数据为样本，研究发现 R&D 补贴能吸引更多的外部投资，对企业的私人 R&D 活动具有激励效应，但该激励作用存在门槛效应。比安其尼（Bianchini et al.，2019）以 1990～2010 年的西班牙企业数据和 2014 年其他欧盟国家的企业数据为样本，研究发现无论是在公共机构质量低的区域还是高的区域，R&D 补贴都刺激了企业的 R&D 支出。贝都和范德施托肯（Bedu and Vanderstocken，2019）以 2005～2010 年法国的企业数据为样本，研究发现 R&D 补贴增加了企业的私人 R&D 支出，但这一计划的有效性取决于区域、国家和超国家当局的联合干预。孙等（Sun et al.，2020）以 2010～2016 年中国 A 股的制造业企业数据为样本，研究发现 R&D 补贴增加了企业的 R&D 投资，但该效应仅存在于非国有企业。然而，也有研究认为 R&D 补贴对企业 R&D 投资的正面影响小于或等于其负面影响，致使 R&D 补贴对企业 R&D 投资的净效应为负或不明显。如波音（Boeing，2016）以 2001～2006 年中国的上市企业数据为样本，研究发现 R&D 补贴挤出了企业的 R&D 投资，但对重复接受 R&D 补贴的企业、高科技企业和少数国有企业而言，这种挤出效应不普遍。阿里斯泰等（Aristei et al.，2017）以欧盟 2007～2009 年的制造业企业数据为样本，研究发现 R&D 补贴的完全挤出效应被否定了，但也未发现其具有额外效应。佛瑞恩（Florian，2020）以2003 ~ 2017 年欧盟的工业企业数据为样本，研究发现 R&D 补贴仅增加了小型企业和 R&D 密集型企业的自有 R&D 投资，对其他类型企业的 R&D 投资的影响则不明显。

最后，受益于计量经济学的发展等原因，有关 R&D 补贴是否有效的研究得以不断积累，有研究基于以往有关 R&D 补贴与企业 R&D 投资的文献，用 Meta 分析来整合这些研究结论多样化的文献。如加亚克·克维多（García-Quevedo，2004）用 Meta 分析法研究了自 1966 年以来共 74 篇有关 R&D 补贴与企业 R&D 投入的文献，研究发现没有特定的证据支持 R&D 补贴和私人 R&D 投资之间的互补效应或者替代效应，仅有非常微弱的证据表明，随着企业级数据的使用，挤出效应更加频繁；迪莫斯和皮尤（Dimos and Pugh，2016）则以 2000 年以来 52 篇有关 R&D 补贴与企业 R&D 投入的文献为基础，用 Meta 分析法发现 R&D 补贴对企业的私人 R&D 支出不具有挤出效应，而且受 R&D 资助的企业确实增加了 R&D 投入。整体而言，尽管有关 R&D 补贴能诱导企业私人 R&D 支出的经验证据不够多，但大多数研究拒绝了 R&D 补贴的完全挤出效应，在大部分研究中，获得 R&D 补贴的企业参与了更多的 R&D 活动（Florian，2020）。

在中文文献方面，部分学者认为因政府 R&D 补贴会降低企业对其研发项目的风险预期，R&D 补贴可溢出到企业的其他 R&D 项目并进而间接降低其他 R&D 项目的固定成本，知识的溢出性提升了其他 R&D 项目的成功概率或政府参与的"光环效应"等原因，致使 R&D 补贴对企业 R&D 投入或创新产出具有激励效应。他们从理论分析、模型推导及基于企业级、产业或行业级、省市级数据进行实证检验等方式展开了研究。在理论分析和模型推导方面，如杨仕辉等（2003）认为在线性需求情况下，若要使社会福利最大化，政府就应对企业 R&D 投入经费给予 50% 的补贴，否则企业 R&D 投入将仅为社会福利最大化下 R&D 投入的一半。柳剑平等（2005）认为在溢出程度较高的情形下，政府应该补贴企业的产出和 R&D 投入，以鼓励它们更多地从事 R&D 活动；在溢出程度较低的情形下，政府应该在补贴产出的同时对企业的 R&D 投入进行征税，引导企业实现社会最优水平的 R&D 活动。邓若冰和吴福象（2017）通过理论分析和模型推导得出 R&D 补贴有助于提升企业 R&D 投入的积极性和社会福利水平，而且政府最优补贴强度的确认受技术溢出水平和产品差异化程度的影响，并且，在不同研发模式下，对确认最优补贴强度需考虑的影响因素也存在差异。

在企业级数据层面的实证研究方面，如解维敏等（2009）以 2003～2005 年中国上市企业层面数据为样本，考虑到企业 R&D 支出数据可能存在的缺陷，以 R&D 支出虚拟变量度量企业的 R&D 支出，研究发现企业获得 R&D 补贴能显著提升其进行 R&D 活动的可能性。秦雪征等（2012）以 2009 年中国四川省德阳地区地震灾后中小型企业调查数据为样本，研究发现参与科技计划将使企业进行产品创新和方法创新的概率有所提高，并且该政策效应对于高研发投入密度的企业表现得更为显著；此外，结果显示科技计划对企业创新的促进机制主要分为"资金渠道"和"人力资本渠道"，即参与科技计划项目显著提高了企业的研发资金使用效率及技术与管理人员的边际创新生产率。李玲和陶厚永（2013）以 2010 年中国深交所上市的主板和中小板企业为研究对象，研究发现政府补贴对民营企业的自主创新投入和创新绩效均具有显著的正面影响，但这一效应在国有企业中并不成立。郑世林和刘和旺（2013）以 2000 年和 2006 年高技术产业化专项调查企业层面数据为样本，发现政府对企业的高技术产业化专项资助不仅能促进企业 R&D 投入增加和科研成果的商业化与规模化，而且提升了企业的技术水平和国内、国际竞争力，但是难以提高企业的 R&D 投入努力程度和劳动生产率。杨洋等（2015）以 2003～2007 年中国工业企业面板数据为样本，研究发现，相比国有企业，政府补贴对民营企业创新绩效的促进作用更大，而且，在要素市场扭曲程度低的地区，补贴对企业创新绩效的促进作用更大。陈玲和杨文辉（2016）以 2010～2012 年中国深交所上市企业的调研数据为样本，研究发现，R&D 补贴主要流向经营自主权大、上市年限短、员工数目多、有研发活动的本土企业，而且，中国政府的 R&D 补贴对企业自主研发支出产生了显著的激励效应。孙晓华等（2017）以 2005～2007 年中国的工业企业数据，研究发现，在不同的所有权性质下，政府补贴对企业研发投资的作用存在一定差异；国有企业面对优惠政策的倾斜和需要担负的社会责任，从而从事技术创新活动的概率较高，但由于特殊的产权关系和预算软约束等原因，缺乏扩大研发投入的动力；但对于治理机制完善的外资企业和处于市场竞争弱势地位的私营企业而言，政府补贴的研发激励效果更为明显。邢斐和董亚娇（2017）以 2008～2015 年在中国 A 股连续八年交易的所有非金融类上市企业为样本，研究发现 R&D 补贴对企业的研发投入具有激励效应，且企业的产品多样化程度负向调节 R&D 补贴与企业 R&D 投入的关系。章元等（2018）以中国 2001～2012 年中关村 3 万多个高新技术企业为样本，研究发现，整体而言，政府补贴显著提高了创新经费支出、新产品销售收入和专利申请数量，而且，将创新细分为自主创新和购买引进新技术这两类之后，发现被补贴企业的自主创新能力明显下降，而购买引进新技术的支出显著增加；并且政府补贴对企业的短期创新激励有显著的促进作用，但对长期创新激励的促进作用不显著。刘诗源等（2020）以 2007～2016 年中国上市公司和地级市面板数据为样本，研究发现，总体来看，税收激励显著促进了企业研发投入；分生命周期阶段看，税收激励的作用集中体现于成熟期企业，对成长期和衰退期企业的影响不显著；分样本回归显示，税收激励显著促进了成熟期的民营、高科技、制造业企业的研发投入，对其他类别或阶段的企业则无显著影响。

在行业或产业级层面的实证研究方面，如王俊（2010）以 1996～2007 年中国 28 个制造业行业层面数据为样本，研究发现，不论是在 R&D 补贴决定方程的静态模型还是动态模型中，R&D 补贴对企业 R&D 投入的激励效应都是显著存在的；然而，在专利决定方程中，R&D 补贴的激励效应并不显著。白俊红（2011）以 1998～2007 年中国大中型工业企业分行业数据为样本，研究发现，R&D 资助显著促进了企业的技术创新；而且企业自身的知识存量、企业规模、行业技术水平及产权类型等因素均会对资助效果产生不同程度的影响。白俊红和李婧（2011）以 1998～2007 年中国大中型工业企业分行业面板数据为样本，研究发现 R&D 资助对提升企业的技术创新效率具有显著的正向影响；而且企业自身 R&D 投入的提高有利于其吸收和利用政府的 R&D 资助，但企业规模和产权类型对政府 R&D 资助效果的影响并不显著。熊维勤（2011）利用 1995～2008 年中国 14 个高技术行业的面板数据为样本，研究发现在实行同一所得税抵扣政策下，政府对企业 R&D 投入的直接补贴政策可以有效提高 R&D 活动的规模，但无助于企业 R&D 活动效率的提升。苗文龙等（2019）以 2000～2015 年中国各行业层面数据为样本，研究发现，技术创新型企业提高技术研发投资比重，虽然不一定能迅速实现经济产出的提高，却可以推动本国经济从传统的粗放投资型拉动转化为高质量的技术创新型驱动；而且，在一定时期内，政府技术创新支出是企业技术创新支出增加的主要外在推动力，对企业创新具有显著的助推作用。

在省市级层面的实证研究方面，如樊琦和韩民春（2011）以 1992～2008 年中国的省级面板数据为研究对象，研究发现，中国政府的 R&D 补贴政策对提高国家及区域自主创新产出有十分显著的影响；并且，中国政府的 R&D 补贴对经济相对发达地区和科研基础较好地区的自主创新产出影响的弹性系数整体上明显大于经济相对落后地区。叶子荣和贾宪洲（2011）基于 1998～2007 年中国 30 个省份的面板数据，研究发现，科技财政投入对代表技术创新的发明专利产出有显著的正向影响，而对代表技术模仿的实用新型专利和外观设计专利无显著影响。郭迎锋等（2016）以 2003～2014年中国大中型工业企业省际面板数据为样本，研究发现政府对企业的 R&D 资助对企业自身 R&D 投入形成杠杆效应，政府对科研机构的 R&D 经费资助对企业 R&D 投入有挤出效应，政府对高等院校的 R&D 资助对企业 R&D 投入有杠杆效应，总体上，目前 R&D 资助效果仍表现为杠杆效应；但因政府偏好资助科研机构而使这一效果大幅减弱，政府对企业直接资助率较低，未能有效发挥政府资助效果，且金融约束和资金可得性是影响企业 R&D 投入的重要因素。

但也有学者认为，因政府 R&D 资助会提升要素需求进而拉升要素价格从而抑制企业 R&D 投入，政府 R&D 补助与企业 R&D 投入私人支出的替代效应，由于政府 R&D 补助可能引发资源配置扭曲并进而可能打击创新能力强的企业的研发热情等因素的存在，使得政府 R&D 补助对企业 R&D 投入具有挤出效应或对企业创新绩效具有负面影响。如李永等（2015）以 2000～2010 年中国省际面板数据为样本，以随机前沿模型为基础，研究发现由于制度约束的存在，R&D 资助挤出了企业投资，制度约束构成挤出效应的重要来源。李万福等（2017）以 2007～2014 年中国非金融类 A 股上市企业为样本，研究发现，尽管政府创新补助与企业总体 R&D 投资正相关，但政府直接给予企业的创新补助每增加 1 单位，带来的 R&D 投资增量显著小于 1，随着政府创新补助的增加，企业自主创新投资减少，这表明，创新补助总体而言并未有效激励企业的自主创新投资。彭红星和王国顺（2018）以 A 股高科技上市公司 2009～2014 年的数据为样本，研究发现，创新补贴显著地降低了高科技公司的全要素生产率（TFP），当公司高管具有研发技术背景时，这一诅咒效应得到明显缓解，而且创新补贴还会导致公司过度投资和提高雇员冗余程度。张杰和郑文平（2018）以 1999～2007 年的规模以上工业企业为样本，研究发现，中国各省级政府出台的专利资助奖励政策相当程度上对企业申请的发明与实用新型专利质量造成了抑制效应，但是对企业授权的发明与实用新型专利质量表现出中性作用效应，这一方面表明政府专利资助政策扭曲了企业专利申请的动机，导致大量低质量专利产生；但在另一方面，中国的国家专利审查和批准制度，一定程度上可纠正专利资助补贴政策对企业专利申请所带来的负向激励效应。

不过，也有学者认为政府 R&D 资助与企业 R&D 投入的关系受"激励效应""挤出效应""门槛效应"或"时间效应"等多种因素的影响，从而导致政府 R&D 资助与企业 R&D 投入或创新产出的关系并非直接的线性关系。如戴小勇和成力为（2014）以中国 2005～2007 年规模以上工业企业层面数据为样本，研究发现，虽然财政补贴在总体上能够促进企业的研发投入，但门槛面板数据模型的估计结果表明，财政补贴与企业研发投入呈现复杂的非线性关系。如戴小勇和成力为（2014）以我国2005～2007年规模以上工业企业层面数据为样本，研究发现，虽然财政补贴在总体上能够促进企业的研发投入，但门槛面板数据模型的估计结果表明，财政补贴与企业研发投入呈现复杂的非线性关系；对私营企业，特别是私营高科技企业，财政补贴只有挤入效应。吴俊和黄东梅（2016）以江苏省4833家战略性新兴产业调研企业数据为样本，以7499家有研发活动的制造业企业为参照组，研究发现，R&D补贴对参照组的产品和工艺创新具有显著的直接影响，对目标组的影响都不显著；进一步分析发现，政府对目标组单个企业补贴强度低，没有助其跨过最低"研发投资门槛"，且R&D补贴与产学研合作的交叉项对目标组产品创新具有显著影响，对工艺创新的影响不显著。尚洪涛和黄晓硕（2018）以2008～2015年中国医药制造业上市企业层面数据为样本，研究发现，政府补贴与研发投入存在滞后1～3期的相互促进作用，而且，国企比非国企表现更显著；研发投入与创新绩效存在滞后1～3期的相互促进作用，非国企比国企表现更显著；政府补贴会促进企业的创新绩效，但创新绩效会抑制企业未来1～2期获得的政府补贴支持数额。张帆和孙薇（2018）以2009～2015年中国A股上市制造业工业企业为样本，研究发现，R&D补贴与企业创新效率呈双拐点倒"U"型关系。目前，中国位于倒"U"型曲线的左半部分，R&D补贴对企业创新效率总体呈现激励效应；在促进企业创新效率提升方面，要素市场与基础设施所起到的作用是R&D补贴的数倍，补贴政策几乎失效。尚洪涛和黄晓硕（2019）以2008～2014年中国A股医药制造业上市公司为样本，研究发现，政府创新补贴会显著促进当期的研发投入，这一作用在东部地区、国有企业和小规模企业中表现更显著；政府创新补贴对未来一期的创新产出呈正"U"型关系，这种关系在东部地区、不同性质或不同规模企业中均显著；政府创新补贴对未来一期的财务绩效产生显著促进作用，这种促进作用在东部地区、小规模或非国有企业中表现更显著。尚洪涛和宋雅希（2020）以 2008~2017 年中国 A 股民营制造业企业为样本，研究发现，政府补贴对民营制造业企业创新数量和创新质量均有滞后期为 1~4 年的促进作用，且对创新数量的促进效果更显著，这说明补贴持续激励了企业创新产出的"量"与"质"，但企业存在"重数量轻质量"的创新短视行为；反过来，创新数量和创新质量对政府补贴的后续投入强度分别具有滞后期为 2~4 年和 1~4 年的促进作用，且创新质量的促进作用更迅速、更显著，这说明政府更注重参考企业创新质量的反馈情况。张杰（2020）以 2008~2014 年中国的企业创新调查数据为样本，研究发现，政府创新扶持补贴政策对微观企业私人性质创新投入总体上呈现出显著的"U"型关系，这表明只有当政府对企业创新补贴的规模达到一定临界值后，才能对企业的创新投入产生挤入效应，否则，其对企业创新投入造成的则是挤出效应。

2. 政府 R&D 补贴与企业创新绩效或创新行为关系的研究

在政府 R&D 补贴与企业创新绩效关系的英文文献方面，如布朗齐尼和皮塞利（Bronzini and Piselli，2016）利用 1977~2011 年的意大利企业数据，研究发现，R&D 补贴显著增加了企业申请专利的可能性，但该效应仅限于规模较小的企业。郭等（Guo et al.，2017）以 1998~2007 年的中国制造业企业为样本，研究发现，无论从短期还是长期来看，R&D 补贴对企业生产率都有积极的影响，但短期效应强于长期效应，且 R&D 补贴具有长期效应的可能原因是企业的 R&D 活动是一个边做边学的过程。陈等（Chen et al.，2018）以中国 269 家信息技术行业的创业企业的数据为样本，研究发现，R&D 补贴对首次公开募股绩效有倒"U"型影响，而非 R&D 补贴对首次公开募股绩效有正向影响。佛瑞恩（Florian，2018）以 2005~2014 年欧盟的企业数据为样本，研究发现，R&D 补贴显著提升了企业的创新产出，而且补贴计划中参与者的数目越多，该激励效应越明显。但也有研究认为 R&D 补贴不具有产出额外性，如卡尔胡宁和霍瓦里（Karhunen and Huovari，

2015）以 2000～2012 年芬兰的中小企业数据为样本，研究发现，在给予 R&D 补贴的后 5 年期间，企业的劳动生产率并未得到显著提升。吴等（Wu et al.，2019）以 2008～2013 年中国 A 股的上市企业为样本，研究发现，R&D 补贴对创新产出的激励效应并未得到验证。

在政府 R&D 补贴与企业创新行为的研究方面，如皮加和维瓦雷利（Piga and Vivarelli，2003）以 1992～1997 年意大利的制造业企业为样本，研究发现，R&D 补贴显著促进了企业的 R&D 合作。康和帕克（Kang and Park，2012）以 2005～2007 年韩国的中小企业数据为样本，研究发现，R&D 补贴显著提升了企业学术类合作伙伴和公司类合作伙伴的数量，但仅限于韩国境内的合作伙伴。塞尔吉奥和何塞（Sergio and Jose，2016）以 2006～2011 年的西班牙企业数据为样本，研究发现，R&D 补贴增加了企业 R&D 员工的数量，而且在随后的几年里，对博士生的招聘产生了积极影响，但并未发现受补贴企业中 R&D 员工的平均工资水平也出现增加的现象。卡诺·科尔曼（Cano-Kollmann et al.，2017）以 2007 年欧盟的制造业和服务业企业数据为样本，研究发现，R&D 补贴促进了企业创新合作伙伴数量的增加，但该效应仅存在于没有创新经验的企业。格里利和穆尔蒂努（Grilli and Murtinu，2018）以 1980～2008 年的意大利企业数据为样本，研究发现 R&D 补贴有助于企业建立 R&D 联盟。

在中文文献方面，如安同良等（2009）通过建立一个企业与 R&D 补贴政策制定者之间的动态不对称信息博弈模型，发现当企业与政府之间存在信息不对称和用于原始创新的专用性人力资本价格过于低廉时，一个实际上只能进行或只准备进行二次创新的企业，可以通过释放将要进行原始创新的虚假信号来骗取 R&D 补贴，在政策制定者信号甄别机制缺失或失效的情况下，企业所释放的虚假信号很可能达到欺骗政策制定者的目的，从而严重削弱 R&D 补贴的激励效应。陆国庆等（2014）以 2010～2012 年中国 A 股的战略新兴产业企业为样本，研究发现，政府对战略性新兴产业企业进行创新补贴和创新的外溢效应的绩效皆是显著的，但外溢效应产出弹性系数远大于政府补贴的产出弹性系数。这表明政府创新补贴对单个企业本身产出绩效作用并不大，可能的原因是政府创新补贴对公司绩效影响不大，而外溢效应显著，也可能是企业存在事前逆向选择和事后道德风险，严重削弱了政府创新补贴的作用。佟爱琴和陈蔚（2016）以 2008～2013 年中国的中小板民营上市企业为样本，基于政治联系的视角，研究发现，具有政治联系的民营企业获得了更多的政府补贴，而且这一效应在制度环境较差的区域更加明显，并且有政治联系的民营企业获得的政府补贴对其研发活动产生了激励效应。彭红星和毛新述（2017）以 2009～2014 年中国 A 股的高科技行业上市企业数据为样本，研究发现，高管具有政治关联和研发技术背景的高科技公司获得了更多的创新补贴，但政治关联背景并未显著地提升高科技公司的研发投入强度，而研发技术背景则显著提升了高科技公司的研发投入强度。这主要是因为具有研发技术背景的高管更容易降低高科技公司的超额雇员，而高科技公司通过政治关联背景获得政府创新补贴的同时，却显著地增加了公司的社会性负担。焦翠红和陈钰芬（2018）以 1998～2014 年中国省级层面规模以上工业企业面板数据为样本，研究发现，当政府给予企业的 R&D 补贴强度高于某阈值时，容易诱使企业发送虚假的创新信号以骗取 R&D 补贴，进而不利于 R&D 补贴效率的提升。而且经实证检验后得知，R&D 补贴与企业的全要素生产率（TFP）显著负相关，其中寻租是高额度 R&D 补贴抑制企业 TFP 提升的一条重要渠道。黄志雄（2018）以 2010～2015 年中国沪深 A 股上市企业为样本，研究发现，随着创新驱动供给侧改革的实施，创新补贴认定与考核标准相关政策机制落地，地方政府的无效创新补贴激励机制被抑制，企业进行 R&D 投入的意愿得到加强，而且开始偏好长期研发投入，并减少了外观设计专利等策略性创新成果的产出。叶祥松和刘敏（2018）利用 1998～2014 年中国省份层面的数据，研究发现，政府支持科学研究在长期内对提高全要素生产率存在促进作用，政府直接支持技术开发对提高全要素生产率不存在促进作用。寇恩惠和戴敏（2019）以 2008～2016 年中国 A 股上市企业为样本，研究发现，中国式分权下，地方官员追求短期经济绩效及创新补贴风险高、见效慢的特点，使得地方政府产生了创新补贴偏向，而且，晋升压力较大的地区或社会监督相对缺失的地区其地方政府有更严重的创新补贴偏向，但地方政府对中央产业政策支持行业则表现出较低的创新补贴偏向。朱桂龙等（2019）以 2010～2013 年广东省 498 家制造业民营企业的面板数据为样本，研究发现，广东省政府的 R&D 补贴"粘性"效应（指一些企业连续获得政府 R&D 补贴的现象）更有可能是基于绩效积累优势的挑选机制，而且，R&D 补贴的"粘性"效应有利于企业研发强度的提升，对企业不同模式的技术获取战略均存在积极显著的影响，但对企业新产品产值的影响不显著。

3. 政府 R&D 补贴与企业外部融资关系的研究

在英文文献方面，有学者从 R&D 补贴是否可发挥其信号属性吸引外部投资者的视角进行了研究。有学者认为企业获得 R&D 补贴可向资本市场发出该企业具有较强的创新能力和较好的 R&D 项目等积极信号，这有助于减少企业与外部投资者之间的 R&D 信息不对称，从而能缓解企业的融资约束问题，为企业获得更多的外部资金用于 R&D 活动提供了条件。如勒纳（Lerner，1999）以 1983～1997 年美国的小型高技术企业为样本，研究发现企业获得 R&D 补贴这一行为对传递企业质量良好的信息起了重要作用，有助于企业获得更多的风险投资。费尔德曼和凯利（Feldman and Kelley，2006）以 1998 年的美国访谈企业为样本，研究发现，与未获得 R&D 补贴的企业相比，获得 R&D 补贴的企业能得到更多的外部融资。穆勒曼和德·梅塞内尔（Meuleman and De Maeseneire，2012）利用 1995～2004 年欧洲的佛兰德斯地区的企业数据，研究发现 R&D 补贴具有认证效应，有助于企业获取更多的长期借款，而且该种效应在信息不对称程度越高的情况下越明显。豪厄尔（Howell，2017）利用 1983～2013 年美国的小企业数据，研究发现第一阶段的 R&D 补贴提高了公司获得风险投资的概率，而且融资约束程度

越大的企业，更容易获得 VC 投资。吴（Wu，2017）以 2009~2013 年中国
A 股的上市企业数据为样本，研究发现，R&D 补贴这一信号具有认证效应，
增强了企业获取外部融资的能力，而且此种信号效应在民营企业中更强。
康迪（Conti，2018）以 1990~2014 年以色列的初创企业数据为样本，研究
发现，R&D 补贴对初创企业吸引外部投资的能力有显著的积极影响。李等
（Li et al.，2019）以 2009~2013 年中国 A 股上市和非上市的创新型创业企
业为样本，研究发现，R&D 补贴具有认证效应，有助于企业获取更多的银
行贷款，而且该效应在非上市企业和知识产权保护较弱的地区更明显。不
过，也有少量研究认为政府 R&D 补贴不能缓解企业的融资约束问题，如席
尔瓦和卡雷拉（Silva and Carreira，2017）以 1996~2004 年的葡萄牙企业为
样本，研究发现，R&D 补贴并未缓解企业的融资约束，这可能是由于 R&D
补贴使企业变得相对懒惰且更加依赖于补贴。魏和左（Wei and Zuo，2018）
以 2015 年中国的上市企业数据为样本，研究发现，中央政府的 R&D 补贴发
出了关于 R&D 项目质量的负面信号，并恶化了受补贴企业获得外部融资的
机会，这可能是由于中央政府的 R&D 补贴倾向于资助那些风险高、失败概
率大的项目。

在中文文献方面，也有部分文献从政府 R&D 补贴信号效应的视角展开
分析，如郭晓丹和何文韬（2011）以 2001~2010 年中国 88 家上市战略性新
兴产业企业为样本，研究发现，目前战略性新兴产业企业的 R&D 补贴还未
能充分体现出信号效应、发挥其引导产业投资的作用，政府应在补贴投向、
方式和环节等方面进一步改进以提升 R&D 补贴效率。李莉等（2015）基于
中国高科技企业与银行间的信息不对称程度较高，普遍面临信贷约束的现
实背景，通过理论分析和模型推导，发现具有公信力的政府作为独立的第
三方，对高科技企业的支持行为具有认证效应，企业传递获得政府支持的
相关信息有利于提高银行的认知和认可水平，对缓解信贷约束具有积极的
作用。王刚刚等（2017）以 2007~2014 年中国 A 股 1831 家上市企业为样
本，研究发现，R&D 补贴能释放基于政府信用的技术认证和监管认证的双

重信用认证信号，使得市场投资者基于对政府评估的信任而给予企业更高的信用认可，这样企业便可获得更多的外部认证性融资。而且，额外的认证融资通过拓宽企业的 R&D 融资来源，能缓解企业 R&D 投资面临的融资约束问题，进而激励企业增加 R&D 投入。吴非等（2018）以 2007～2014 年中国 A 股上市公司的数据为样本，研究发现，R&D 补贴不利于企业融资，政府强烈的补贴意愿有可能导致企业的"迎合"行为，并造成企业融资需求的挤出效应，最终不利于企业的研发创新活动。

2.3.2　企业股权融资的文献回顾

经对国内外有关企业股权融资的文献进行梳理后发现，有关企业股权融资的研究主要集中于股权融资影响因素和股权融资经济后果等方面。接下来，本章将分别从企业股权融资影响因素和企业股权融资经济后果这两个方面对企业股权融资的国内外主要文献进行梳理与回顾。

1. 企业股权融资影响因素的研究

在英文文献方面，如吴等（Wu et al.，2007）研究了家族参与和代理问题如何相互影响小企业的股权融资，研究结果表明，家族参与和代理问题相互影响，并分别影响小企业的股权融资。封等（Feng et al.，2015）以来自 25 个国家的 10803 家公司的年度数据为样本，研究发现，总体而言，在北美和欧洲，企业社会责任与其股权融资成本显著负相关，即企业社会责任得分较高的公司，其股权融资成本一般较低。李等（Li et al.，2019）以 2009～2013 年中国重污染行业的上市企业为样本，检验市场化程度、碳信息披露和股权融资成本之间的关系，研究结果表明，碳信息披露、非财务类碳信息披露、财务类碳信息披露与股权融资成本负相关，且市场化程度加强了碳信息披露、非财务类碳信息披露、财务类碳信息披露与股权融资成本之间的负相关关系。陈等（Chen et al.，2020）以 2004～2014 年的中国上市企业数据为样本，研究发现，在公司章程中设立交错董事会增加了股权融资成本和债务融资成本，而且，累积投票制度在减少交错董事会对公司融资成本的影响方面发挥了有效作用。佩德齐尼和托尼奥洛（Pederzini and Toniolo，2020）探讨了公司法与中小企业获得股权融资之间的关系，研究表明，美国的公司法为硅谷初创企业成功融资起了重要的作用。雷莫（Raimo et al.，2020）考察了环境、社会和治理信息披露对食品和饮料行业企业权益资本成本的影响，研究发现，企业社会责任披露与其股权资本成本之间存在显著的负相关关系。

在中文文献方面，叶康涛和陆正飞（2004）研究发现，虽然股票的 β 系数是其股权融资成本的主要决定因素，但负债率、企业规模、账面市值比等变量也是影响企业股权融资成本的重要因素；此外，不同行业的股权融资成本存在显著差异，具体而言，传播文化、电子等新兴产业的股权融资成本相对较高，而纺织、建筑、交通运输、金属与非金属制品等传统产业的股权融资成本则相对较低。张祥建和徐晋（2005）基于大股东控制权隐性收益的视角来分析上市公司的股权再融资行为，发现股权再融资偏好的根本原因在于大股东可以通过"隧道行为"获得中小股东无法得到的隐性收益。曾颖和陆正飞（2006）的研究发现，信息披露质量较高的样本公司的边际股权融资成本较低，并且，盈余平滑度和披露总体质量是影响样本公司股权融资成本的主要信息披露质量特征。姜付秀等（2008）设计了中国上市公司的投资者利益保护指数，并利用这一指数对中国上市企业的投资者保护与股权融资成本之间的关系进行了检验，其研究结果表明，中国上市公司的股权融资成本与投资者利益保护呈显著负相关关系。蒋琰（2009）研究发现，上市公司的综合治理水平有利于降低企业的权益融资成本和债务融资成本，而且，公司治理水平对于企业权益融资成本的影响要大于对债务融资成本的影响。谭之博和赵岳（2012）的研究发现，企业规模越小，银行融资相对于股权融资的比例越小。而且，与股权融资相比，银行融资对小企业的抑制更加明显。李莉等（2014）以高科技企业为研究对象，将知识产权保护水平引入解释企业资本结构问题的分析中，经研究发现，在资本市场融资时，若企业的知识产权保护水平越高，内外部信息不对称程度越低，则企业越倾向于进行股权融资。吴华强等（2015）的研究表明，随着经济周期的变化，托宾 Q 和现金流对外部融资的影响系数也会发生变化。在经济扩张时期，托宾 Q 对债权融资的正向影响会增强，现金流对债权融资的负向影响会减弱；而托宾 Q 对股权融资的正向影响会减弱，现金流对股权融资的负向影响会增强。叶陈刚等（2015）研究发现，环境信息披露质量与股权融资成本显著负相关，而且，行业监管法律水平、政府环境监管水平、政府环境补贴、媒体监督及外部治理水平的提高，可以显著提升环境信息披露对降低股权融资成本的积极作用。才国伟等（2018）以 2003～2013 年中国 A 股上市公司的财务数据和 31 个省份地方官员的变动数据为样本，采用地方官员变动率作为地方政策不确定性的代理变量，研究政策不确定性对企业投融资的影响，研究发现，政策不确定性显著降低了企业的债权融资，但是对股权融资的影响不显著。王文利等（2020）分析了股权和债权两种融资模式下制造商的最优融资与供应商的最优生产决策，研究发现，供应商一定会接受债权融资，只有在一定条件下才会接受股权融资。赵玉洁等（2020）以 2016～2018 年中国上市企业为样本，研究关键审计事项对企业股权融资成本的影响，发现关键审计事项可通过降低信息不对称、提高会计信息质量和改善公司治理质量这三个维度来降低企业的股权融资成本。

2. 企业股权融资经济后果的研究

在英文文献方面，丰塞卡等（Fonseka et al.，2012）研究了股权融资与随后的股票回报之间的关系，研究结果表明，对于符合监管标准的公司来说，配股和公开发行股票的能力与未来回报负相关。阮和鲁格曼（Nguyen and Rugman，2015）使用来自东南亚地区六个新兴国家的英国跨国子公司的原始调查数据，检验了内部股权融资对子公司绩效的贡献，研究发现，内部股权融资作为一种金融服务协议有助于提高子公司的绩效。库斯纳迪和魏（Kusnadi and Wei，2017）研究了股权错误定价如何影响国际环境下的企业投资，研究发现，在样本范围内，位于资本市场更发达（即融资成本更低）、股票成交量更高（即股东视野更短）和 R&D 密集度更高（即资产更不透明）的国家的公司，其投资对股票价格更为敏感。萨勒诺（Salerno，2019）使用 533 家欧洲私人股本支持的中小企业（其中有 107 家为私人股本支持的家族中小企业）的样本，研究私募股权支持对企业绩效的影响，研究发现，私募股权支持后的家族中小企业的绩效表现优于同期的非私募股权支持的家族中小企业。

在中文文献方面，邹薇和钱雪松（2005）构建了一个两层次委托代理模型，并强调了外部资本市场和内部资本市场之间的相互作用，其分析表明，融资成本偏低的外部资本市场不仅会促使企业 CEO 过分扩大融资规模，而且会加剧企业内部管理者的寻租行为，导致资本配置不当、投资缺乏效率的不良后果。鞠晓生（2013）用中国上市公司的数据分析了内部和外部融资渠道对企业创新投资的影响，研究发现，股权融资不是上市公司创新投资的主要融资方式，此外，在平滑创新投资波动方面，中央国有控股公司主要依赖于银行贷款，地方国有控股公司和非国有控股公司则主要依赖于股权融资。李汇东等（2013）利用 2006～2010 年中国上市公司的经验数据，研究发现，内源融资、外源融资对公司创新投资均存在显著的正向影响，但外源融资对创新投资的促进效应大于内源融资；进一步考察股权融资、债权融资、政府补助三种外源融资对公司创新的影响可以发现，政府补助最能够显著提高中国上市公司的创新投资，股权融资的影响次之，债权融资则不明显。张一林等（2016）认为，银行通过资产抵押、违约清算等措施，能够有效克服信用风险，但对于缺乏抵押且不确定性较高的创新企业，银行的监督措施难以有效实施，且银行贷款的回报与承担的风险不相匹配，导致银行缺少为创新企业融资的激励；而在股权融资中，创新企业能够以新技术新产品的潜在高额回报吸引投资者，企业创新的资金需求和投资者追求高回报、承担高风险的激励相一致，使得创新企业通过股权融资的方式往往更易获得资金。刘端等（2019）以 2007～2015 年中国制造业上市公司为研究对象，考察股权增发对企业研发投入和创新产出的影响，研究发现，上市公司增发股票对公司当期研发投入和后续创新产出存在显著的正向影响。张岭（2020）基于 52 个国家或地区的跨国样本，采用面板计量模型实证检验了股权和债权融资对技术创新绩效的影响，研究发现，股权融资具有更高的风险容忍度，更能提升企业家风险偏好，因而股权融资比债权融资更有利于支持技术创新，而且，无论在经济上行期还是下行期，股权融资都能更好地支持技术创新。

2.3.3　企业创新战略重心转换的文献回顾

自马尔迟（March，1991）提出探索与利用的概念后，这些理念被战略管理及组织学习等领域的学者所采纳。本纳和图什曼（Benner and Tushman，2003）更是以探索与利用的思想为基础提出了探索式创新和利用式创新的概念，且认为这两种创新模式是组织获得与保持持续竞争优势的关键。詹森等（Jansen et al.，2006）则进一步延伸了探索式创新与利用式创新的内涵，并指出其是双元型组织的显著特征。探索式创新是指企业为探索新的知识和资源进行的突破式的、风险相对较大的创新活动，探索式创新不断追求新的知识及开发新的产品和服务，与复杂搜寻、基础研究、变异等有关；利用式创新则是指企业利用现有知识和资源进行的渐进式的、风险相对较小的创新活动，其特别强调通过质量的持续改进以不断延伸现有的技术和知识、扩展现有的产品及服务。国内如焦豪（2011）、付丙海等（2015）、陈建勋等（2016）、张洁等（2018）、肖瑶等（2020）学者也从不同的视角对探索式创新或利用式创新进行了相关研究。根据双元创新理论（March，1991），企业如果过分强调利用式创新，将导致核心能力刚性，陷入核心能力陷阱，最终导致创新的"自我锁定"；而若过分强调探索式创新，将导致核心能力涣散，陷入核心能力不足，最终导致创新的"自我毁灭"。利用式创新和探索式创新对于企业维持竞争优势是必要的，企业需根据环境的变化，将这两类创新活动进行组合以维持竞争优势。但因企业各种产品彼此之间的生命周期不尽相同，企业在每一阶段会有所侧重，而且，企业进行利用式创新与探索式创新所需的技能并不相容，加之两者相互竞争企业的资源有限，导致企业难以做到同时追求探索式创新与利用式创新的双元平衡。探索式创新和利用式创新交替进行的间断平衡才是企业实现创新平衡以提高竞争优势更为有效的途径（Mudambi and Swift，2014；贾慧英等，2018）。间断平衡论将渐变与突变两种状态区分开来，在变化速度上存在"平衡—间断式突破—新的平衡"过程。间断式平衡能够帮助企业在较长时间内实现探索与利用的动态平衡，既能保持企业的灵活性以获取先动优势，又能通过不断地利用和完善以捍卫企业既有的竞争优势。一般而言，相比利用式创新，探索式创新需要综合不同机构的知识并使企业移动到一个新的技术轨迹，其成本比利用式创新高得多，而 R&D 投入作为企业一项至关重要的创新决策，能够反映出企业创新战略重心的实际情况。为此，穆达姆比和斯威夫特（Mudambi and Swift，2014）引入"研发投入跳跃"的概念，指出研发投入跳跃是企业创新战略重心在探索式创新与利用式创新之间转换的代理变量，代表企业通过时间上的转换来平衡探索式创新和利用式创新。国内学者吴建祖和肖书锋（2015，2016）、贾慧英等（2018）、马海燕和朱韵（2020）和海本禄等（2020）也从企业研发投入跳跃可表征企业创新战略重心转换的视角进行了相关研究。

　　具体而言，穆达姆比和斯威夫特（Mudambi and Swift，2014）引入"研发投入跳跃"的概念，指出研发投入跳跃是企业创新战略重心在探索式创新与利用式创新之间转换的代理变量，代表企业通过时间上的转换来平衡探索式创新和利用式创新。他们认为，当研发投入在一段时期内脱离历史趋势或者偏离预期的短期、显著地增加时，通常意味着企业的创新战略重心由利用式创新转向了探索式创新；同样，当研发投入在一段时期内脱离历史趋势或者偏离预期的短期、显著地减少时，则意味着企业的创新战略重心由探索式创新转向了利用式创新。而后，国内外学者基于研发投入跳跃是企业创新战略重心在探索式创新与利用式创新之间转换的代理变量进行了相关研究，斯威夫特（Swift，2016）认为，为了生存和发展，创新型公司必须能够利用它们现有的能力，并在现有能力价值下降时探索新的能力。然而，从一种创新形式过渡到另一种创新形式是困难的，因为探索式创新所需的技能与利用式创新所需的技能从根本上是对立的；而且，学习能力更强的企业更有可能在从利用式创新到探索式创新转换的飞跃中生存下来，而不需要通过削减研发支出来操纵收益的企业更有可能在从利用式创新到探索式创新的飞跃中生存下来。吴建祖和肖书锋（2015）基于企业的注意力基础观，运用 2007～2013 年中国 202 家上市公司的面板数据，结合事件研究法和文本分析法，分析研发投入跳跃对企业绩效的影响及其机制。研究表明，研发投入跳跃程度越大，则企业绩效越高，而且，决策者双元性创新注意力在研发投入跳跃与企业绩效之间起中介作用。吴建祖和肖书锋（2016）基于间断平衡理论和注意力基础观，运用 2007～2013 年中国 374 家上市公司的数据，研究发现，研发投入跳跃与企业绩效正相关，且高管团队注意力从利用式创新到探索式创新的转移与研发投入正向跳跃正相关；高管团队注意力从探索式创新到利用式创新的转移则与研发投入负向跳跃正相关。贾慧英等（2018）从间断式平衡的收益和风险视角，以 2007～2015 年 867 家中国 A 股上市公司面板数据为样本，分析并检验了研发投入跳跃对组织绩效的影响，研究表明，研发投入跳跃幅度与组织绩效呈倒 “U” 型关系；此外，吸收能力越强的组织越有能力在探索式创新与利用式创新之间顺利转换，转换的风险和成本越低，而且，组织所在的行业技术动态性越高，组织进行探索与利用转换的收益越大。海本禄等（2020）基于间断平衡理论和高阶梯队理论，以 2007～2017 年中国沪深两市 902 家制造企业为样本，实证分析研发投入跳跃对企业绩效的影响及高管过度自信的调节作用，结果显示，研发投入正向跳跃和负向跳跃均有助于提升企业绩效，且高管过度自信正向调节研发投入跳跃与企业绩效间的关系。马海燕和朱韵（2020）以 2007～2018 年中国 1114 家制造业上市公司数据为样本，其研究发现，3 种研发时序双元转换战略对组织绩效的影响均呈倒"U"型关系，这说明适中的转换幅度有助于提升组织绩效，而跳跃幅度过大则有损绩效。

2.3.4　企业创新绩效的文献回顾

除了在有关企业 R&D 补贴的文献回顾部分对 R&D 补贴与企业创新绩效的文献进行了回顾与阐述外，还有部分国内研究文献从政府 R&D 补贴分类的视角研究了 R&D 补贴对企业创新及经济后果的影响。在理论分析和模型推导方面，郑绪涛和柳剑平（2008）认为企业的创新活动可分为 R（research）阶段和 D（development）阶段，政府应针对这两个创新阶段特征的差异给予企业不同的 R&D 补贴政策，如在 R 阶段应进行事前补贴，而在 D 阶段则实施事后补贴。张春辉和陈继祥（2011）运用演化博弈理论，研究发现，无论是创新投入补贴还是创新产品补贴，补贴标准的提高均会导致企业选择颠覆性创新模式的可能性增大，选择渐进性创新模式的可能性减小；而且在不同产品价格与边际成本差额条件下，两种创新补贴对创新模式选择的影响存在差异。林承亮和许为民（2012）在技术外部性背景下，研究了按照产品产出数量和按照研发投入实施的两种不同补贴形式对企业创新投入的影响问题，发现按照研发投入的补贴在效果上总体优于按照产出数量的补贴，但是与企业吸收知识能力强弱及政府实施的是单边补贴还是双边补贴有关。王玮和陈丽华（2015）分析了两种不同的研发模式（非合作研发和合作研发）下激励制造商创新的两种策略——供应商 R&D 补贴和政府 R&D 补贴，研究发现，政府补贴策略在制造商非合作研发或者合作研发时能达到相同的市场均衡结果，而供应商补贴策略的效果受到制造商研发模式的影响。

　　在企业级数据的实证研究方面，唐清泉等（2008）以 2002～2005 年中国沪深两市的上市企业为样本，研究发现，R&D 补贴在一定程度上补偿了企业 R&D 创新的外部性带来的成本和收益风险，能有效缓解企业 R&D 创新投入的外部性问题；而且，与 R&D 直接补贴相比，税收优惠等间接补贴能在更大程度上明显地诱导企业的 R&D 支出，但获得直接补贴的企业，得到了更高的主营业务收益率。江静（2011）以中国第一次经济普查的 26326 家规模以上内资企业、2970 家港澳台投资企业及 3625 家外资企业为研究对象，研究发现，政府对内资企业研发活动的直接补贴政策显著提高了内资企业的研发强度，税收优惠政策对港澳台投资企业的创新活动增加有着较强的促进作用；但港澳台和外商投资企业的研发强度与政府直接补贴呈现出显著的负相关关系。张继良和李琳琳（2014）以 2004 年和 2009 年江苏省调查企业为样本，研究发现，直接补贴主要作用于研发投入阶段，对中间产出和最终产出影响微弱，而税收优惠对研发投入、中间产出和最终产出三个阶段都有正向的影响效应，且税收优惠效果整体好于直接补贴。张杰等（2015）以 2001～2007 年中国的工业企业数据为样本，研究发现，在那些知识产权保护完善程度越弱的环境中，政府创新补贴政策越能促进企业私人研发的提升；在金融发展滞后的环境下，贷款贴息型的政府创新补贴政策对企业私人研发产生了显著的挤入效应，而无偿资助型的政府创新补贴政策则不能促进企业私人研发的提升。唐书林等（2016）以 2013 年深交所的上市企业为样本，研究发现，税收递延对自主创新的影响要优于政府补贴，这是因为政府补贴的获取出现了"国进民退"的不良形势，国有企业利用政治背景掩饰创新效率低下的弱点来获取政府补贴，进而影响了政府补贴激励创新的有效性；此外，国有企业高管持股比例过低是引起政府扶持创新的"南橘北枳"的重要原因。赵袁军等（2017）选取 2010～2015 年中国 1107 家创新型企业数据为样本，研究了企业 R&D 补贴和科研院所项目补助等纵向政府支持方式与区域创新政策和税收抵免等横向政府支持方式的交互作用对企业创新绩效的影响，研究发现，仅区域创新政策与政府对企业的 R&D 补贴之间的交互作用显著提升了企业的创新绩效。唐书林等（2018）以 2013 年中国深交所上市企业为样本，研究发现，税收递延对自主创新的影响要优于政府补贴，这是因为企业的政治背景严重影响了免费补贴激励创新的公平性；同时，企业经营绩效的不确定性增大了免费补贴的资源配置扭曲程度，进而影响免费补贴引导创新的有效性，鉴于此，政府应采取面向创新过程或结果的公共补贴政策。白旭云等（2019）采用中国 2011 ~ 2013 年 505 家高新技术企业的调研数据，研究发现，政府的税收优惠政策有利于企业创新绩效和高质量创新产出的提升，而政府的 R&D 补贴对企业的创新绩效和创新质量均具有挤出效应。赵文等（2020）以 2011 ~ 2012 年中国 A 股高端装备制造业企业为样本，研究发现，身处欠佳市场环境中的民营企业若能取得政府补贴，其获得的事前 R&D 补贴或事后 R&D 补贴都将有助于企业创新效率的提升，而身处良好市场环境的民营企业对政府补贴的依赖则相对较弱；此外，身处市场环境欠佳中且无丰富政治关联的企业，政府事前的 R&D 补贴与事后的 R&D 补贴需相辅相成才能促进企业创新效率的提升，但身处市场环境欠佳中的企业如果拥有较多的政治关联，则最好不要借此寻求事前补贴，否则企业会陷入"政治资源诅咒"的旋涡。

在行业或产业层面、省市级层面的实证研究方面，如朱平芳和徐伟（2003）以 1993 ~ 2000 年上海市大中型工业企业 32 个行业的面板数据为样本，研究发现，政府的科技拨款资助和税收减免这两个政策工具对大中型工业企业增加自筹的 R&D 投入都具有积极效果；并且政府的拨款资助越稳定效果越好，且政府拨款资助和税收减免互为补充，提高一个的强度也会增加另一个的效果，但这个效应以政府税收减免为主。戴晨和刘怡（2008）以 2002 ~ 2005 年中国各省市面板数据为样本，研究发现，税收优惠对企业 R&D 活动具有显著的激励作用，但财政补贴对企业 R&D 活动的激励效果并不显著。王业斌（2014）以 1999 ~ 2008 年中国高技术产业数据为样本，研究发现，不论是在促进企业 R&D 支出还是创新产出方面，政府 R&D 资助都比金融信贷更有效；同时，企业规模对政府 R&D 资助与金融信贷的知识生产效果存在显著的正向效应，而产权结构对二者的知识生产效果存在显著的负面影响。李新功（2016）以 2000～2013 年中国 29 个制造业行业数据为样本，研究发现，金融信贷能够增强政府 R&D 资助的效果，而且政府直接 R&D 资助和间接 R&D 资助均对企业的 R&D 投入具有显著的正向影响。马文聪等（2017）基于中国 2009～2014 年的大中型工业企业数据，探讨直接补贴资助、直接税收优惠和间接税收优惠三种科技资助方式对企业研发投入的影响，研究发现，三种科技资助对企业研发投入均有显著的激励效应，且直接税收优惠的效果最强；但对 R&D 资本存量或知识存量大的企业，直接税收优惠的激励效应更强，反之则直接补贴资助、间接税收优惠的激励效应更强。张玉等（2017）以 2009～2014 年中国的省际面板数据为样本，发现政府 R&D 补贴和企业研发活动加计扣除减免皆与研发效率显著负相关，但高新技术企业的税收减免与研发效率显著正相关。赵凯和王鸿源（2018）基于 2009～2014 年中国 29 个省份的面板数据，研究发现，R&D 补贴对企业资本投入的"挤入作用"并不明显，但税收优惠能有效激励高技术企业在人员方面的投入，政府"低补贴、低优惠"的双低策略更有利于提高企业的创新收益。

2.3.5 企业持续经营风险的文献回顾

国内外有关企业持续经营的研究中，持续经营风险的测度主要分为两大类：一类从上市企业是否被出具持续经营审计意见的视角展开，也有研究以统计指标来刻画企业的持续经营风险；另一类则从企业生存的视角进行分析。本章将从这两个视角对企业持续经营风险的文献进行梳理与回顾。

一类从上市企业是否被出具持续经营审计意见的视角展开，张俊瑞等（2014）以中国 2007～2011 年沪深主板市场 A 股上市公司为研究对象，研究发现，当审计师进一步考虑到企业对外担保的规模、担保对象与被担保方风险后，其出具的审计报告会发生相应的变化，审计师对上市公司的担保规模给予了充分关注，担保规模越大越容易被出具持续经营不确定性审计意见。周楷唐等（2016）从审计意见对债务融资影响的角度，分析了持续经营审计意见是否具有额外价值的问题，研究发现，非标准审计意见、持续经营的非标准审计意见和非持续经营的非标准审计意见都能降低企业债务规模，提高企业债务成本，这表明，相对于一般的非标准审计意见来说，持续经营审计意见对债权人来说具有额外的价值。张立民等（2017）以 2003～2015 年沪深 A 股上市公司数据为研究样本，研究中国上市公司持续经营审计意见与投资效率之间的关系，研究发现，持续经营审计意见会抑制企业的投资过度行为，缓解投资不足，而且被出具持续经营审计意见后，管理层自信导致的投资过度行为能受到良好的约束。该研究结果表明，持续经营审计意见对企业投资效率起到了良好的监督作用，能有效缓解代理冲突，优化资源配置效率。翟胜宝等（2014）以中国 A 股非金融类上市公司为样本，研究了银行关联与企业风险之间的关系，研究发现，银行关联企业的风险显著高于非银行关联企业；此外，区分企业性质和企业规模后发现，上述关系主要存在于非国有企业和规模较小的企业中。李建军和韩珣（2019）利用 2004～2015 年沪深两市 A 股上市公司的数据进行实证检验，结果表明，非金融企业影子银行化会增加经营风险，而且，在融资约束程度较高、公司治理较差的企业中，企业影子银行化行为对经营风险的正向影响更为显著。

另一类则从企业生存的视角进行分析，弗里奇等（Fritsch et al.，2006）以 1983～2000 年的西德各区的初创企业为样本，通过多维方法分析行业、地区和时间对新创企业存活率的影响，研究发现，在进入人数多的行业，初创企业的生存机会往往相对较低。雷斯基（Renski，2011）探讨了外部经济如何影响美国大陆新的独立商业机构的生存，研究发现，区域产业多样性有利于部分行业中的初创企业，特别是那些知识密集型的企业。埃杰莫和肖（Ejermo and Xiao，2014）调查了 1991～2002 年进入瑞典的所有创业公司在商业周期中的生存表现，并将其与其他创业企业进行了比较，研究发现，首先，与其他创业型企业相比，非关税壁垒企业的风险率通常较低。其次，所有的创业公司对商业周期的生存可能性都很敏感，并遵循顺周期模式。肖兴志等（2014）运用事件史分析方法动态追踪了 494 家自 2003 年进入战略性新兴产业的企业生存状况，研究结果表明，企业能力积累显著影响其持续生存的时间，且内部存在较大差异，研发能力的积累是影响企业持续生存最为关键的因素，企业运营能力和市场能力的单独提高并不能有效延长企业生存时间，但这两种能力的交互则会对企业生存时间起到正向的作用。科斯基和帕加里宁（Koski and Pajarinen，2015）以 2003～2010 年超过 10000 家芬兰企业的面板数据为样本，研究发现，没有一种补贴类型对企业的劳动生产率有统计上显著的短期或长期正影响；而且，就业和投资补贴似乎特别倾向于分配给效率相对较低的公司；进一步分析发现，企业劳动生产率水平的下降与受补贴企业的退出的关系明显比与未接受任何补贴的企业的退出的关系更弱，即补贴分配阻碍了经济中创造性破坏的过程。于娇等（2015）基于中国工业企业的微观数据和海关总署的出口贸易数据，研究发现，出口行为有助于提高企业的生存概率，且能够延长企业 0.63 年的存续时间，但加工贸易对降低中国企业风险的作用并不显著；此外，过度依赖出口也会对企业生存造成负面效应，完全出口企业的生存概率反而不如低出口强度的企业。最后，从动态角度而言，非出口企业适时进军海外市场能够显著提高其生存概率，但在出口初始阶段，企业面临着更大的风险冲击。巴特勒等（Butler et al.，2016）分析了一项旨在通过向阿根廷布宜诺斯艾利斯的潜在企业家提供资金和技术援助来促进创新创业的政策，研究发现，这些政策对企业的创建和生存及就业都有重大影响。总体而言，小规模公共政策可以帮助企业家克服企业进入的各种障碍，并改善其创业人才的配置。桑托斯等（Santos et al.，2016）旨在研究补贴企业的长期死亡率，对回归模型的解释表明，企业生存的概率随着投资、企业年龄和区域业务集中度的增加而增加，而企业提出的补贴申请数量对其生存有负面影响。许家云和毛其淋（2016）研究了政府补贴对企业生存的微观效应，研究表明，只有适度的政府补贴可显著延长企业的经营持续时间，高额度补贴反而提高了企业退出市场的风险率；进一步研究发现，"寻补贴"投资和创新激励的弱化是高额度政府补贴抑制企业市场存活的重要渠道。鲍宗客和朱魏巍（2017）运用生物领域的事件史分析法追踪了 2000 年成立的研发企业的生存状况，研究发现，首先，从整体上来说，中国研发企业并不存在显著的生存溢价，而且，如果把基于退出机制不完善而形成的僵尸企业排除在外，研发企业要比非研发企业多抑制 7.25% 的生存风险；其次，研发密集度与生存风险之间并非简单的线性关系，研发密集度和生存风险之间存在大致的"U"型关系；最后，实质性研发企业能够显著降低生存风险，拥有较大的生存溢价，研发行为扭曲的企业则不具有生存溢价效应，其生存寿命反而要低于非研发企业。刘海洋等（2017）认为，由于中国地方政府对经济的强大影响力，政府官员变更可能会影响当地部分企业的生存与发展，研究发现，官员变更会显著增加企业的倒闭风险，并且这一风险存在多期滞后效应；但官员变更引致的退出风险在不同所有制企业之间有所不同，其中，对国有企业尤其是非中央国有企业的风险增加尤为明显。何文韬和肖兴志（2018）通过对中国光伏企业进入退出信息和申请专利数量的收集，刻画了中国光伏产业动态演进历程，深入微观层面，从影响光伏企业个体生存的因素来看，企业生产率、技术创新、政府补贴、企业规模和企业年龄与企业退出风险呈负相关，而较高的产业扰动不利于企业生存。潘越（2020）以中国境内所有的代币发行融资项目为研究对象，研究代币发行融资对初创企业生存时间的影响，研究发现，相比股权融资，代币发行融资会显著缩短初创企业的寿命；渠道检验的结果显示，代币发行融资阻碍了初创企业人力资本的进一步深化，从而缩短了企业的持续经营时间。

2.3.6　文献评述

经文献梳理后可知，目前国内外有关政府 R&D 补贴的研究，主要聚焦于 R&D 补贴对企业 R&D 投入、创新行为和创新产出等的影响，以及 R&D 补贴与企业 R&D 投入或创新产出的关系受"激励效应""挤出效应""门槛效应"或"时间效应"等多种因素的影响从而导致其并非直接的线性关系等方面。此外，也有研究从 R&D 补贴是否可发挥其信号属性吸引外部投资者的角度研究其对企业融资及相应创新行为和绩效的影响，也有研究从 R&D 补贴分类、政治关联与寻租或企业向政府申请 R&D 补贴时的逆向选择和企业获得 R&D 补贴后的道德风险等问题的视角探讨了 R&D 补贴的效率问题。

不过，目前有关 R&D 补贴信号效应的研究大多限于其能否通过释放良好的信号以缓解信息不对称，进而降低企业的债权融资成本、增加企业的债权融资额度，但对企业股权融资的影响等问题则涉及较少。企业创新活动的风险高、投入大、周期长等特征构成了企业创新融资难的重要原因，由于银行对其资金安全性具有天然的较高要求，致使其对企业创新的贷款主要偏向风险相对较小的项目。但在股票市场，由于金融资本追求较高收益的天然逐利性，其愿意承担相对较高的风险。而相比于利用式创新，探索式创新是企业为探索新的知识和资源进行的突破式的、风险相对较大的创新活动，银行出于资金安全的天然诉求，一般难以对企业的这类风险较高的创新活动进行资金支持，或者需企业给予银行足够高的风险溢价补偿，但这会提升企业的融资成本。而股权融资等直接融资方式则因其较高的风险承受能力而相对容易对企业的这类风险较大的创新活动予以支持。因此，如果仅从债权融资的视角考察政府 R&D 补贴对企业融资的影响，而轻视 R&D 补贴对企业股权融资影响的重要性，则不仅不利于本书从更为完整的逻辑画像厘清 R&D 补贴如何引导外部资金助力企业研发这一问题。而且不利于从 R&D 补贴能否影响企业股权融资的视角来探讨 R&D 补贴该如何引导企业提高其对基础研究的重视程度，以缓解或突破企业面临的"利用式创新过度、探索式创新不足"的"创新困境"。

此外，对企业而言，其创新活动不仅受创新资源的影响，还与其创新战略密切相关，只有企业的创新战略与创新资源达成统一，才能更好地进行创新活动。

虽然，现有关于 R&D 补贴的文献从 R&D 补贴能否增加企业的内部和外部创新资源并进而影响企业 R&D 投入和创新绩效的视角进行了大量研究。但有关 R&D 补贴是否影响企业创新战略并进而可能影响企业创新绩效的研究则涉及较少。如果仅从 R&D 补贴能否引导外部资金助力企业研发的视角来分析其政策效果，而轻视企业创新战略的重要性，则不仅可能因企业创新战略的实际情况与 R&D 补贴的目标南辕北辙而使得 R&D 补贴政策的效果大打折扣，而且在目前我国为企业降税减负趋势背景和中央、地方财政压力不断吃紧的矛盾下，仍可能无法更好地优化 R&D 补贴政策以提升其补助效率。而对政府 R&D 补贴与企业创新战略关系这一问题的研究不仅能从企业创新战略的视角研究 R&D 补贴的政策效果，补充现有关于 R&D 补贴的研究文献，还能为我国的 R&D 补贴政策该如何引导企业提高其对基础研究的重视程度，以缓解或突破"利用式创新过度、探索式创新不足"的"创新困境"提供理论参考和经验借鉴。

最后，技术创新是一项系统和持续的工程，企业进行创新的过程中，其创新相关的风险与持续经营风险等交织相伴，良好的持续经营状况是企业进行创新这一持续性活动的基本保障。企业需考虑创新失败带来的风险是否会影响其持续经营，尤其是当企业进行探索式创新等风险相对较大的创新活动时更需如此。而且，面对企业持续经营风险可能长期凸显的现实，以及 IPO 监管思路从强调持续盈利能力到注重持续经营能力的转变，企业的持续经营风险无疑将成为投资者和监管层关注的焦点。现有关于政府 R&D 补贴经济后果的文献，大多集中于 R&D 补贴对企业 R&D 投入、创新产出、生产率和企业价值等方面的研究，对企业持续经营风险的研究则涉及较少。对政府 R&D 补贴与企业持续经营风险的研究不仅能为企业厘清 R&D 补贴如何通过创新影响其持续经营风险提供实证参考依据，也能为投资者更好地评价 R&D 补贴的经济后果提供企业持续经营风险层面的经验借鉴，还能为注册制改革下新监管规则体系的构建提供 R&D 补贴层面的视角。

第 3 章　政府 R&D 补贴与企业创新的资金保障

本章基于中国企业"利用式创新过度、探索式创新不足"的"创新困境",以及银行等债权投资者与股权投资者因其风险特性差异而对不同风险类别的企业创新活动具有差异化支持特性的现实状况,研究政府 R&D 补贴对企业股权融资额度和股权融资成本的影响,并结合理论分析与假设推导的核心逻辑,分析融资约束和企业寻租对 R&D 补贴与企业股权融资额度和股权融资成本影响关系的调节效应。本章的目标在于为第 5 章从股权融资的路径研究 R&D 补贴对企业创新绩效影响的中介机制打牢基底,从而为后续章节的实证设计奠定基础。该章不仅补充了现有关于企业股权融资额度和股权融资成本影响因素的文献,而且有助于我们从 R&D 补贴能否影响企业股权融资的视角来探讨 R&D 补贴该如何引导企业提高其对基础研究的重视程度,以缓解或突破"利用式创新过度、探索式创新不足"的"创新困境"。

3.1

引言与引例

创新不仅是中国新常态下经济增长的核心动力,还是实现产业转型升级的关键，而企业作为创新活动的主体，如何有效激励其增加 R&D 投入、提高创新产出已成为政府进行 R&D 补贴政策体系改革的核心要素。由于企业 R&D 活动的专业性较强、中国的知识产权保护意识较为薄弱、关于研发信息的会计公开制度不够健全及第三方信息提供主体较为匮乏等原因，致使企业与外部投资者之间有关企业的 R&D 活动存在较大的信息不对称现象。资金供求主体之间的信息不对称会直接阻碍交易的发生，致使企业较难吸收到外部资金用于自身研发。此时，融资约束问题也可能成为制约企业创新的重要因素（寇宗来等，2020），在无政府 R&D 补贴的情况下，企业的 R&D 活动资金来源大多依靠自身。

近年来，国内外学者已经开始关注企业 R&D 活动的外部融资问题，并指出政府 R&D 补贴对企业的外部融资具有促进效应，该观点也得到了理论分析（Takalo and Tanayama，2010；Kleer，2010；Grilli，2014；李莉等，2015）和经验证据（Lerner，1999；Meuleman and De Maeseneire，2012；Howell，2017；王刚刚等，2017；Li et al.，2019）的支持。这些研究大多认为企业获得 R&D 补贴可向金融市场发出积极的信号，从而有助于减少企业与外部投资者之间的 R&D 信息不对称，缓解企业的融资约束问题，为企业获得更多的外部资金用于 R&D 活动提供了条件。但这些研究大多基于政府 R&D 补贴能否促进企业债权融资的视角展开，对企业股权融资的影响则涉及较少。企业的部分创新活动，如探索式创新，一般具有研发周期长、不确定性大和失败概率高等特征，而银行对其资金安全性具有天然的较高诉求，即使其愿意对企业的研发活动进行贷款，也主要偏向风险相对较小的项目。对于风险相对较高的研发活动，银行出于资金安全的要求，一般难以对企业的这类创新活动予以支持，或者需企业给予银行足够高的风险溢价补偿，但这会提升企业的融资成本。而在股票市场，由于金融资本追求较高收益的天然逐利性，其愿意承担相对较高的风险，相对容易对企业的这类风险较高的创新活动进行支持。因此，如果仅从债权融资的视角考察政府 R&D 补贴对企业外部融资的影响，而轻视 R&D 补贴对企业股权融资影响的重要性，则不仅不能从更为完整的逻辑画像厘清 R&D 补贴如何引导外部资金助力企业研发这一问题，而且不利于本书从 R&D 补贴能否影响企业股权融资的视角探讨 R&D 补贴该如何引导企业提高其对基础研究的重视程度以缓解或突破"利用式创新过度、探索式创新不足"的"创新困境"。

鉴于此，本章基于中国 R&D 补贴政策的实践和政府 R&D 补贴的信号属性，通过手工归集 2007～2019 年 A 股上市制造业企业的 R&D 补贴数据，研究 R&D 补贴对企业股权融资额度和股权融资成本的影响。研究发现，政府 R&D 补贴能显著增加企业的股权融资额度、降低企业的股权融资成本，且在增补重要控制变量、变更回归样本、改变回归方法、更换主要变量度量指标或考虑各类内生性问题后，该结论依然成立。此外，结合理论分析与假设推导的核心逻辑，进一步研究发现，企业所受融资约束程度越低或寻租越严重，越会弱化 R&D 补贴对企业股权融资额度的促进效应和对股权融资成本的降低效应。

与现有文献相比，本章的边际研究贡献如下：基于"利用式创新过度、探索式创新不足"的"创新困境"，以及银行等债权投资者与股权投资者因其风险特性差异而对不同风险类别的企业创新活动具有差异化支持特性的现实状况。如果仅从政府 R&D 补贴是否有助于企业获得更多成本较低的债权融资进而可能为企业创新提供资金支持的视角研究 R&D 补贴的政策效果，而轻视股权融资的重要性，则不利于本书从更为完整的逻辑画像厘清 R&D补贴该如何引导外部资金助力企业研发这一问题。而本章的研究从 R&D 补贴与企业股权融资额度和股权融资成本关系的视角展开，补充了现有关于R&D 补贴的文献。而且，结合理论分析与假设推导的核心逻辑，考察了融资约束和企业寻租对 R&D 补贴与企业股权融资额度、股权融资成本关系的调节效应，进一步补充和深化了已有相关研究。这有助于本书从 R&D 补贴能否影响企业股权融资的视角来探讨 R&D 补贴该如何引导企业提高其对基础研究这类风险相对较大的创新活动的重视程度，以缓解或突破"利用式创新过度、探索式创新不足"的"创新困境"。

接下来，本章的第二部分为理论分析与假设发展，第三部分为研究设计，第四部分为实证分析，第五部分为本章小结。

3.2 理论分析与假设发展

信息不对称是指由于交易双方对其交易对象或交易环境了解程度的不同致使双方信息不对等，交易中的一方可利用另一方无法掌握的信息谋取私利。按信息不对称发生的时间可将其分为事前的信息不对称和事后的信息不对称，事前的信息不对称常带来劣质品驱逐优质品进而出现市场交易产品平均质量下降的"逆向选择"问题；事后的信息不对称常带来负有责任的经济行为主体在不完全承担风险后果时采取机会主义行为使其自身利益最大化的"道德风险"问题。在信息不完善的金融市场中，作为信息劣势方的资金提供主体如果因无法有效观察资金需求者的投资风险而提高成本以弥补其风险溢价，则可能导致低风险的潜在资金需求者退出市场的"逆向选择"问题出现（Stiglitz and Weiss, 1981）。而如果资金提供主体选择较低的成本以满足所有资金需求者的融资申请则将加大融资的平均风险并最终可能导致资金提供主体的预期收益降低。面对信息不对称情况下的两难境地，资金提供主体更倾向于选择相对较低的成本，并拒绝一部分它们认为风险较高的资金需求者的融资申请，此时，金融市场上的资金错配现象便产生了。而企业的 R&D 活动一般存在外部投资者与企业之间有关 R&D 信息不对称的问题。首先，企业的 R&D 活动涉及诸多技术问题，具有较强的专业性，外部投资者因专业知识所限，难以对其进行较为准确的评估；其次，企业 R&D 活动产生的技术知识具有溢出性等特征，当市场对这些技术知识缺乏较为严格的制度保护时，企业的 R&D 成果容易被其竞争对手模仿甚至剽窃，此时，企业出于自我保护的需要，一般不会公开披露大量的 R&D 信息，不少企业甚至选择将研发等核心信息隐藏在企业内部（Wu，2017）；此外，我国资本市场的会计信息公开制度不够健全，第三方信息提供主体较为匮乏（王刚刚等，2017），外部投资者难以便捷地通过第三方获取与企业相关的较为有效的研发信息。这些因素致使企业与外部投资者之间有关企业的 R&D 活动存在较大的信息不对称，可能导致他们对企业的创新活动望而却步，或者需企业付出较大的融资代价以弥补其风险溢价。

有研究发现，如果在资金供给者与需求者之间建立某种形式的信号传递机制将有助于资金供给者更清楚地了解资金需求者的真实状况以缓解信息不对称，从而有利于提高资金需求者成功融资的机会、降低其融资成本。根据信号理论，企业可采用传递信号的方式来间接反映其真实质量，以缓解信息不对称。如将研发成果作为创新能力的信号（Francis et al.，2012）、政府的支持作为具有认证效应的信号（李莉等，2015；王刚刚等，2017）及可显示与政府关系较好、企业良性发展的信号（伍健等，2018）。为了促进企业创新的发展，弥补融资约束和外部性对其造成的效率损失，各国政府都积极制定相关产业政策，支持企业的研发创新活动，如对具有潜在商业价值的企业研发项目进行补贴（Meuleman and De Maeseneire，2012）等。而政府 R&D 补贴恰好就能在一定程度上扮演这种信号传递媒介的角色。一方面，企业获得 R&D 补贴相当于向金融市场传递企业研发项目真实和创新能力较好等积极信号，增加潜在投资者对企业提供资金支持的信心（Kleer，2010）。这种认证效应源于政府在筛选、评价、支持和监督企业过程中的独立性和公平性（Feldman and Kelly，2006），以及外部投资者很难具备相应的信息优势（Lerner，2002）和能力优势（Kleer，2010），而政府却能较为准确地识别企业的真实质量和投资价值。此外，基于政治主导的制度逻辑（Besharov and Smith，2014），企业获得 R&D 补贴可向资本市场释放其与政府关系良好及企业良性发展的信号，这些利好信息在信息不对称的情况下能成为利益相关者判断企业信誉和发展的重要依据，有利于促进利益相关者更好地支持企业（伍健等，2018）。最后，政府对于特定的研究项目支持，可能会释放出未来公共部门产品需求的信号，当与私人部门的产品和服务需求相重合时，有助于提高预期的边际回报率，吸引更多的私人投资。因此，获得政府 R&D 补贴有助于缓解企业的融资约束问题，帮助其获取更多的股权融资，而这些外部资金有助于弥补企业创新资金的不足。

另一方面，由于政府和企业之间有关企业技术能力的信息并不对称，企业向政府申请 R&D 补贴时可能存在利用其自身信息优势以刻意隐瞒、虚假申报的方式骗取政府 R&D 补贴的"逆向选择"问题（陆国庆等，2014；柳光强，2016）。在存在大量寻租机会的转型经济体中，政府的财政补贴激励政策可能受到一定程度的扭曲，企业可通过发送虚假的"创新"信号获取政府补贴，这会削弱政府补贴的激励效应（Gill and Kharas，2007）。例如，通过释放聘请研究人员挂职企业名下或购置一些并不打算在日后用于研发的设备等"虚假"信号，一个实际只能进行或只准备进行二次创新的企业可能获得 R&D 补贴（安同良等，2009）。近些年，以新能源汽车为代表的新兴产业获得了政府的大力扶持，政府希望通过大量财政补贴等方式，激励企业进行研发和生产等活动，做大做强我国的新能源汽车产业。但以新能源汽车行业为代表的违规谋补及骗补事件层出不穷，2016 年 9 月 8 日，财政部一份《关于新能源汽车推广应用补助资金专项检查》的文件激起千层浪，多家上市知名车企赫然在列。而在创新政策的实际执行过程中，由于政府部门与企业之间存在较大程度的信息不对称及政府与企业之间利益目标可能不一致等，可能引发受 R&D 补贴企业将科研资金挪作他用的道德风险问题。企业获得 R&D 补贴后，在利益最大化目标的驱使下，可能将享有的政策资源用于服务自身利益，并未将补贴资金用于研发或真正的创新活动。因此，当政策制定者信号甄别和事后监督机制缺失或失效的情况下，一旦投资者能在一定程度上识别企业的骗补等行为，这可能不利于企业的股权融资。

此外，在转轨经济背景下，政府依然掌握着重要资源的分配权（Xu，2011），加之中国技术评价体系并不完善，信息披露机制存在一定缺陷，政府和市场监管也相对缺位，这为企业寻租提供了一定空间（Gill and Kharas，2007；安同良等，2009；Chen et al.，2011；张璇等，2017）。如果政府的资源分配权很大，而提升和维护产品品质优势很困难，企业将可能热衷于寻求政治联系，而非能力建设（杨其静，2011）。并且，企业因寻租而获得政府"扶持之手"的照顾后，在政治晋升的"锦标赛"模式（周黎安，2008；余海跃和康书隆，2020）和国内生产总值（GDP）考核机制下，地方政府的经济增长、税收、基础设施等硬性指标才是主要的"指挥棒"（傅勇，2010），而 R&D 活动缺乏短期增长效应，难以增加官员晋升的"砝码"。在此情形下，政府的"攫取之手"一般会要求受照顾企业进行短、平、快的非 R&D 投资，以帮助地方政府官员获得更好的政绩（周黎安，2008）。因此，为了建立和维持政治联系，企业将付出高额寻租成本，甚至可能挤占自身用于创新活动的资源（张杰等，2011；任曙明和吕镯，2014；袁建国等，2015；逯东等，2015；江轩宇，2016）。此时，如果企业通过寻租的方式获得政府 R&D 补贴，而非凭借其创新能力等，一旦外部投资者能在一定程度上识别其寻租行为，则获得 R&D 补贴并不能反映出企业 R&D 项目真实和创新能力较好等积极信号，因此可能并不利于企业的股权融资。鉴于上述理论分析，本章提出如下备择假设：

假设 H3 - 1a：政府 R&D 补贴能显著增加企业的股权融资额度；

假设 H3 - 1b：政府 R&D 补贴能显著减少企业的股权融资额度。

假设 H3 - 2a：政府 R&D 补贴能显著降低企业的股权融资成本；

假设 H3 - 2b：政府 R&D 补贴能显著提高企业的股权融资成本。

3.3
研究设计

3.3.1　资料来源

本书选取了 2007～2019 年（由于财政部要求 A 股上市企业从 2007 年 1 月 1 日起实行新的会计准则，因此，研究的时间区间从 2007 年开始）的 A 股上市制造业企业数据（根据证监会 2012 年的行业分类标准），数据来源于 Wind 数据库、CSMAR 数据库、RESSET 数据库、上市公司年报、半年报及其他定期与非定期公告等。其中，关于上市公司政府 R&D 补贴数据的收集过程如下：上市公司的年度报告里有"政府补助明细"或计入"当期损益的政府补助"。但有少部分企业在政府补助明细或计入当期损益的政府补助中会披露递延或摊销类收益，且并未将摊销或递延类收益的明细在上述表中列出，此时需到上市公司的递延收益明细或流动负债明细等科目中查找。此外，由于《企业会计准则第 16 号——政府补助》第十一条规定：与企业日常活动相关的政府补助，应当按照经济业务实质，计入其他收益或冲减相关成本费用，与企业日常活动无关的政府补助，应当计入营业外收支。在数据收集过程中，也需收集和整理与其他收益或冲减相关成本费用等相关科目的政府补助数据。

经对 CSMAR 数据库有关政府补助明细数据进行整理和额外的手工增补后，2007～2019 年 A 股上市企业共有约 40 万条关于政府补助的明细数据。本章参照经济与合作发展组织（OCED）的《弗拉斯卡蒂手册》（Frascati Manual）的相关标准、国家统计局在 2019 年发布的《研究与试验发展（R&D）投入统计规范（试行）》报告、陆国庆等（2014）和王刚刚等

（2017）的研究对于政府 R&D 补贴的判定方法，来确定某个项目的补助是否为 R&D 补贴。本章主要通过如下几个步骤判断一个项目是否为 R&D 补贴：首先，根据关键词筛选，如"研究""研制""研发""科研""发明""技术开发""技术攻关""技术创新""科技计划""专利""知识产权""著作权""产学研""成果转化""成果转换""试验""中试""新产品""新品""新药""技术标准制定""技术中心""实验室""工程中心""人才""博士""院士""学者""产业教授""科技特派员""科技奖励""创新奖励"等，并在筛选基础上再根据项目详细信息进一步判断其是否为研发补助；其次，根据部委或地方性的科技支持计划筛选，如"863 计划""973 计划""核高基""科技小巨人""星火计划""火炬计划""01 专项""02 专项""英才计划""千人计划""旭日计划""纺织之光""扬帆计划"等，并在筛选基础上再根据项目详细信息进一步判断其是否为研发补助；再次，对于特定专业术语名词项目，如"高分子化工新材料监测服务平台项目""双层 56 平 TKB 巨型振动筛""海洋平台专用系列防爆连续油管作业成套设备项目""精控高效低排放燃烧系统""面向智能互联网电视的媒体内容和应用聚合云服务系统建设与示范"等，可通过如下五个步骤判断：第一，可从企业往年年报、财务决算报告、审计报告、中报、募投项目说明、招股说明书等其他定期或非定期公告中查找该项目信息并判断其是否为研发补助，如 2016 年康达新材（002669）就在其审计报告中明确表明"高分子化工新材料监测服务平台项目"为研发项目，鞍重股份（002667）在其招股说明书中披露"双层 56 平 TKB 巨型振动筛"获中国工业机械科学技术奖；第二，券商披露的针对上市公司或者行业的研究报告及投资者互动平台、机构调研等也可能会披露相关上市公司的研发项目情况，如汇博投研资讯的报告中就指出杰瑞股份（002353）主导的"海洋平台专用系列防爆连续油管作业成套设备项目"被列入 2014 年度国家火炬计划；第三，各类新闻媒体，如上市公司微信公众号、百度、搜狐、东方财富、雪球、华尔街见闻、同花顺财经等有时会对上市公司的部分研发项目进行报道，如同花顺就东方明珠（600637）的"面向智能互联网电视的媒体内容和应用聚合云服务系统建设与示范项目"进行报道，并指出其是国家"十二五"科技支撑计划项目；第四，中国知网有关于专利明细的数据库，可根据上市公司申请专利明细辅助判断其政府补助明细项目是否为研发补助；第五，对于某些无法判断其是否为研发补助的部委或地方补助计划，如财政部电子发展基金、国家物联网专项、杭州市信息服务业专项等，可参照"对于特定专业术语名词项目筛选的步骤"进行筛选，而且绝大部分部委或地方补助计划皆会披露具体入围项目，也可根据这些入围项目判断其是否为研发补助。当然，还有一部分项目无法判断其是否为研发补助，可通过剔除该年度对应上市公司的方法解决。在政府补助明细中筛选出具体的研发补贴项目后，加总作为各样本在当年的R&D 补贴数据。

此外，考虑到不同市场因素和制度因素的影响，剔除在 A 股上市，同时在 B 股、H 股或 N 股也发行股票的样本公司；其次，考虑到被 ST 类等发生大额亏损公司的不稳定性，剔除选择区间内上述类型公司；此外，剔除数据异常和数据不全样本公司。最终，本章共获得 2007～2019 年 2419 家 A股上市制造业企业共 16650 个样本数据，且为了防止异常值对研究结果的影响，本章对连续型变量进行了 1% 的缩尾处理。

3.3.2　变量定义

1. 因变量

假设 H3 - 1a 和假设 H3 - 1b：股权融资额度（EqFinancing）。以吸收权益性投资收到的现金衡量，具体指企业以发行股票方式筹集的资金，即发行收入减去支付的佣金等发行费用后的净额。此外，考虑到股权融资额度数据中有较多的 0 值，可能对研究结果产生影响，因此，本章也设定了股权融资额度的虚拟变量（股权融资额度大于 0 时设为 1，其他为 0）进行稳健性检验。

假设 H3 - 2a 和假设 H3 - 2b：股权融资成本（PEG）。国内外对股权融资成本的测度方式有多种，如根据 CAPM 模型、Fama-French 三因子模型、PEG 模型和 MPEG 模型估计企业的股权融资成本等。毛新述等（2012）认为，在多种测度股权融资成本的方法中，整体而言，事前的股权融资成本测度模型要优于事后的 CAPM 和 Fama-French 三因子模型。而且，PEG 等模型下测度的股权融资成本能较为恰当地捕捉各风险因素的影响。鉴于此，本章采取 PEG 模型对股权融资成本进行测度，具体模型如下：

$$PEG = \sqrt{\frac{Eps_2 - Eps_1}{P_0}} \tag{3-1}$$

而后以此为因变量进行回归分析。并且，因权益融资成本的合理范围是（0，1），为了不失一般性，将超过该范围的估计值予以剔除。此外，在稳健性检验中，再借鉴姜付秀等（2008）和李争光等（2016）的方法，以资本资产定价法（CAPM）计算出的股权融资成本，以及参考叶陈刚等（2015）和李力等（2019）的研究，选取 Ohlson 等的经济增长模型来测度股权融资成本，再分别进行稳健性检验，具体模型见本章稳健性检验部分。

2. 自变量

假设 H3 - 1a、假设 H3 - 1b、假设 H3 - 2a 和假设 H3 - 2b：政府 R&D 补贴（RDSubsidy），此处指政府授予企业的直接研发补贴，具体收集过程和度量方式见本章研究设计的资料来源部分。

3. 控制变量

为了尽可能地防止出现重要变量遗漏，本章做了全面深入的文献梳理，并根据文献梳理情况和相关性及多重共线性等检验，在假设中控制了企业

特质、内部治理、财务状况、外部治理、行业竞争、经济增长和生命周期
共七类变量。其中企业特质包括企业规模和企业多元化程度；内部治理包
括实际控制人性质、实际控制人持股比例、两权分离度、高管持股比例和
高管薪酬；财务状况包括资产负债率和主营业务增长率；外部治理包括机
构持股、分析师关注度和分析师施加的业绩压力；行业竞争包括行业竞争
程度的赫芬达尔指数；经济增长包括上市公司所在省市自治区的生产总值
增长率；企业生命周期包括成长期、成熟期和衰退期，但考虑到多重共线
性问题，仅在模型中加入成长期和成熟期的虚拟变量。此外，本章还控制
了年度和行业虚拟变量。各主要变量详情如表 3-1 所示。

表 3-1　　　　　　　　　　　主要变量定义和度量

因变量（假设 H3-1a 和假设 H3-1b）		
EqFinancing	股权融资额度	发行收入减发行费用后的净额（亿元）
因变量（假设 H3-2a 和假设 H3-2b）		
PEG	股权融资成本	以 PEG 模型估算，具体见本章变量定义部分
自变量（假设 H3-1a、H3-1b、H3-2a 和 H3-2b）		
RDSubsidy	研发补贴	政府授予企业的直接研发补贴（亿元）
控制变量（假设 H3-1a、H3-1b、H3-2a 和 H3-2b）		
第一类：企业特质		
Size	企业规模	企业员工总数的自然对数
Multi	企业多元化程度	企业每一行业的营业收入与营业总收入比值的平方累加
第二类：内部治理		
Controller	实际控制人性质	实际控制人国有取 1，否则取 2
Shareholding	实际控制人持股比例	实际控制人合计持有企业的股份比例
Sepration	两权分离度	实际控制人控制权与现金流权分离度
Sharerate	高管持股比例	高管持股数占企业发行股份比例
Salary	高管薪酬	高管前三名薪酬总额加 1 取自然对数

续表

第三类：财务状况		
Leverage	资产负债率	总负债/总资产
Growth	营业收入增长率	（本期营业收入 – 上期营业收入）/上期营业收入
第四类：外部治理		
Institution	机构持股比例	基金、合格境外投资者、券商、保险、社保和信托等持股比例合计
AnalystN	分析师关注度	分析师关注人数加 1 的自然对数
AnalystP	分析师预测带来的业绩压力	（分析师预测的每股收益均值 – 实际每股收益）/预测的每股收益均值，如果无分析师关注则取 0
第五类：行业竞争		
Hii	行业竞争程度	表征行业竞争的赫芬达尔指数
第六类：经济增长		
GDPGrowth	地区生产总值增长率	企业注册地所在省份的生产总值增长率
第七类：企业生命周期		
CZQ	成长期	参考黄宏斌等于 2016 年发表在《金融研究》上的论文《企业生命周期、融资方式与融资约束》
CSQ	成熟期	同上
其他		
Dummy_Year	各年度虚拟变量	年度虚拟变量
Dummy_Ind	各行业虚拟变量	行业虚拟变量
IV1	政府 R&D 补贴的行业层面工具变量	参考张杰等于 2015 年发表在《经济研究》上的论文《中国创新补贴政策的绩效评估：理论与证据》。具体计算方法见本章研究设计中的计量方法部分
IV2	政府 R&D 补贴的地区层面工具变量	同上

3.3.3　计量方法

考虑到本章的研究问题可能存在多种形式的内生性。如因遗漏重要变量导致的内生性问题；如因企业的融资行为可能影响其创新活动，进而影响其政府 R&D 补贴的申请和获取，而且，对政府而言，企业的创新绩效是其决定是否授予企业 R&D 补贴的考量因素之一，此时可能存在逆向因果关系导致的内生性问题。针对可能存在的内生性，本章不仅通过全面深入的文献梳理以尽可能地找出各类影响企业股权融资的控制变量，还在计量模型中设定工具变量加以缓解，并在后续的分析中进行多种类型的稳健性检验。针对假设 H3 - 1a、假设 H3 - 1b、假设 H3 - 2a 和假设 H3 - 2b，本章参考张杰等（2015）的方法，以样本企业固定资产净额为权重对企业层面的研发补贴加总，得到四分位行业层面的政府研发补贴变量，以此作为第一个工具变量（IV1）；类似地，以样本企业固定资产净额为权重对上市企业注册地所在省市自治区层面的研发补贴加总，得到地区层面的政府研发补贴变量，以此作为第二个工具变量（IV2）。此外，考虑到本章使用的是面板数据，因此，本章以面板固定效应模型或随机效应模型的工具变量法进行回归分析。具体模型分别如下所示：

$$
\begin{aligned}
EqFinancing_{i,t} = {}& \alpha + \alpha_0 RDSubsidy_{i,t} + \alpha_1 Size_{i,t} + \alpha_2 Multi_{i,t} + \alpha_3 Controller_{i,t} \\
& + \alpha_4 Shareholding_{i,t} + \alpha_5 Sepration_{i,t} + \alpha_6 Sharerate_{i,t} + \alpha_7 Salary_{i,t} \\
& + \alpha_8 Leverage_{i,t} + \alpha_9 Growth_{i,t} + \alpha_{10} Institution_{i,t} + \alpha_{11} AnalysistN_{i,t} \\
& + \alpha_{12} AnalysistP_{i,t} + \alpha_{13} Hii_{i,t} + \alpha_{14} GDPGrowth_{i,t} + \alpha_{15} CZQ_{i,t} \\
& + \alpha_{16} CSQ + \phi Dummy\_Year + \phi Dummy\_Ind + \mu_{it} \quad (3-2)
\end{aligned}
$$

$$
\begin{aligned}
PEG_{i,t} = {}& \beta + \beta_0 RDSubsidy_{i,t} + \beta_1 Size_{i,t} + \beta_2 Multi_{i,t} + \beta_3 Controller_{i,t} \\
& + \beta_4 Shareholding_{i,t} + \beta_5 Sepration_{i,t} + \beta_6 Sharerate_{i,t} + \beta_7 Salary_{i,t} \\
& + \beta_8 Leverage_{i,t} + \beta_9 Growth_{i,t} + \beta_{10} Institution_{i,t} + \beta_{11} AnalysistN_{i,t} \\
& + \beta_{12} AnalysistP_{i,t} + \beta_{13} Hii_{i,t} + \beta_{14} GDPGrowth_{i,t} + \beta_{15} CZQ_{i,t} \\
& + \beta_{16} CSQ + \gamma Dummy\_Year + \lambda Dummy\_Ind + \varepsilon_{it} \quad (3-3)
\end{aligned}
$$

假设 H3 - 1a 和假设 H3 - 1b 对应的系数为第一个模型中的 α_0，如果系数 α_0 显著为正，则假设 H3 - 1a 得到验证，如果系数 α_0 显著为负，则假设 H3 - 1b 得到验证；假设 H3 - 2a 和假设 H3 - 2b 对应的系数为第二个模型中的 β_0，如果系数 β_0 显著为负，则假设 H3 - 2a 得到验证，如果系数 β_0 显著为正，则假设 H3 - 2b 得到验证。

实证分析

3.4.1　描述性统计

主要变量的描述性统计如表 3 – 2 所示，其中连续型变量进行了 1% 缩尾处理。从表 3 – 2 可知，因变量企业股权融资额度（EqFinancing）的均值约为 1. 3971 亿元，最小值为 0，最大值约为 29. 9060 亿元，且在样本范围内，不到 50% 的样本进行了股权融资。因变量股权融资成本（PEG）的均值约为 9. 79%，最小值约为 1. 27%，最大值约为 27. 39%。自变量政府 R&D 补贴（RDSubsidy）的均值约为 0. 0504 亿元，最小值为 0，最大值约为 0. 9015 亿元，且在样本范围内，不到 75% 的样本获得了政府 R&D 补贴。此外，政府 R&D 补贴行业层面工具变量（IV1）的均值约为 0. 4048 亿元，最小值约为 0. 0019 亿元，最大值约为 3. 1402 亿元。政府 R&D 补贴地区层面工具变量（IV2）的均值约为 0. 1456 亿元，最小值约为 0. 0014 亿元，最大值约为 1. 0804 亿元。

表 3 – 2　　　　　　　　　　　　主要变量描述性统计

变量	Obs	Mean	Sd	Min	P25	P50	P75	Max
EqFinancing	16650	1. 3971	4. 4542	0	0	0	0. 2227	29. 9060
PEG	7536	0. 0979	0. 0496	0. 0127	0. 0637	0. 0912	0. 1224	0. 2739
RDSubsidy	16650	0. 0504	0. 1246	0	0	0. 0101	0. 0421	0. 9015
Size	16650	7. 6944	1. 1103	5. 1591	6. 9197	7. 6314	8. 4163	10. 6435
Multi	16650	0. 7862	0. 2348	0. 2088	0. 5847	0. 9026	0. 9847	1. 0000

续表

变量	Obs	Mean	Sd	Min	P25	P50	P75	Max
Controller	16650	1. 6694	0. 4704	1. 0000	1. 0000	2. 0000	2. 0000	2. 0000
Shareholding	16650	0. 3366	0. 1633	0. 0389	0. 2095	0. 3203	0. 4474	0. 7358
Sepration	16650	0. 0546	0. 0795	0	0	0	0. 1003	0. 2945
Sharerate	16650	0. 1052	0. 1744	0	0	0. 0003	0. 1638	0. 6648
Salary	16650	14. 1614	0. 7303	12. 2356	13. 7040	14. 1609	14. 6220	16. 0653
Leverage	16650	0. 4094	0. 1975	0. 0542	0. 2510	0. 4020	0. 5549	0. 8978
Growth	16650	0. 1721	0. 3775	− 0. 5089	− 0. 0175	0. 1135	0. 2736	2. 3678
Institution	16650	0. 0608	0. 0703	0	0. 0077	0. 0352	0. 0907	0. 3361
AnalysistN	16650	1. 4487	1. 1594	0	0	1. 3863	2. 3979	3. 7612
AnalysistP	16650	0. 5080	0. 7789	− 1. 1034	0. 0594	0. 4171	0. 7305	5. 3158
Hii	16650	0. 0969	0. 0856	0. 0135	0. 0394	0. 0741	0. 1228	1. 0000
GDPGrowth	16650	0. 1032	0. 0717	− 0. 2502	0. 0697	0. 0956	0. 1297	0. 3227
CZQ	16650	0. 4514	0. 4976	0	0	0	1. 0000	1. 0000
CSQ	16650	0. 3682	0. 4823	0	0	0	1. 0000	1. 0000
IV1	16650	0. 4048	0. 6850	0. 0019	0. 0321	0. 1144	0. 3484	3. 1402
IV2	16650	0. 1456	0. 2050	0. 0014	0. 0303	0. 0635	0. 1707	1. 0804

3. 4. 2　计量结果分析

考虑到本章的计量分析中可能存在的内生性问题，故在回归模型中设定工具变量加以缓解。此外，由于本章的样本为面板数据，且从表 3 - 3 各列中 Hausman Test 的 p 值来看，皆拒绝使用随机效应模型的原假设。故综合考虑后，决定采用面板固定效应工具变量法进行回归，而且，本章在下表中列出了面板固定效应模型的回归结果加以对照。表 3 - 3 第（1）列和第（2）列分别为政府 R&D 补贴对企业股权融资额度的面板固定效应工具变量法和面板固定效应的回归结果。从第（1）列和第（2）列的结果可知，政府 R&D 补贴对企业股权融资额度的影响系数分别为 7.7425 和 2.9964，且皆在 5% 的显著性范围内显著。并且，从第（1）列中各工具变量的回归结果来看（各工具变量的回归结果为第一阶段回归的结果，下同），工具变量 IV1 和 IV2 对 R&D 补贴的回归系数分别为 0.0264 和 0.0380，且皆在 1% 的显著性范围内显著。从工具变量的识别不足检验（under identification test）、弱识别检验（weak identification test）和过度识别检验（over identification test）结果来看，拒绝工具变量与内生变量无关及弱工具变量的原假设，且接受了工具变量外生的原假设，整体而言，工具变量的设定较为合理。总体来看，回归结果表明，政府 R&D 补贴与企业股权融资额度显著正相关，假设 H3 - 1a 得到验证。且在样本范围内，当控制其他变量不变时，每增加 1 单位 R&D 补贴，将平均增加 7.7425 单位的股权融资额度。

表 3 - 3　　　　政府 R&D 补贴与企业股权融资额度和股权融资成本

变量	股权融资额度		股权融资成本	
	（1）固定效应工具变量法	（2）固定效应	（3）固定效应工具变量法	（4）固定效应
RDSubsidy	7.7425 ** (0.0150)	2.9964 *** (0.0000)	- 0.1067 *** (0.0010)	- 0.0094 * (0.0900)
Size	1.0579 *** (0.0000)	1.1963 *** (0.0000)	0.0011 (0.5440)	- 0.0015 (0.3440)
Multi	- 0.6153 ** (0.0180)	- 0.6227 ** (0.0160)	- 0.0118 ** (0.0100)	- 0.0121 *** (0.0060)
Controller	0.3255 (0.2400)	0.3305 (0.2300)	0.0125 ** (0.0230)	0.0146 *** (0.0060)
Shareholding	- 1.2524 ** (0.0210)	- 1.1775 ** (0.0290)	- 0.0039 (0.6840)	- 0.0082 (0.3720)
Sepration	- 0.4113 (0.6840)	- 0.0263 (0.9780)	- 0.0295 (0.1030)	- 0.0425 ** (0.0130)

续表

变量	股权融资额度		股权融资成本	
	(1) 固定效应工具 变量法	(2) 固定效应	(3) 固定效应工具 变量法	(4) 固定效应
Sharerate	- 0. 2700 (0. 5890)	- 0. 1319 (0. 7870)	- 0. 0114 (0. 1940)	- 0. 0123 (0. 1500)
Salary	- 0. 0389 (0. 7070)	0. 0117 (0. 9040)	- 0. 0059 *** (0. 0010)	- 0. 0059 *** (0. 0010)
Leverage	- 6. 6466 *** (0. 0000)	- 6. 6388 *** (0. 0000)	0. 0369 *** (0. 0000)	0. 0343 *** (0. 0000)
Growth	0. 9350 *** (0. 0000)	0. 8990 *** (0. 0000)	- 0. 0029 * (0. 0800)	- 0. 0015 (0. 3240)
Institution	8. 3272 *** (0. 0000)	8. 2404 *** (0. 0000)	- 0. 0249 ** (0. 0230)	- 0. 0275 ** (0. 0100)
AnalysistN	0. 1999 *** (0. 0000)	0. 2093 *** (0. 0000)	- 0. 0065 *** (0. 0000)	- 0. 0064 *** (0. 0000)
AnalysistP	0. 0438 *** (0. 0000)	0. 0337 (0. 4810)	0. 0012 (0. 1680)	0. 0017 ** (0. 0370)
Hii	1. 7508 * (0. 0670)	1. 8366 * (0. 0530)	- 0. 0120 (0. 4890)	- 0. 0149 (0. 3770)
GDPGrowth	- 0. 6776 (0. 3160)	- 0. 8908 (0. 1760)	0. 0172 (0. 2020)	0. 0052 (0. 6780)
CZQ	1. 7652 *** (0. 0000)	1. 7793 *** (0. 0000)	0. 0008 (0. 6730)	0. 0005 (0. 7900)
CSQ	- 0. 2396 ** (0. 0240)	- 0. 2442 ** (0. 0200)	- 0. 0004 (0. 8450)	0. 0002 (0. 9080)
_Cons	- 5. 3261 ** (0. 0120)	- 6. 9649 *** (0. 0000)	0. 1950 *** (0. 0040)	0. 1932 *** (0. 0000)
是否控制年度	是	是	是	是
是否控制行业	是	是	是	是
工具变量 IV1	0. 0264 *** (0. 0000)		0. 0355 *** (0. 0000)	

续表

变量	股权融资额度		股权融资成本	
	（1）固定效应工具变量法	（2）固定效应	（3）固定效应工具变量法	（4）固定效应
工具变量 IV2	0.0380 ***（0.0000）		0.0755 ***（0.0000）	
Under identification test P 值	0		0	
Weak identification test F 值	102.7350		82.6340	
Over identification test P 值	0.1442		0.6102	
第二阶段 F 值	37.5900	39.0300	14.7600	15.5700
Within R²	0.1239	0.1336	0.0850	0.1340
样本数	16650	16650	7536	7536
Hausman test P 值	0	0	0.0001	0

注：*、**、*** 分别表示 10%、5% 和 1% 的显著性水平，且括号内为 P 值。此外，表中工具变量法的回归结果是第一阶段回归结果和第二阶段回归结果的整合。

资料来源：笔者经 Stata 软件的实证结果整理而得。

表 3 - 3 第（3）列和第（4）列分别为政府 R&D 补贴对企业股权融资成本的面板固定效应工具变量法和面板固定效应的回归结果。由第（3）列和第（4）列的结果可知，政府 R&D 补贴对股权融资成本的影响系数分别为 - 0.1067 和 - 0.0094，且皆在 10% 的显著性范围内显著。而且，从第（3）列中各工具变量的回归结果来看，工具变量 IV1 和 IV2 对 R&D 补贴的回归系数分别为 0.0355 和 0.0755，且皆在 1% 的显著性范围内显著。从工具变量的识别不足检验（under identification test）、弱识别检验（weak identification test）和过度识别检验（over identification test）结果来看，拒绝工具变量与内生变量无关及弱工具变量的原假设，且接受了工具变量外生的原假设，整体而言，工具变量的设定较为合理。总体来看，结果表明，政府 R&D 补贴与企业股权融资成本显著负相关，假设 H3 - 2a 得到验证。且在样本范围内，当控制其他变量不变时，每增加 1 单位 R&D 补贴，将平均

降低 0.1067 单位的股权融资成本。

3.4.3　稳健性检验

1. 增补控制变量

考虑到除政府 R&D 补贴外，企业还会收到其他类型的政府补贴，作为企业资金的直接补充，这些补贴也可能影响企业的股权融资额度和股权融资成本。因此，本章控制了除 R&D 补贴外的其他补贴（Other Subsidy），而后进行稳健性检验。表 3 - 4 第（1）列和第（2）列分别为控制其他补贴后政府 R&D 补贴对企业股权融资额度和股权融资成本的面板固定效应工具变量法的回归结果（Hausman Test 的 P 值皆为 0）。从第（1）列和第（2）列中各工具变量的回归结果来看，整体而言，工具变量的设定较为合理。并且，从回归结果可知，在控制其他补贴后，政府 R&D 补贴仍能显著增加企业的股权融资额度、降低企业的股权融资成本。此外，除 R&D 补贴外的其他补贴也能显著提升企业的股权融资额度。不过，除 R&D 补贴外的其他补贴与股权融资成本的关系并不显著，既不能显著降低也不能显著提升企业的股权融资成本。

2. 变更回归样本

（1）由于战略新兴产业作为新一轮科技革命和产业变革方向的代表，是培育发展新动能和获取未来竞争新优势的关键，一般受到更多的政策扶持。并且，战略新兴产业企业以"重大技术突破"为基础，与"关键技术""共性技术"及"基础研究"密切相关。其创新成功的概率更低、面临的风险也更大，受到的融资约束程度一般也更高（Guiso，1998；Ang et al.，2014）。鉴于此，本章单独分析战略新兴产业企业中政府 R&D 补贴对企业股权融资额度和股权融资成本的影响，其中战略新兴产业企业样本来自最新的中证指数有限公司和上交所发布的中国战略新兴产业综合指数。表 3 - 4 第（3）列和第（4）列分别为战略新兴产业企业中政府 R&D 补贴对企业股权融资额度和股权融资成本的面板固定效应工具变量法的回归结果（Hausman Test 的 P 值皆为 0）。从第（3）列和第（4）列中各工具变量的回归结果来看，整体而言，工具变量的设定较为合理。并且，从回归结果可知，在战略新兴产业企业样本中，政府 R&D 补贴仍能显著增加企业的股权融资额度、降低企业的股权融资成本。

（2）虽然，本章将已披露政府补贴部分信息但未能进一步确认其研发补贴数额的样本剔除了，但仍旧可能存在少部分企业有政府 R&D 补贴却未披露任何与该补贴相关信息的情况，如果将这些样本的 R&D 补贴设定为 0，可能有失偏颇。因此，本章将剔除政府 R&D 补贴为 0 的样本，进行稳健性检验。表 3 - 4 第（5）列和第（6）列分别为剔除 R&D 补贴为 0 样本后，政府 R&D 补贴对企业股权融资额度和股权融资成本的面板固定效应工具变量法的回归结果（Hausman Test 的 P 值皆为 0）。从第（5）列和第（6）列中各工具变量的回归结果来看，整体而言，工具变量的设定较为合理。并且，从回归结果可知，在剔除政府 R&D 补贴为 0 的样本中，R&D 补贴仍能显著增加企业的股权融资额度、降低企业的股权融资成本。

表 3 - 4　　　　　　　　增补控制变量和变更回归样本的稳健性检验

变量	控制其他补贴		战略新兴产业企业		剔除 R&D 补贴为 0	
	（1）股权融资额度	（2）股权融资成本	（3）股权融资额度	（4）股权融资成本	（5）股权融资额度	（6）股权融资成本
RDSubsidy	7. 2536 ** (0. 0260)	- 0. 1066 *** (0. 0010)	15. 7679 *** (0. 0020)	- 0. 1999 *** (0. 0070)	11. 7212 ** (0. 0200)	- 0. 1336 ** (0. 0110)
OtherSubsidy	0. 4047 *** (0. 0000)	- 0. 0003 (0. 7990)				
Size	1. 0017 *** (0. 0000)	0. 0012 (0. 5210)	1. 0092 *** (0. 0000)	0. 0057 (0. 1160)	1. 0683 *** (0. 0000)	0. 0026 (0. 3060)

续表

变量	控制其他补贴		战略新兴产业企业		剔除 R&D 补贴为 0	
	（1）股权融资额度	（2）股权融资成本	（3）股权融资额度	（4）股权融资成本	（5）股权融资额度	（6）股权融资成本
Multi	− 0. 5714 ** （0. 0280）	− 0. 0119 *** （0. 0090）	− 0. 2601 （0. 5860）	− 0. 0063 （0. 3840）	− 0. 8948 *** （0. 0050）	− 0. 0085 （0. 1320）
Controller	0. 3096 （0. 2630）	0. 0125 ** （0. 0230）	0. 5936 （0. 2200）	0. 0047 （0. 5490）	0. 0416 （0. 9100）	0. 0098 （0. 1470）
Shareholding	− 1. 2966 ** （0. 0170）	− 0. 0038 （0. 6910）	− 3. 3003 *** （0. 0020）	− 0. 0113 （0. 4900）	− 2. 1424 *** （0. 0030）	− 0. 0007 （0. 9570）
Sepration	− 0. 4604 （0. 6470）	− 0. 0294 （0. 1040）	− 3. 1443 （0. 1600）	− 0. 0279 （0. 4300）	− 1. 0792 （0. 4300）	− 0. 0299 （0. 2200）
Shararate	− 0. 2723 （0. 5850）	− 0. 0114 （0. 1960）	0. 3878 （0. 6800）	− 0. 0130 （0. 3770）	− 0. 4231 （0. 4780）	− 0. 0226 ** （0. 0270）
Salary	− 0. 0646 （0. 5280）	− 0. 0059 *** （0. 0010）	0. 2350 （0. 2480）	0. 0087 *** （0. 0040）	− 0. 0559 （0. 6610）	− 0. 0043 * （0. 0580）
Leverage	− 6. 6986 *** （0. 0000）	0. 0370 *** （0. 0000）	− 8. 9702 *** （0. 0000）	0. 0267 ** （0. 0100）	− 8. 3162 *** （0. 0000）	0. 0369 *** （0. 0000）
Growth	0. 9481 *** （0. 0000）	− 0. 0030 * （0. 0770）	0. 9309 *** （0. 0000）	− 0. 0068 ** （0. 0260）	1. 0818 *** （0. 0000）	− 0. 0031 （0. 1380）
Institution	8. 3823 *** （0. 0000）	− 0. 0249 ** （0. 0230）	8. 0742 *** （0. 0000）	− 0. 0507 *** （0. 0040）	8. 6102 *** （0. 0000）	− 0. 0252 * （0. 0570）
AnalysistN	0. 1896 *** （0. 0000）	− 0. 0065 *** （0. 0000）	0. 0570 （0. 5660）	− 0. 0015 （0. 3430）	0. 1498 ** （0. 0220）	− 0. 0059 *** （0. 0000）
AnalysistP	0. 0476 （0. 3250）	0. 0012 （0. 1700）	0. 1026 （0. 3760）	0. 0010 （0. 5890）	0. 0545 （0. 3910）	0. 0009 （0. 4180）
Hii	1. 6667 * （0. 0800）	− 0. 0120 （0. 4900）	0. 8228 （0. 7510）	− 0. 0106 （0. 7840）	1. 9278 （0. 1330）	− 0. 0031 （0. 8880）
GDPGrowth	− 0. 5948 （0. 3770）	0. 0172 （0. 2020）	− 3. 4565 ** （0. 0120）	0. 0502 *** （0. 0020）	− 1. 6214 * （0. 0770）	0. 0315 * （0. 0550）
CZQ	1. 7659 *** （0. 0000）	0. 0008 （0. 6730）	2. 0183 *** （0. 0000）	− 0. 0011 （0. 7320）	1. 8191 *** （0. 0000）	0. 0019 （0. 4160）

续表

变量	控制其他补贴		战略新兴产业企业		剔除 R&D 补贴为 0	
	(1) 股权融资 额度	(2) 股权融资 成本	(3) 股权融资 额度	(4) 股权融资 成本	(5) 股权融资 额度	(6) 股权融资 成本
CSQ	− 0. 2438 ** (0. 0210)	− 0. 0004 (0. 8470)	− 0. 1687 (0. 3980)	0. 0003 (0. 9280)	− 0. 2474 * (0. 0550)	− 0. 0004 (0. 8590)
_Cons	− 4. 5554 ** (0. 0280)	0. 1947 *** (0. 0000)	− 12. 3362 *** (0. 0050)	0. 0232 (0. 7350)	− 6. 9224 ** (0. 0240)	0. 2232 *** (0. 0000)
是否控制年度	是	是	是	是	是	是
是否控制行业	是	是	是	是	是	是
工具变量 IV1	0. 0260 *** (0. 0000)	0. 0356 *** (0. 0000)	0. 0278 *** (0. 0000)	0. 0236 *** (0. 0000)	0. 0196 *** (0. 0000)	0. 0257 *** (0. 0000)
工具变量 IV2	0. 0357 *** (0. 0000)	0. 0739 *** (0. 0000)	0. 0239 ** (0. 0290)	0. 0559 *** (0. 0030)	0. 0265 *** (0. 0000)	0. 0573 *** (0. 0000)
Under identifica- tion test P 值	0	0	0	0	0	0
Weak identifica- tion test F 值	98. 4130	81. 6650	34. 4500	13. 1040	41. 2930	32. 7730
Over identifica- tion test P 值	0. 1075	0. 6039	0. 6154	0. 2623	0. 3055	0. 6720
第二阶段 F 值	37. 8300	10. 4300	15. 5100	3. 5000	27. 3800	10. 1400
Within R^2	0. 1274	0. 0851	0. 0513	− 0. 2246	0. 1049	0. 0578
样本数	16650	7536	6278	3069	12430	5696
Hausman test P 值	0	0	0	0	0	0

注: *、**、*** 分别表示 10%、5% 和 1% 的显著性水平，且括号内为 P 值。此外，表中工具变量法的回归结果是第一阶段回归结果和第二阶段回归结果的整合。

资料来源：笔者经 Stata 软件的实证结果整理而得。

3. 改变回归方法

考虑到假设 H3 - 1a 和假设 H3 - 1b 中，因变量股权融资额度有较多的样本为 0，这可能影响回归结果。因此，设定股权融资额度的虚拟变量，将股权融资额度不为 0 的值设为 1，其他为 0，而后以 Probit 模型的工具变量法进行稳健性检验。检验结果如表 3 - 5 第（1）列所示。从第（1）列中各工具变量的回归结果来看，工具变量 IV1 和 IV2 对 R&D 补贴的回归系数分别为 0.0176 和 0.0301，且皆在 1% 的显著性范围内显著。并且，从内生性检验（Wald test of exogeneity）的 P 值、工具变量的识别不足检验（Under identification test）的 P 值、弱识别检验（Weak identification test）的 P 值和过度识别检验（Over identification test）的 P 值来看，整体而言，拒绝 R&D 补贴为外生变量的原假设，且 R&D 补贴工具变量的设定较为合理。并且，总体来看，从回归结果可知，政府 R&D 补贴可显著提升企业获得股权融资的概率。

4. 更换度量指标

（1）因存在多种股权融资成本度量方法，而且每种方法具有其优缺点。因此，本章选择使用多种度量股权融资成本的方式重新估算股权融资成本，而后进行稳健性检验。具体而言，首先，参考叶陈刚等（2015）和李力等（2019）的研究，选取奥尔森（Ohlson）等的经济增长模型来度量股权融资成本（CEF），具体度量模型如下所示：

$$
\begin{aligned}
CEF = \frac{1}{2}\left[(\gamma - 1) + \frac{\delta \times E_{ps_1}}{P_0}\right] \\
+ \sqrt{\frac{1}{4}\left[(\gamma\ 1) + \frac{\delta \times E_{ps_1}}{P_0}\right]^2 + \frac{E_{ps_1}}{P_0}\left[\frac{E_{ps_2} - E_{ps_1}}{E_{ps_1}} - (\gamma - 1)\right]}
\end{aligned}
\tag{3-4}
$$

其中，$\gamma - 1$ 表示长期盈余增长率，以最近四个会计年度收益增长率的均值表示；δ 表示企业过去三年的平均股利支付率；E_{ps_1} 表示 $t + 1$ 年分析师预测的每股收益；E_{ps_2} 为 $t + 2$ 年分析师预测的每股收益，如果当年有多个预测值，则以各预测值的均值表示；P_0 为 $t - 1$ 年末的每股收盘价。表 3 - 5 第（2）列为更换股权融资成本度量指标后，政府 R&D 补贴对企业股权融资成本的面板固定效应工具变量法的回归结果（Hausman Test 的 P 值为 0）。从第（2）列中各工具变量的回归结果来看，整体而言，工具变量的设定较为合理。并且，从回归结果可知，将股权融资成本度量指标更换成 CEF 后，R&D 补贴仍能显著降低企业的股权融资成本。

表 3 − 5　　　　　　　改变回归方法和更换度量指标的稳健性检验

变量	（1）Ivprobit 回归结果	（2）股权融资成本 CEF	（3）股权融资成本 RE
RDSubsidy	2. 6246 ** (0. 0350)	− 0. 2122 ** (0. 0100)	− 0. 0321 * (0. 0710)
Size	0. 1147 *** (0. 0010)	0. 0065 (0. 1170)	0. 0004 (0. 6570)
Multi	− 0. 3457 *** (0. 0000)	− 0. 0175 ** (0. 0440)	0. 0068 *** (0. 0000)
Controller	0. 1338 *** (0. 0000)	0. 0075 (0. 4720)	− 0. 0029 * (0. 0740)
Shareholding	− 0. 1911 ** (0. 0130)	0. 0269 (0. 1410)	0. 0221 *** (0. 0000)
Sepration	− 0. 1525 (0. 3320)	0. 0195 (0. 5710)	0. 0279 *** (0. 0000)
Sharerate	0. 4835 *** (0. 0000)	0. 0140 (0. 4090)	0. 0132 *** (0. 0000)
Salary	0. 0988 *** (0. 0000)	0. 0029 (0. 3700)	− 0. 0073 *** (0. 0000)
Leverage	− 0. 3926 *** (0. 0000)	0. 0113 (0. 3720)	0. 0030 (0. 1740)
Growth	0. 3355 *** (0. 0000)	− 0. 0077 ** (0. 0310)	− 0. 0055 *** (0. 0000)
Institution	0. 8059 *** (0. 0000)	0. 0577 *** (0. 0040)	0. 0069 (0. 1090)
AnalysistN	0. 1310 *** (0. 0000)	0. 0059 *** (0. 0000)	0. 0000 (0. 9870)

续表

变量	(1) Ivprobit 回归结果	(2) 股权融资成本 CEF	(3) 股权融资成本 RE
AnalysistP	- 0. 0071 (0. 6240)	- 0. 0120 *** (0. 0000)	- 0. 0003 (0. 2850)
Hii	- 0. 0262 (0. 9250)	- 0. 0674 ** (0. 0280)	- 0. 0411 *** (0. 0000)
GDPGrowth	- 0. 0910 (0. 6560)	0. 0032 (0. 8880)	- 0. 0534 *** (0. 0000)
CZQ	0. 5588 *** (0. 0000)	0. 0031 (0. 3790)	0. 0020 *** (0. 0040)
CSQ	- 0. 0618 * (0. 0620)	0. 0014 (0. 6880)	0. 0024 *** (0. 0000)
_Cons	- 2. 6436 *** (0. 0000)	- 0. 0134 (0. 8500)	0. 1377 *** (0. 0000)
是否控制年度	是	是	是
是否控制行业	是	是	是
工具变量 IV1	0. 0176 *** (0. 0000)	0. 0321 *** (0. 0000)	0. 0391 *** (0. 0000)
工具变量 IV2	0. 0301 *** (0. 0000)	0. 0520 *** (0. 0000)	0. 0400 *** (0. 0000)
Under identification test P 值	0. 0430		
Weak identification test P 值	0. 0349		
Under identification test P 值		0	0
Weak identification test F 值		68. 4340	55. 2880
Over identification test P 值	0. 2047	0. 7737	0. 1686
Wald test of exogeneity P 值	0. 0595		
第二阶段 F 值		7. 4500	407. 2700
Wald chi2	2587. 8000		
Within R^2		0. 0096	0. 7708
样本数	16650	10082	8775
Hausman test P 值		0	0

注：*、**、***分别表示10%、5%和1%的显著性水平，且括号内为 P 值。此外，表中工具变量法的回归结果是第一阶段回归结果和第二阶段回归结果的整合。

资料来源：笔者经 Stata 软件的实证结果整理而得。

（2）借鉴姜付秀等（2008）和李争光等（2016）的方法，以资本资产定价法（CAPM）计算出的股权融资成本（RE）作为因变量，进行稳健性检验，股权融资成本的计算公式具体如下：

$$RE = R_f + \beta \times (R_m - R_f) \qquad (3-5)$$

其中，RE 为股权融资成本；R_f 为无风险收益率，以上海证券交易所交易的当年最长期的国债年收益率表示；β 为 A 股上市公司的系统性风险系数，以近一年流通市值加权并考虑现金红利再投资的数据，根据资本资产定价模型估算出的贝塔系数表示；R_m 为市场收益率，以近三年综合 A 股考虑现金红利再投资的加权平均月收益的均值乘以 12 度量。表 3 – 5 第（3）列为更换股权融资成本度量指标后，政府 R&D 补贴对企业股权融资成本的面板固定效应工具变量法的回归结果（Hausman Test 的 P 值为 0）。从第（3）列中各工具变量的回归结果来看，整体而言，工具变量的设定较为合理。并且，从回归结果可知，将股权融资成本度量指标更换成 RE 后，政府 R&D 补贴仍能显著降低企业的股权融资成本。

5. 考虑内生问题

首先，由于企业申请政府 R&D 补贴是基于其获得补贴的预期收益，而预期收益受企业自身特质影响（Takalo et al. , 2013；Aguiar and Gagnepain, 2017），此时存在样本自选择问题；其次，政府在 R&D 补贴审查过程中遵循"优胜劣汰"的筛选原则，经营业绩好或研发能力强的企业获得 R&D 补贴的概率一般更高（Gonzáles et al. , 2005；Bronzini and Iachini, 2014），此时会产生样本选择偏差问题。此外，事先获得过 R&D 补贴的企业在后续的申请过程中具有信息优势，这些公司不仅选择更加频繁地申请以希望获得更多的 R&D 补贴，并且它们申请成功的概率也更高（Boeing, 2016）。这些因素致使影响 R&D 补贴分配的某些变量也可能会影响企业的 R&D 支出。鉴于此，本章借鉴以往的相关研究文献，选取倾向得分匹配（PSM）的方法来缓解该类内生性问题。

本章参考李常青等（2018）的方法来设定 R&D 补贴的处理变量。具体而言，剔除 R&D 补贴为 0 的样本，而后将 R&D 补贴由小到大排列，将排名前 25% 分位的设为 0，排名后 25% 分位的设为 1，而后以此为处理变量，再分别使用 1 对 1 有放回匹配、核匹配和局部线性回归匹配的方法进行 PSM 检验。类似地，将排名前 50% 分位的设为 0，排名后 50% 分位的设为 1，或将小于样本均值的设为 0，大于样本均值的设为 1，而后分别将其作为 R&D 补贴的处理变量，再用 1 对 1 有放回匹配、核匹配和局部线性回归匹配的方法进行 PSM 检验。

根据表 3-6 的检验结果可知，政府 R&D 补贴能显著提升企业的股权融资额度，而且从 ATT 值的大小对比来看，当处理变量以 R&D 补贴前 25% 分位为 0、后 25% 分位为 1 的方式设定时，ATT 值最大，即 R&D 补贴对企业股权融资额度的促进效应更明显。最后，以同样的方式来缓解政府 R&D 补贴对企业股权融资成本的回归分析中存在的此类内生性问题，具体结果如表 3-7 所示，检验结果表明 R&D 补贴能显著降低企业的股权融资成本，而且从 ATT 值的大小对比来看，当处理变量以 R&D 补贴前 25% 分位为 0、后 25% 分位为 1 的方式设定时，ATT 值最大，即 R&D 补贴对企业股权融资成本的降低效应更明显。

表 3-6 　　　考虑内生问题的 PSM 稳健性检验（股权融资额度）

匹配方法	处理变量	ATT	T 值	样本数
1 对 1 有放回匹配	R&D 补贴前 25% 分位为 0，后 25% 分位为 1	0.8069 ***	4.2900	6215
核匹配	R&D 补贴前 25% 分位为 0，后 25% 分位为 1	0.8523 ***	5.9100	6215
局部线性回归匹配	R&D 补贴前 25% 分位为 0，后 25% 分位为 1	0.8470 ***	4.5000	6215
1 对 1 有放回匹配	R&D 补贴前 50% 分位为 0，后 50% 分位为 1	0.3573 ***	3.1400	12430
核匹配	R&D 补贴前 50% 分位为 0，后 50% 分位为 1	0.3968 ***	4.6300	12430
局部线性回归匹配	R&D 补贴前 50% 分位为 0，后 50% 分位为 1	0.3558 ***	3.1200	12430
1 对 1 有放回匹配	R&D 补贴小于均值为 0，大于均值为 1	0.5108 ***	2.9200	12430
核匹配	R&D 补贴小于均值为 0，大于均值为 1	0.5528 ***	4.2500	12430
局部线性回归匹配	R&D 补贴小于均值为 0，大于均值为 1	0.5612 ***	3.2100	12430

注：*、**、*** 分别表示 10%、5% 和 1% 的显著性水平。
资料来源：笔者经 Stata 软件的实证结果整理而得。

表 3 – 7 考虑内生问题的 PSM 稳健性检验（股权融资成本）

匹配方法	处理变量	ATT	T 值	样本数
1 对 1 有放回匹配	R&D 补贴前 25% 分位为 0，后 25% 分位为 1	0.0081 **	− 2.5700	2848
核匹配	R&D 补贴前 25% 分位为 0，后 25% 分位为 1	0.0103 ***	− 4.0100	2848
局部线性回归匹配	R&D 补贴前 25% 分位为 0，后 25% 分位为 1	0.0110 ***	− 3.4700	2848
1 对 1 有放回匹配	R&D 补贴前 50% 分位为 0，后 50% 分位为 1	0.0041 **	− 2.2300	5696
核匹配	R&D 补贴前 50% 分位为 0，后 50% 分位为 1	0.0049 ***	− 3.3500	5696
局部线性回归匹配	R&D 补贴前 50% 分位为 0，后 50% 分位为 1	0.0054 ***	− 2.9200	5696
1 对 1 有放回匹配	R&D 补贴小于样本均值为 0，大于均值为 1	0.0069 ***	− 2.9600	5696
核匹配	R&D 补贴小于样本均值为 0，大于均值为 1	0.0065 ***	− 3.7100	5696
局部线性回归匹配	R&D 补贴小于样本均值为 0，大于均值为 1	0.0063 ***	− 2.7300	5696

注：*、**、*** 分别表示 10%、5% 和 1% 的显著性水平。
资料来源：笔者经 Stata 软件的实证结果整理而得。

3.4.4 调节效应分析

（1）本章的机理分析指出，政府 R&D 补贴能否增加企业的股权融资额度或降低股权融资成本的原因之一在于其能否释放有关企业 R&D 项目真实和创新能力较好等积极信号以减少外部投资者与企业之间的 R&D 信息不对称，从而缓解企业的融资约束问题。若企业面临的融资约束程度较小，则 R&D 补贴的信号机制发挥空间的余地减少，从而可能会弱化 R&D 补贴对企业股权融资额度的促进效应和股权融资成本的降低效应。本章参考陈和瓜里利亚（Chen and Guariglia，2013）的方法，以流动资产减去流动负债的差与总资产的比值来度量企业的融资约束程度，该数值越大表明企业所受的融资约束程度越低。表 3 – 8 第（1）列和第（3）列分别为融资约束对 R&D 补贴与企业股权融资额度和股权融资成本关系的调节效应回归结果（Hausman Test 的 P 值皆为 0）。从第（1）列中各工具变量的回归结果来看，整体而言，工具变量的设定较为合理。并且从回归结果可知，政府 R&D 补贴仍能显著增加企业的股权融资额度，而融资约束负向调节这一关系，这表明，对融资约束程度越大的企业而言，R&D 补贴对企业股权融资额度的促进效应更明显。类似地，从第（3）列的回归结果可知，政府 R&D 补贴仍能显著降低企业的股权融资成本，而融资约束正向调节这一关系，这表明，对融资约束程度越大的企业而言，R&D 补贴对企业股权融资成本的降低效应越明显。

（2）从本章的机理分析可知，如果企业通过寻租的方式获得 R&D 补贴，而非凭借其创新能力等，一旦外部投资者能在一定程度上识别其寻租行为，则获得 R&D 补贴并不能反映出企业 R&D 项目真实和创新能力较好等积极信号。此时，R&D 补贴的信号机制可能弱化，从而不利于企业的股权融资。鉴于此，本章也从企业寻租的视角进一步检验其对 R&D 补贴与企业股权融资关系的调节效应。具体而言，本章参考陈骏和徐捍军（2019）提出的估计模型测算超额管理费用，以此作为企业寻租的代理变量，具体模型如下所示：

$$Mgtexp_{it} = \beta_0 + \beta_1 lnSale_{it} + \beta_2 Lev_{it} + \beta_3 Growth_{it} + \beta_4 Board_{it} + \beta_5 Staff_{it} + \beta_6 Big4_{it}$$
$$+ \beta_7 IpoAge_{it} + \beta_8 Magin_{it} + \beta_9 Herfindahl\_5_{it} + \varepsilon_{it} \qquad (3-6)$$

其中，变量下标 i 表示企业，t 表示时间；Mgtexp 为管理费用除以同期营业收入；lnSale 为企业营业收入的自然对数；Lev 为资产负债率；Growth 为企业营业收入增长率；Board 为企业董事会规模；Staff 为企业员工总数；Big4 为上市企业审计事务所虚拟变量，若企业的审计事务所为国际四大会计师事务所则取 1，否则为 0；IpoAge 为企业上市年限；Magin 为企业毛利率；Herfindahl_5 为企业前五大股东的赫芬达尔指数，用来衡量股权集中度。对上述模型中的连续型变量按 1% 和 99% 的分位数进行前后缩尾处理，并采用分年度分行业回归，回归取得的残差项即为超额管理费用，作为本章衡量企业寻租程度（Rent）的代理变量，Rent 越大表示企业寻租程度越高。

表 3-8 第（2）列和第（4）列分别为寻租对政府 R&D 补贴与企业股

权融资额度和股权融资成本关系的调节效应回归结果（Hausman Test 的 P 值皆在 1% 的显著性范围内显著）。从第（2）列中各工具变量的回归结果来看，整体而言，工具变量的设定较为合理。并且，从回归结果可知，政府 R&D 补贴仍能显著增加企业的股权融资额度，而寻租负向调节这一关系，这表明对寻租程度越低的企业而言，R&D 补贴对企业股权融资额度的促进效应更明显。类似地，从第（4）列的回归结果可知，政府 R&D 补贴仍能显著降低企业的股权融资成本，而寻租正向调节这一关系，这表明，对寻租程度越低的企业而言，R&D 补贴对企业股权融资成本的降低效应更明显。

表 3 - 8 融资约束和企业寻租的调节效应

变量	股权融资额度		股权融资成本	
	（1）融资约束的调节效应	（2）企业寻租的调节效应	（3）融资约束的调节效应	（4）企业寻租的调节效应
RDSubsidy	13.1940 ** (0.0110)	22.7741 ** (0.0160)	- 0.1717 *** (0.0050)	- 0.2565 *** (0.0050)
Constraint	4.2442 *** (0.0000)		- 0.0350 *** (0.0000)	
Constraint × RDSubsidy	- 30.7164 * (0.0560)		0.4973 *** (0.0080)	
Rent		7.4782 ** (0.0300)		- 0.1576 *** (0.0080)
Rent × RDSubsidy		- 212.4096 ** (0.03400)		2.6847 *** (0.0070)
Size	1.1641 *** (0.0000)	1.1505 *** (0.0000)	0.0003 (0.8770)	0.0004 (0.8340)
Multi	- 0.7972 *** (0.0030)	- 0.6328 ** (0.0180)	- 0.0111 ** (0.0170)	- 0.0117 ** (0.0120)

续表

变量	股权融资额度		股权融资成本	
	（1） 融资约束的 调节效应	（2） 企业寻租的 调节效应	（3） 融资约束的 调节效应	（4） 企业寻租的 调节效应
Controller	0.4271 （0.1270）	0.3043 （0.2900）	0.0132 ** （0.0180）	0.0149 *** （0.0080）
Shareholding	− 2.0357 *** （0.0000）	− 1.7391 *** （0.0030）	0.0023 （0.8190）	− 0.0051 （0.6030）
Sepration	− 1.1577 （0.2640）	− 1.1519 （0.2900）	− 0.0230 （0.2310）	− 0.0305 （0.1010）
Sharerate	− 0.5338 （0.2970）	− 0.3711 （0.4810）	− 0.0084 （0.3500）	− 0.0095 （0.2970）
Salary	0.0210 （0.8410）	0.1255 （0.2030）	− 0.0058 *** （0.0010）	− 0.0063 *** （0.0010）
Leverage	− 3.8834 *** （0.0000）	− 6.9860 *** （0.0000）	0.0238 *** （0.0080）	0.0377 *** （0.0000）
Growth	0.9574 *** （0.0000）	1.0545 *** （0.0000）	− 0.0030 * （0.0780）	− 0.0044 ** （0.0240）
Institution	8.4642 *** （0.0000）	8.4900 *** （0.0000）	− 0.0237 ** （0.0350）	− 0.0271 ** （0.0160）
AnalysistN	0.1566 *** （0.0030）	0.1421 *** （0.0090）	− 0.0071 *** （0.0000）	− 0.0068 *** （0.0000）
AnalysistP	0.0822 （0.1050）	0.0602 （0.2400）	0.0008 （0.4230）	0.0020 ** （0.0270）
H_{11}	2.1845 ** （0.0230）	1.8291 * （0.0690）	− 0.0098 （0.5800）	− 0.0041 （0.8240）
GDPGrowth	− 0.6562 （0.3390）	− 0.5631 （0.4190）	0.0253 * （0.0890）	0.0138 （0.3090）
CZQ	1.7661 *** （0.0000）	1.8409 *** （0.0000）	0.0010 （0.6220）	0.0000 （0.9950）
CSQ	− 0.1986 * （0.0630）	− 0.1994 * （0.0720）	− 0.0002 （0.9180）	− 0.0011 （0.5900）

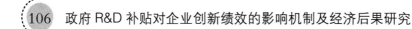

续表

变量	股权融资额度		股权融资成本	
	（1） 融资约束的 调节效应	（2） 企业寻租的 调节效应	（3） 融资约束的 调节效应	（4） 企业寻租的 调节效应
_Cons	− 8. 3077 *** （0. 0000）	− 8. 3977 *** （0. 0000）	0. 2028 *** （0. 0000）	0. 2124 *** （0. 0000）
是否控制年度	是	是	是	是
是否控制行业	是	是	是	是
工具变量 IV1	0. 0139 *** （0. 0000）	0. 0080 *** （0. 0000）	0. 0140 *** （0. 0000）	0. 0105 *** （0. 0000）
工具变量 IV2	0. 0319 *** （0. 0000）	0. 0172 *** （0. 0000）	0. 0566 *** （0. 0000）	0. 0362 *** （0. 0000）
Under identification test P 值	0	0	0	0
Weak identification test F 值	62. 6550	37. 9530	40. 0150	37. 2930
Over identification test P 值	0. 1485	0. 1142	0. 2229	0. 2873
第二阶段 F 值	36. 8600	34. 6300	13. 8500	13. 5100
Within R^2	0. 1089	0. 0842	0. 0518	0. 0355
样本数	16650	16650	7536	7536
Hausman test P 值	0	0	0	0. 0021

注：*、**、***分别表示10%、5%和1%的显著性水平，且括号内为 P 值。此外，表中工具变量法的回归结果是第一阶段回归结果和第二阶段回归结果的整合。

资料来源：笔者经 Stata 软件的实证结果整理而得。

3.5 本章小结

R&D 补贴政策之初衷不仅在于直接激励企业增加 R&D 投入，还希望能引导外部投资者助力企业研发。鉴于此，本章基于中国企业"利用式创新过度、探索式创新不足"的创新困境，以及银行等债权投资者与股权投资者因其风险特性差异而对不同风险类别的企业创新活动具有差异化支持特性的现实状况，通过手工归集 2007~2019 年 A 股上市制造业企业的 R&D 补贴数据，研究 R&D 补贴对企业股权融资额度和股权融资成本的影响。研究发现：

（1）在样本范围内，政府 R&D 补贴与企业股权融资额度显著正相关，而且在控制其他变量不变时，每增加 1 单位 R&D 补贴，将平均增加 7.7425 单位的股权融资额度；R&D 补贴与企业股权融资成本显著负相关，而且当控制其他变量不变时，每增加 1 单位 R&D 补贴，将平均降低 0.1067 单位的股权融资成本。且在增补重要控制变量、改变回归样本、变更回归方法、更换主要变量度量指标或考虑各类内生性问题后，政府 R&D 补贴能显著增加企业股权融资额度、降低股权融资成本的结论依然成立。

（2）在样本范围内，结合理论分析与假设推导的核心逻辑，经调节效应分析后发现，融资约束负向调节政府 R&D 补贴与企业股权融资额度的关系，即对融资约束程度较大的企业而言，R&D 补贴对企业股权融资额度的促进效应更明显。融资约束正向调节 R&D 补贴与企业股权融资成本的关系，即对融资约束程度较大的企业而言，R&D 补贴对企业股权融资成本的降低效应更明显。寻租负向调节 R&D 补贴与企业股权融资额度的关系，即对寻租程度较低的企业而言，R&D 补贴对企业股权融资额度的促进效应更明显。寻租正向调节 R&D 补贴与企业股权融资成本的关系，即对寻租程度较低的企业而言，R&D 补贴对企业股权融资成本的降低效应更明显。

第 4 章 政府 R&D 补贴与企业创新的战略重心

R&D 补贴的政策效果不仅受企业创新资源的影响，还与其创新战略密切相关。本章基于中国企业"利用式创新过度、探索式创新不足"的创新困境，以及 R&D 投入跳跃是企业创新战略重心在探索式创新与利用式创新之间转换的代理变量，研究 R&D 补贴对企业创新战略重心转换的影响，并结合理论分析与假设推导的核心逻辑，分析融资约束、企业寻租对 R&D 补贴与企业创新战略重心转换的调节效应。该章的目标在于为第 5 章从创新战略的路径研究 R&D 补贴对企业创新绩效影响的中介机制打牢基底，从而为本章及后续章节的实证设计奠定基础。该章从企业创新战略的视角研究 R&D 补贴的政策效果，补充了现有关于 R&D 补贴的文献，有助于本书从 R&D 补贴能否影响企业创新战略的视角来探讨 R&D 补贴该如何引导企业提高其对基础研究的重视程度，以缓解或突破"利用式创新过度、探索式创新不足"的"创新困境"。

4.1 引言与引例

近些年，中国创新驱动发展战略持续推进，R&D 投入总额和强度不断攀升。截至 2019 年，中国的 R&D 投入总额高居世界第二位，R&D 投入强度已超欧盟 15 国的平均水平。然而，中国在科技创新成果总体质量、产业转化率等方面仍和发达国家存在较大差距，在关键材料、核心部件等领域仍受制于人，尤其是 2018 年 4 月以来发生的中美贸易摩擦，折射出本土企业核心技术受制于人的问题。改革开放以来，中国制造业企业通过直接引进国外先进技术的方式增加了技术积累，并为自主创新能力的提升奠定了一定基础，但如果大部分企业不能打破此前主要采取"引进、消化、吸收及再创新"的利用式创新模式的创新战略惯性，仍旧对具有突破性的探索式创新重视不足，则在该模式下，企业虽然可以在短期内获得部分非核心技术，却难以得到支撑其长远发展的关键核心技术，创新发展容易陷入"自我锁定"。

根据双元创新理论：可将创新分为利用式创新和探索式创新两大类，利用式创新是指企业利用现有知识和资源进行的渐进式的、风险相对较小的创新活动；探索式创新是指企业为探索新的知识和资源进行的突破式的、风险相对较大的创新活动（March, 1991）。双元创新理论认为，企业如果过分强调利用式创新，将导致核心能力刚性，陷入核心能力陷阱，最终导致创新的"自我锁定"；而若过分强调探索式创新，将导致核心能力涣散，陷入核心能力不足，最终导致创新的"自我毁灭"（Gupta et al., 2006；Zang, 2018）。有效的创新需平衡利用式创新和探索式创新，保持两者均衡发展，即"双元"均衡创新。为破解创新难题，"利用式创新过度、探索式创新不足"这一"创新困境"亟待解决。那么，中国的 R&D 补贴政策该如何引导企业提高其对基础研究的重视程度，以帮助企业缓解或克服"利用式创新过度、探索式创新不足"的"创新困境"？这不仅是建设创新型国家需要解决的核心问题，也是企业实现转型升级的关键所在。

由于利用式创新和探索式创新相互竞争企业有限的资源，企业难以做到同时追求探索式创新与利用式创新的双元平衡，创新战略重心在探索式创新与利用式创新之间交替进行的间断平衡才是企业提高竞争优势更为有效的途径（Benner and Tushman，2003；Gupta et al.，2006；贾慧英等，2018）。间断平衡理论将渐变与突变两种状态区分开来，在变化速度上存在"平衡—间断式突破—新的平衡"过程。间断平衡能够帮助企业在较长时间内实现探索与利用的动态平衡，既能保持企业的灵活性以获取先动优势，又能通过不断地利用和完善以捍卫企业既有的竞争优势。相比利用式创新，探索式创新需综合不同机构的知识并使企业移动到一个新的技术轨迹（Argyres，1996；Rosenkopf and Nerkar，2001），其成本比利用式创新高得多（Clark et al.，1987；Harryson et al.，2008），而研发投入作为企业一项至关重要的创新决策，能反映出企业创新战略重心的实际情况（Argyres，1996）。为此，穆达姆比和斯威夫特（Mudambi and Swift，2014）引入"研发投入跳跃"概念，指出研发投入跳跃是企业创新战略重心在探索式创新与利用式创新之间转换的代理变量，代表企业通过时间上的转换来平衡探索式创新和利用式创新。当研发投入在一段时期内脱离历史趋势或者偏离预期的短期、显著地增加时，通常意味着企业的创新战略重心由利用式创新转向了探索式创新；同样，当研发投入在一段时期内脱离历史趋势或者偏离预期的短期、显著地减少时，则意味着企业的创新战略重心由探索式创新转向了利用式创新（Mudamb and Swift，2014）。

从现有关于研发投入波动的文献来看，研发投入的波动是一个具有争议的信号，既有学者认为研发投入的波动是高管进行"收入操纵"的结果（Chen and Miller，2007；Gentry and Shen，2013），也有学者认为研发投入波动代表企业主动适应环境、追求创新和获取竞争优势的过程（Mudambi and Swift，2011）。而且，现有关于研发投入的文献大多从研发投入增减变化的视角展开分析，对企业研发过程的探讨则相对较少。而穆达姆比和斯威夫特（Mudambi & Swift，2014）从研发方式和研发过程出发，发现了研发投入跳跃现象，并经实证检验证实：显著的、脱离历史趋势的研发投入增加或下降代表了企业创新战略重心在不同研发类型之间的转换，是企业进行积极研发管理的一个可靠指标。鉴于此，本章基于中国企业"利用式创新过度、探索式创新不足"的创新困境，以及研发投入跳跃是企业创新战略重心在探索式创新与利用式创新之间转换的代理变量，主要研究 R&D 补贴作为政府支持企业创新的主要方式之一，对企业创新战略重心的转换有什么样的影响。研究发现，政府 R&D 补贴与企业 R&D 投入跳跃显著正相关，即 R&D 补贴有助于企业创新战略重心转换程度的增加。经考虑样本选择偏差和自选择等引起的内生性、重新度量企业创新战略重心转换、更改回归方法、变更回归样本或增补重要控制变量等多种稳健性检验后，上述结论依然成立。进一步研究发现，R&D 补贴既能提升企业的创新战略重心由利用式创新向探索式创新转换的程度，也可增加企业创新战略重心由探索式创新向利用式创新转换的程度，但前者的效果更明显。此外，结合理论分析与假设推导的核心逻辑，经调节效应分析后发现，对融资约束程度越低或寻租程度越高的企业而言，R&D 补贴对企业创新战略重心转换的促进效应就被弱化得越明显。

与现有文献相比，本章的边际研究贡献如下：尽管现有关于政府 R&D 补贴的文献从 R&D 补贴能否增加企业内部和外部创新资源并进而影响企业 R&D 投入和创新绩效的视角进行了大量研究，但 R&D 补贴的政策实施效果不仅受企业创新资源的影响，还与其创新战略密切相关。而目前有关 R&D 补贴是否影响企业创新战略并进而可能影响企业创新绩效的研究则相对较少。本章基于资源依赖理论、信号理论和间断平衡理论等，研究了 R&D 补贴对企业创新战略重心转换的影响，补充了现有关于 R&D 补贴的文献。而且结合理论分析与假设推导的核心逻辑，考察了融资约束和企业寻租对 R&D 补贴与企业创新战略重心转换关系的调节效应，进一步补充和深化了已有相关研究。这有助于从 R&D 补贴能否影响企业创新战略重心转换的视角来探讨 R&D 补贴该如何引导企业提高其对基础研究的重视程度，以缓解或突破"利用式创新过度、探索式创新不足"的"创新困境"。

接下来，本章的第二部分为理论分析与假设发展，第三部分为研究设计，第四部分为实证分析，第五部分为本章小结。

4.2
理论分析与假设发展

　　企业需根据环境的变化，将探索式创新和利用式创新两类创新活动进行组合与共存以维持竞争优势。但因企业各种产品彼此之间的生命周期不尽相同，企业在每一阶段会有所侧重（Windrum and Birchenhall, 1998）。而且，企业进行探索式创新和利用式创新所需的技能并不相容，加之两者相互竞争企业有限的资源，导致企业难以做到同时追求探索式创新与利用式创新的双元平衡。探索式创新和利用式创新交替进行的间断平衡才是企业实现创新平衡以提高竞争优势更为有效的途径（Benner and Tushman, 2003；Gupta et al., 2006；贾慧英等，2018）。间断平衡将渐变与突变两种状态区分开来，在变化速度上存在"平衡—间断式突破—新的平衡"过程。间断平衡能帮助企业在较长时间内实现探索与利用的动态平衡，既能保持企业的灵活性以获取先动优势，又能通过不断地利用与完善以捍卫企业既有的竞争优势（Adler et al., 1999）。如英特尔和惠普等企业都通过间断平衡获得了成功与长远发展（吴建祖和肖书锋，2016）。

　　探索式创新往往伴随着较大的不确定性和较高的风险，企业的研发项目能否出现具有商业价值的科研成果、产生的科研成果是否存在足够便利的商业价值实现路径及产生的商业价值能否与市场存在足够高的契合度等仍是一个未知数。这些因素致使企业在探索式创新阶段需在信息的收集、创新思路的形成和新工艺新技术的产生等方面花费大量实验和试错成本，因而该阶段的研发投入量也往往较大。而利用式创新则一般具有针对性且形成成果的可能性较大，已经产生的商业成果与现有市场的契合度提高，所研发的产品或技术在将来为企业带来现金流入的概率提高。该阶段较探索式创新阶段风险较低、不确定性较小，其研发投入资金也有所下降。显然，相比于利用式创新，探索式创新的不确定性和认知距离更大（Limaj and Bernroider，2019），探索式创新比利用式创新更"烧钱"（Clark et al.，1987；Harryson et al.，2008），该观点也在不同行业得到了证实（Dimasi et al.，2003）。此外，研发投入作为企业至关重要的创新决策，能够反映出企业创新战略重心的实际情况（Argyres，1996）。基于此，穆达姆比和斯威夫特（Mudambi & Swift，2014）从研发方式和研发过程的视角出发，发现了研发投入跳跃现象，即在企业脱离研发投入正常轨迹的巨大变动时，这种变动通常伴随着企业创新战略重心在利用式创新与探索式创新之间的转换。

具体而言，由于竞争对手的模仿和技术进步，企业现有的能力不断遭到侵蚀甚至变得过时，企业再进行过多的利用式创新就可能无法找到新的创新形式，从而落入"能力陷阱"（Freeman，2010）。此时，原有的技术优势已经不能再成为企业安身立命的根本，企业需将创新战略重心由利用式创新转向探索式创新。探索式创新可能为企业的产品带来质的飞越，以满足现有消费者和潜在消费者的需求，同时形成较大的产品差异，帮助企业获取新的技术优势。探索式创新往往代表着重新整合企业的资源，并将企业引向新的技术轨迹（Argyres，1996），探索式创新侧重于冒险、搜索、实验、发现和激进创新。而利用式创新则旨在实现精细化、效率化、生产化和执行化，并且企业承担探索式创新这样的高风险投资需要大幅度提高研发支出（Mudambi and Swift，2014）。但如若企业将精力及资源长时间聚焦在探索式创新上，可能导致"失败陷阱"，即陷入无止境的"探索—失败—无回报"的恶性循环中（Levinthal and March，1993）。企业不能仅通过探索式创新获得的新知识而受益，它还需具备识别这些新知识商业价值的能力，并将其融入创新过程中。根据产品的生命周期理论，产品的生命周期表现为开发期、投入期、成长期、成熟期和衰退期的更替与循环。在开发期，企业更多地从事探索式创新活动，进行新技术、新工艺、新设计的引进和探索，这些活动一般需要较大的研发支出。进入投入期后，企业更多地从事利用式创新活动，对之前探索式创新的成果进行完善，这些活动所需的研发投入支出较之前要少得多。因此,一旦探索式创新产生了新的竞争优势,大多数企业就会重新将创新战略重心转向利用式创新,以巩固新的竞争优势,为企业创造更大的价值。

企业的创新战略重心从利用式创新转换到探索式创新是充满风险的,探索式创新的本质是使新的有价值的产品可以被市场接受,而市场是否能接受该产品则充满不确定性(Swift, 2016);而且,由于中国的知识产权保护意识较为薄弱、关于研发信息的会计公开制度不够健全及第三方信息提供主体较为匮乏等原因,企业公布 R&D 信息的动力较弱,致使外部投资者与企业之间的研发信息并不对称(王刚刚等,2017)。这些特征致使企业难以从外部投资者处获得足够成本的资金用于探索式创新。然而,相比于利用式创新,探索式创新在早期又需投入大量资金(Ahuja and Lampert, 2001),此时,政府的 R&D 补贴就显得尤为关键。首先,企业的技术创新具有较强的外溢效应,造成外部企业"搭便车"、企业自身投资回报低等问题,而政府对企业的 R&D 补贴能够弥补企业 R&D 投入回报不足的问题;其次,企业的探索式创新本身就是一项高风险活动,具有高失败率的风险,而 R&D 补贴能分担企业创新投入的风险,刺激企业进行更多的创新活动;最后,R&D 补贴不仅直接增加了企业的资源补给,降低了企业的创新成本和创新风险,而且 R&D 补贴因其信号作用等原因有助于企业的外部融资(李莉等,2015;Howell, 2017),可帮助企业进一步放松其资源约束,降低其融资成本。这些均能为企业创新战略重心由利用式创新向探索式创新转变提供更多的支持。

另外,由于新技术的产生是不连续的,其产生有前景的研发机会也是偶然的(Kuhn, 1962),因此,在探索式创新告一段落后,企业的创新战略重心便由此前的探索式创新阶段转换到发展较为稳定的利用式创新阶段。虽然这一阶段也可能取得相当多的成果,但其研发投入相比之前是大幅减少的,而且,相比之前的探索式创新,该阶段的创新多是建立在之前基础之上的,风险要小得多(Saunil and Ukko, 2014)。由于企业资源的有限性,当一个产品开发成功后便没有必要继续投入大量资金，相反，出于资源优化配置的考虑，企业应将有限的资源投入到其他能够提高资本回报率的项目上（Mudambi and Swift，2014）。此外，由于外部资金供给者和研发企业之间关于 R&D 活动的信息不对称程度较大，外部投资者不愿对其投资。而银行则会提高研发企业的贷款利率以弥补信息不对称损失，这致使企业关于 R&D 活动的融资成本增加（Czarnitzki et al.，2010），企业倾向于使用内部资金资助其研发项目。企业的创新战略重心由探索式创新向利用式创新转变的过程中，其预期的研发投入将相比之前大幅减少。此时，企业收到政府 R&D 补贴后，倾向于减少使用成本较为高昂的融资资金，用 R&D 补贴替代，从而抽出更多的资金投入到其他能够提高资本回报率的项目上，以巩固新的竞争优势。此时，如果政府资助了本身可由企业自有资金即可实施和完成的 R&D 项目，那么，这些企业可能用政府的投资替代自身的投资（郑世林和刘和旺，2013）。

最后，由于中国实施中央与地方政府财政分权机制，地方政府对企业 R&D 补贴的发放具有较大的自主权（肖兴志和王伊攀，2014；步丹璐等，2018），加之，中国的技术评价体系并不完善，信息披露机制存在一定缺陷，政府和市场监管也相对缺位，这为企业寻租提供了一定空间（Gill and Kharas，2007；安同良等，2009；许家云和毛其淋，2016）。为了建立和维持政治联系，企业将付出高额寻租成本，进而可能挤占企业用于创新活动的资源（张杰等，2011；任曙明和吕镯，2014；逯东等，2015；江轩宇，2016）。而且，当企业在获取 R&D 补贴的过程中受政府"扶持之手"的照顾后，政府的"攫取之手"也可能要求受照顾企业进行大量的非 R&D 投资，而这可能与企业倾向于将资源投入到其他能够提高资本回报率的项目上的策略不谋而合。鉴于上述机理分析，本章提出假设如下：

假设 H4 - 1：政府 R&D 补贴与企业 R&D 投入正向跳跃、负向跳跃皆显著正相关，即 R&D 补贴对企业创新战略重心由利用式创新向探索式创新转换的程度或从探索式创新向利用式创新转变的程度都具有显著的促进效应。

4.3 研究设计

4.3.1 资料来源

政府 R&D 补贴数据的获取参考第 3 章政府 R&D 补贴与企业创新的资金保障部分。此外，首先，考虑到不同市场因素和制度因素的影响，剔除在 A 股上市，同时在 B 股、H 股或 N 股也发行股票的样本公司。其次，考虑到被 ST 类等发生大额亏损公司的不稳定性，剔除选择区间内上述类型公司；另外，剔除数据异常和数据不全样本公司。再次，考虑到研发投入跳跃这一变量计算的特殊性，为了克服样本时间跨度过少的不足，本章仅保留样本区间内研发投入数据不少于 6 年的企业。最后，由于财政部要求 A 股上市企业从 2007 年 1 月 1 日起实行新的会计准则，因此，研究的时间区间从 2007 年开始。最终，本章共获得 2007~2019 年 769 家 A 股上市制造业企业共 5211 个样本数据，且为了防止异常值对研究结果的影响，本章对连续型变量进行了 1% 的缩尾处理。

4.3.2 变量定义

1. 因变量

根据假设 H4–1 得出研发投入跳跃（Leap）（表征企业创新战略重心转换）。借鉴穆达姆比和斯威夫特（Mudambi and Swift，2014）、斯威夫特（Swift，2016）、吴建祖和肖书锋（2016）及贾慧英等（2018）的测量方法，选取 2007～2019 年共 13 年间企业研发投入 GARCH 模型学生化残差的绝对值的最大值作为研发投入跳跃的取值。该模型可以计算一定时期内脱离历史趋势或预期的研发投入的最大波动程度（即跳跃），并记录其跳跃发生的时间。而且，为了克服样本时间跨度过少的不足，本章剔除了样本内时间跨度少于 6 年的企业。此外，本章也分别尝试剔除样本期间内跨度少于 7 年、8 年或 9 年的企业，再分别进行稳健性检验。具体计算过程如下所示：

第一，构建 GARCH 模型，估计每个样本企业研发投入增长的发展趋势，在此基础上计算偏离历史趋势的研发投入残差。研发投入残差能够衡量在 2007～2019 年的时间跨度内，历年企业研发投入偏离预期的程度或非预期研发投入的波动程度，如果残差很小则表明企业的年度研发投入较为平稳。

第二，为了提高不同企业研发投入波动程度的可比性，本章对残差进行了学生化处理，即将残差除以它的标准差，得到学生化残差。

第三，计算学生化残差的绝对值的最大值，即 $e_i(\max)$，它衡量的是该时期内研发投入非预期波动的最大程度。如果在该时期内，企业的研发投入基本平稳，则 $ei(\max)$ 的取值相对较小；如果在该时期内仅发生一两次大的研发投入的变化，则 $ei(\max)$ 的取值相对较大。值得注意的是，如果企业在该段时间内的研发投入多次发生大的变化，则 $ei(\max)$ 的取值也较小。这是因为学生化残差等于残差除以它的标准差，如果企业经常发生大的研发投入变动，则预期的方差或标准差也较大，两者相除的结果一般也较小。因此，一般只有当企业具有一个长期稳定的研发投入预期时，其研发投入突然的上升或者下降才会导致 $ei(\max)$ 的值较大。

第四，为了检验政府 R&D 补贴对企业研发投入跳跃的影响，本章借鉴穆达姆比和斯威夫特（Mudambi and Swift，2014）、斯威夫特（Swift，2016）、吴建祖和肖书锋（2016）及贾慧英等（2018）的方法，构建了一个企业研发投入跳跃变量（Leap），设置企业的研发投入跳跃当期及其后的取值为 $ei(\max)$，其他时间的取值为 0。

2. 自变量

根据假设 H4 – 1 得出政府 R&D 补贴。此处指政府授予企业的直接研发补贴，具体收集过程和衡量方式见第 3 章政府 R&D 补贴与企业创新的资金保障部分。

3. 控制变量

考虑到本书前三章主要从政府 R&D 补贴对企业股权融资的影响、R&D 补贴对企业创新战略重心转换的影响及 R&D 补贴对企业创新绩效的影响这三个视角展开。而且，在 R&D 补贴对企业创新绩效影响的分析和检验中，是基于企业的股权融资和创新战略重心转换在 R&D 补贴与企业创新绩效的关系中可能起中介效应。此外，为了尽可能地防止出现重要变量遗漏，本章也做了全面深入的文献梳理，并根据文献梳理情况和相关性及多重共线性等检验对控制变量进行了筛选。基于此些因素的综合考量，本章的假设检验中仍旧控制了企业特质、内部治理、财务状况、外部治理、行业竞争、经济增长和生命周期共七类变量，具体情况见第 3 章政府 R&D 补贴与企业创新的资金保障部分。

各主要变量详情如表 4 – 1 所示。

表 4 – 1 　　　　　　　　　　　主要变量定义和度量

因变量（假设 H4 – 1）		
Leap	研发投入跳跃	$\max \left| e_{itn}(stud) \right|$
Leap1	研发投入正向跳跃	$\max \left| e_{itn}(stud) \right|$（其中，$e_{itn}(stud) > 0$）
Leap2	研发投入负向跳跃	$\max \left| e_{itn}(stud) \right|$（其中，$e_{itn}(stud) < 0$）
自变量（假设 H4 – 1）		
RDSubsidy	研发补贴	政府授予企业的直接研发补贴（亿元）

续表

控制变量（假设 H4-1）		
第一类：企业特质		
Size	企业规模	企业员工总数的自然对数
Multi	企业多元化程度	企业每一行业的营业收入与营业总收入比值的平方累加
第二类：内部治理		
Controller	实际控制人性质	实际控制人国有取 1，否则取 2
Shareholding	实际控制人持股比例	实际控制人合计持有企业的股份比例
Sepration	两权分离度	实际控制人控制权与现金流权分离度
Shararate	高管持股比例	高管持股数占企业发行股份比例
Salary	高管薪酬	高管前三名薪酬总额加 1 取自然对数
第三类：财务状况		
Leverage	资产负债率	总负债/总资产
Growth	营业收入增长率	（本期营业收入 - 上期营业收入）/上期营业收入
第四类：外部治理		
Institution	机构持股比例	基金、合格境外投资者、券商、保险、社保和信托等持股比例合计
AnalysistN	分析师关注度	分析师关注人数加 1 的自然对数
AnalysistP	分析师预测带来的业绩压力	（分析师预测的每股收益均值 - 实际每股收益）/预测的每股收益均值，如果无分析师关注则取 0
第五类：行业竞争		
Hii	行业竞争程度	表征行业竞争的赫芬达尔指数
第六类：经济增长		
GDPGrowth	地区生产总值增长率	企业注册地所在省市自治区的生产总值增长率
第七类：企业生命周期		
CZQ	成长期	参考 2016 年《金融研究》黄宏斌等的文章
CSQ	成熟期	同上

续表

其他		
Dummy_Year	各年度虚拟变量	年度虚拟变量
Dummy_Ind	各行业虚拟变量	行业虚拟变量
IV1	政府 R&D 补贴的行业层面工具变量	参考张杰等于 2015 年发表在《经济研究》上的论文《中国创新补贴政策的绩效评估：理论与证据》，具体计算方法见本章研究设计中的计量方法部分
IV2	政府 R&D 补贴的地区层面工具变量	同上

注：本表上面的控制变量中未提及假设 H4 - 1，这样做的目的是提示控制变量是针对假设 H4 - 1 的控制变量。

4.3.3 计量方法

考虑到本章的研究问题可能存在多种形式的内生性：如因遗漏重要变量导致的内生性问题；因政府 R&D 补贴与企业研发投入跳跃之间可能存在逆向因果关系导致的内生性问题等。针对可能存在的内生性，本章不仅通过全面深入的文献梳理以尽量找出各类影响研发投入跳跃的控制变量，还在计量模型中设定工具变量加以缓解，并在后续的分析中进行多种类型的稳健性检验。具体方法依照本书第 3 章政府 R&D 补贴与企业创新的资金保障部分，分别设定政府 R&D 补贴行业层面的工具变量（IV1）和地区层面的工具变量（IV2）。此外，由于本章使用的是面板数据，故选择面板固定效应模型或随机效应模型中的工具变量法进行回归分析。假设 H4 - 1 的具体检验模型如下所示，其中假设 H4 - 1 对应的系数为 α_0，如果检验假设 H4 - 1 时，系数 α_0 显著为正，则假设 H4 - 1 得到验证。

$$
\begin{aligned}
\text{Leap}_{i,t} = {}& \alpha + \alpha_0 \text{RDSubsidy}_{i,t} + \alpha_1 \text{Size}_{i,t} + \alpha_2 \text{Multi}_{i,t} + \alpha_3 \text{Controller}_{i,t} \\
& + \alpha_4 \text{Shareholding}_{i,t} + \alpha_5 \text{Sepration}_{i,t} + \alpha_6 \text{Sharerate}_{i,t} + \alpha_7 \text{Salary}_{i,t} \\
& + \alpha_8 \text{Leverage}_{i,t} + \alpha_9 \text{Growth}_{i,t} + \alpha_{10} \text{Institution}_{i,t} + \alpha_{11} \text{AnalystN}_{i,t} \\
& + \alpha_{12} \text{AnalystP}_{i,t} + \alpha_{13} \text{Hii}_{i,t} + \alpha_{14} \text{GDPGrowth}_{i,t} + \alpha_{15} \text{CZQ}_{i,t} \\
& + \alpha_{16} \text{CSQ} + \phi \text{Dummy\_Year} + \varphi \text{Dummy\_Ind} + \mu_{it}
\end{aligned}
$$

4.4
实证分析

4.4.1　描述性统计

各主要变量的描述性统计如表 4 - 2 所示，其中连续型变量进行了 1% 缩尾处理。从表 4 - 2 可知，因变量企业研发投入跳跃（Leap）的均值约为 0.8615，最小值为 0，最大值约为 3.0691，且在样本范围内，不到 50% 的样本的研发投入跳跃值不为 0。因变量研发投入正向跳跃（Leap1）的均值约为 0.8633，最小值为 0，最大值约为 3.0691，且在样本范围内，不到 50% 的样本的研发投入正向跳跃值不为 0。因变量研发投入负向跳跃（Leap2）的均值约为 0.8585，最小值为 0，最大值约为 3.0691，且在样本范围内，不到 50% 的样本的研发投入负向跳跃值不为 0。自变量政府 R&D 补贴（RDSubsidy）的均值约为 0.0982 亿元，最小值为 0，最大值约为 2.0457 亿元，且在样本范围内，75% 以上的样本获得了政府 R&D 补贴。此外，政府 R&D 补贴行业层面工具变量（IV1）的均值约为 0.5128 亿元，最小值为 0.0060 亿元，最大值约为 3.1402 亿元。政府 R&D 补贴地区层面工具变量（IV2）的均值约为 0.1639 亿元，最小值约为 0.0036 亿元，最大值约为 1.0804 亿元。

表 4 - 2　　　　　　　　　　主要变量的描述性统计

变量	Obs	Mean	Sd	Min	P25	P50	P75	Max
Leap	5211	0.8615	1.0134	0	0	0	1.8121	3.0691
Leap1	3306	0.8633	1.0487	0	0	0	1.8781	3.0691
Leap2	1905	0.8585	0.9493	0	0	0	1.7830	3.0691

续表

变量	Obs	Mean	Sd	Min	P25	P50	P75	Max
RDSubsidy	5211	0.0982	0.2645	0	0.0023	0.0206	0.0746	2.0457
Size	5211	8.0662	1.1180	5.6802	7.2675	8.0140	8.8120	10.9956
Multi	5211	0.7872	0.2361	0.2061	0.5838	0.9090	0.9845	1.0000
Controller	5211	1.6571	0.4747	1.0000	1.0000	2.0000	2.0000	2.0000
Shareholding	5211	0.3378	0.1607	0.0531	0.2130	0.3176	0.4437	0.7563
Sepration	5211	0.0560	0.0799	0	0	0	0.1034	0.2872
Sharerate	5211	0.0975	0.1588	0	0	0.0015	0.1592	0.6369
Salary	5211	14.3789	0.6939	12.7533	13.9220	14.3578	14.7895	16.4072
Leverage	5211	0.4247	0.1923	0.0686	0.2677	0.4217	0.5722	0.8696
Growth	5211	0.1783	0.3837	-0.4606	-0.0105	0.1130	0.2709	2.3539
Institution	5211	0.0673	0.0660	0	0.0148	0.0483	0.1014	0.2995
AnalysistN	5211	1.6846	1.1360	0	0.6931	1.7918	2.5649	3.7842
AnalysistP	5211	0.5536	0.8484	-1.0991	0.1447	0.4565	0.7429	5.9361
Hii	5211	0.0913	0.0762	0.0135	0.0384	0.0720	0.1134	1.0000
GDPGrowth	5211	0.0858	0.0633	-0.2502	0.0640	0.0856	0.1095	0.3227
CZQ	5211	0.4619	0.4986	0	0	0	1.0000	1.0000
CSQ	5211	0.3807	0.4856	0	0	0	1.0000	1.0000
IV1	5211	0.5128	0.7583	0.0060	0.0508	0.1521	0.5284	3.1402
IV2	5211	0.1639	0.2068	0.0036	0.0359	0.0793	0.1985	1.0804

4.4.2 计量结果分析

考虑到本章的回归模型可能存在的内生性问题, 故在回归模型中设定工具变量加以缓解。此外, 考虑到本章的样本为面板数据, 且表 4-3 中 Hausman Test 的 p 值为 0, 拒绝使用随机效应模型的原假设。故综合考虑后, 决定采用面板固定效应工具变量法进行回归, 且本章在表 4-3 中列出了面板随机效应工具变量法的回归结果加以对照。表 4-3 第 (1) 列和第 (2) 列分别为政府 R&D 补贴对企业研发投入跳跃的面板固定效应工具变量法和面板随机效应工具变量法的回归结果。从第（1）列和第（2）列的回归结果可知，政府 R&D 补贴对企业研发投入跳跃的影响系数分别为 1.9042 和 1.3668，且皆在 5% 的显著性范围内显著。并且，从第（1）列中各工具变量的回归结果来看，工具变量 IV1 和 IV2（此处 IV1 和 IV2 的结果为工具变量法第一阶段的回归结果）对 R&D 补贴的回归系数分别为 0.0320 和 0.0908，且皆在 1% 的显著性范围内显著。此外，从工具变量的识别不足检验（under identification test）、弱识别检验（weak identification test）和过度识别检验（over identification test）结果来看，拒绝工具变量与内生变量无关及弱工具变量的原假设，且接受了工具变量外生的原假设，整体而言，工具变量的设定较为合理。总体来看，结果表明，政府 R&D 补贴与企业研发投入跳跃显著正相关，假设 H4－1 得到验证，即 R&D 补贴对企业创新战略重心在探索式创新与利用式创新之间的转换程度具有显著的促进作用。且在样本范围内，当控制其他变量不变时，每增加 1 单位 R&D 补贴，企业的研发投入跳跃值将平均增加 1.9042 单位。

表 4－3　　　　　　　政府 R&D 补贴与企业研发投入跳跃

变量	企业 R&D 投入跳跃（企业创新战略重心转换程度）	
	（1） 固定效应模型工具变量法	（2） 随机效应模型工具变量法
RDSubsidy	1.9042 *** （0.0030）	1.3668 ** （0.0100）
Size	0.0689 （0.1280）	－0.0108 （0.7850）
Multi	－0.1762 ** （0.0350）	－0.1116 * （0.0850）
Controller	0.0336 （0.7900）	－0.0029 （0.9550）
Shareholding	－0.2772 （0.1240）	－0.0913 （0.4390）

变量	企业 R&D 投入跳跃（企业创新战略重心转换程度）	
	（1） 固定效应模型工具变量法	（2） 随机效应模型工具变量法
Sepration	0. 3326 （0. 3190）	0. 2108 （0. 3660）
Sharerate	0. 0223 （0. 8910）	0. 0006 （0. 9960）
Salary	0. 0179 （0. 6150）	− 0. 0293 （0. 2710）
Leverage	0. 0309 （0. 8020）	0. 0072 （0. 9400）
Growth	0. 0820 ** （0. 0120）	0. 0893 *** （0. 0040）
Institution	0. 1708 （0. 4550）	− 0. 0048 （0. 9810）
AnalystN	− 0. 0065 （0. 6850）	− 0. 0300 ** （0. 0430）
AnalystP	0. 0181 （0. 2600）	0. 0086 （0. 5460）
Hii	− 0. 7100 ** （0. 0490）	− 0. 5747 * （0. 0950）
GDPGrowth	− 0. 5004 ** （0. 0320）	− 0. 1571 （0. 4510）
CZQ	0. 0004 （0. 9910）	0. 0231 （0. 4590）
CSQ	0. 0235 （0. 4820）	0. 0395 （0. 2180）
_Cons	− 0. 9498 （0. 1360）	0. 5438 （0. 2890）
是否控制行业	是	是
是否控制年份	是	是

续表

变量	企业 R&D 投入跳跃（企业创新战略重心转换程度）	
	(1) 固定效应模型工具变量法	(2) 随机效应模型工具变量法
工具变量 IV1	0.0320 *** (0.0000)	0.0350 *** (0.0000)
工具变量 IV2	0.0908 *** (0.0000)	0.0975 *** (0.0000)
Under identification test P 值	0	
Weak identification test F 值	21.1480	
Over identification test P 值	0.3957	0.8234
第二阶段 F 值	83.1300	
Wald chi2		4144.2300
Within R^2	0.4184	0.4693
样本数	5211	5211
Hausman test P 值	0	

注：*、**、*** 分别表示 10%、5% 和 1% 的显著性水平，且括号内为 P 值。此外，表中工具变量法的回归结果是第一阶段回归结果和第二阶段回归结果的整合。

资料来源：作者经 Stata 软件的实证结果整理而得。

4.4.3　稳健性检验

1. 考虑内生问题

参考第 3 章政府 R&D 补贴与企业创新的资金保障部分的内容，设定 R&D 补贴的处理变量时，选择剔除 R&D 补贴为 0 的样本。而后将 R&D 补贴由小到大排列，将排名前 25% 的设为 0，排名后 25% 的设为 1，再以此为处理变量，分别使用 1 对 1 有放回匹配、核匹配和局部线性回归匹配的方法进行倾向得分匹配（PSM）检验。类似地，将排名前 50% 的设为 0，排名后 50% 的设为 1，或将小于样本均值的设为 0，大于样本均值的设为 1，而后分别将其作为 R&D 补贴的处理变量，再用 1 对 1 有放回匹配、核匹配和局部线性回归匹配的方法进行 PSM 检验。根据表 4-4 的检验结果可知，政府 R&D 补贴能显著增加企业的研发投入跳跃值，即 R&D 补贴有助于提升企业的创新战略重心转换程度。而且，从 ATT 值的大小对比来看，整体而言，当处理变量以 R&D 补贴前 25% 分位为 0、后 25% 分位为 1 的方式设定时，ATT 值最大，即 R&D 补贴对企业的创新战略重心转换程度具有更明显的提升效应。

表 4-4　　　　　考虑内生问题的 PSM 稳健性检验（研发投入跳跃）

匹配方法	处理变量	ATT	T 值	样本数
1 对 1 有放回匹配	R&D 补贴前 25% 设为 0，后 25% 为 1	0.1985 ***	2.6500	2132
核匹配	R&D 补贴前 25% 设为 0，后 25% 为 1	0.1668 ***	2.7500	2132
局部线性回归匹配	R&D 补贴前 25% 设为 0，后 25% 为 1	0.1661 **	2.2200	2132
1 对 1 有放回匹配	R&D 补贴前 50% 设为 0，后 50% 为 1	0.0888 *	1.9500	4264
核匹配	R&D 补贴前 50% 设为 0，后 50% 为 1	0.1269 ***	3.6000	4264
局部线性回归匹配	R&D 补贴前 50% 设为 0，后 50% 为 1	0.1309 ***	2.8800	4264
1 对 1 有放回匹配	样本均值前设为 0，后为 1	0.1166 **	1.9600	4264
核匹配	样本均值前设为 0，后为 1	0.1044 **	2.3200	4264
局部线性回归匹配	样本均值前设为 0，后为 1	0.1202 **	2.0200	4264

注：*、**、*** 分别表示 10%、5% 和 1% 的显著性水平。
资料来源：笔者经 Stata 软件的实证结果整理而得。

2. 重新计算企业 R&D 投入跳跃

（1）因为企业收到的政府 R&D 补贴一般用于与研发创新相关的活动，此时，企业 R&D 投入的部分来源是 R&D 补贴。因此，在计算研发投入跳跃指标时，本章选择将企业研发投入减去 R&D 补贴后的私人研发支出的 GARCH 模型学生化残差的绝对值的最大值作为研发投入跳跃的取值，再以此为因变量进行稳健性检验。表 4-5 第（1）列为以剔除 R&D 补贴后的研发投入重新计算研发投入跳跃后，R&D 补贴对企业研发投入跳跃的面板固定效应工具变量法的回归结果（Hausman Test 的 P 值为 0.0082）。从第（1）列中各工具变量的回归结果来看，整体而言，工具变量的设定较为合理。而且，从回归结果可知，R&D 补贴仍能显著增加企业的研发投入跳跃值，即有助于增加企业的创新战略重心转换程度。

（2）对企业研发投入的度量主要有研发投入的绝对数额和研发投入强度两个指标，其中研发投入强度以研发投入绝对数额比营业收入测度。本章除了用研发投入的绝对数额来计算企业研发投入跳跃值外，还使用研发投入强度来计算研发投入强度跳跃值，并以此替换原有的研发投入跳跃指标进行稳健性检验。表 4 - 5 第（2）列为以研发投入强度重新计算研发投入跳跃值后，R&D 补贴对企业研发投入跳跃的面板固定效应工具变量法的回归结果（Hausman Test 的 P 值为 0.0230）。从第（2）列中各工具变量的回归结果来看，整体而言，工具变量的设定较为合理。而且从回归结果可知，R&D 补贴仍能显著增加企业研发投入强度的跳跃值，即 R&D 补贴有助于提升企业的创新战略重心转换程度。

3. 变更回归样本

（1）由于使用 GARCH 模型进行时间序列分析时，其样本数不能少于 6 年，因此，在计算企业研发投入跳跃值时，本章剔除了 2007 ~ 2019 年这一样本期间内跨度少于 6 年的企业。本章也分别尝试剔除样本期间内跨度少于 7 年、8 年或 9 年的企业，再分别进行稳健性检验，检验结果分别如表 4 - 5 第（3）列、第（4）列和第（5）列所示。表 4 - 5 第（3）列为 R&D 补贴对企业研发投入跳跃的面板固定效应工具变量法的回归结果（Hausman Test 的 P 值为 0）。从第（3）列中各工具变量的回归结果来看，整体而言，工具变量的设定较为合理。而且，从回归结果可知，R&D 补贴仍能显著增加企业的研发投入跳跃值。类似地，从第（4）列和第（5）列的结果同样可知，R&D 补贴仍与企业的研发投入跳跃值显著正相关，即有助于增加企业的创新战略重心转换程度。

（2）根据学生化残差的统计性质，大约应有95%的值落在 ［-2，2］ 的区间内，且因学生化残差之间的相关性较小，残差图中落在 ［-2，2］ 区间的值大多不呈现出趋势。因此，本章仅保留研发投入跳跃值大于 2 的样本，而后进行稳健性检验。表4－5 第（6）列为 R&D 补贴对企业研发投入跳跃的面板固定效应工具变量法的回归结果（Hausman Test 的 P 值为0.0004）。从第（6）列中各工具变量的回归结果来看，整体而言，工具变量的设定较为合理。而且，从回归结果可知，R&D 补贴仍能显著增加企业的研发投入跳跃值，即有助于提升企业的创新战略重心转换程度。

（3）如第 3 章的稳健性检验部分所述，可能存在将部分未披露 R&D 补贴的样本设定为 0 的情况。因此，本章将剔除 R&D 补贴为 0 的样本，进行稳健性检验，检验结果如表4－5 第（7）列所示（Hausman Test 的 P 值为0.023）。从第（7）列中各工具变量的回归结果来看，整体而言，工具变量的设定较为合理。而且，从回归结果可知，R&D 补贴仍能显著增加企业的研发投入跳跃值，即 R&D 补贴有助于企业创新战略重心转换程度的提升。从系数来看，与未剔除 R&D 补贴为 0 的样本相比，剔除 R&D 补贴为 0 的样本中，R&D 补贴对企业研发投入跳跃的促进作用更明显。

表4－5　　　　重新计算 R&D 投入跳跃和变更回归样本的稳健性检验

变量	(1)减去 R&D 补贴后的私人研发投入跳跃	(2)研发投入强度跳跃	(3)以跨度不少于7年的样本计算研发投入跳跃	(4)以跨度不少于8年的样本计算研发投入跳跃	(5)以跨度不少于9年的样本计算研发投入跳跃	(6)剔除研发投入跳跃值小于2样本	(7)剔除 R&D 补贴为 0 样本
RDSubsidy	1.2838 ** (0.0240)	1.3334 * (0.0500)	1.7983 *** (0.0040)	1.6248 *** (0.0070)	2.4265 ** (0.0140)	2.1172 ** (0.0230)	3.2228 *** (0.0070)
Size	0.1047 * (0.0980)	-0.0469 (0.5900)	0.0668 (0.1430)	0.0753 * (0.0980)	0.0214 (0.7620)	0.1071 (0.1090)	-0.0469 (0.5900)

续表

变量	（1）减去 R&D 补贴后的私人研发投入跳跃	（2）研发投入强度跳跃	（3）以跨度不少于 7 年的样本计算研发投入跳跃	（4）以跨度不少于 8 年的样本计算研发投入跳跃	（5）以跨度不少于 9 年的样本计算研发投入跳跃	（6）剔除研发投入跳跃值小于 2 样本	（7）剔除 R&D 补贴为 0 样本
Multi	−0.1599 (0.1900)	−0.0754 (0.4890)	−0.1601 * (0.0600)	−0.1696 ** (0.0480)	−0.3338 *** (0.0040)	−0.2446 * (0.0640)	−0.0754 (0.4890)
Controller	0.0752 (0.6150)	−0.0630 (0.7200)	0.0505 (0.6920)	0.1126 (0.3940)	0.0856 (0.6860)	0.2184 (0.3060)	−0.0630 (0.7200)
Shareholding	−0.1440 (0.5980)	−0.5370 * (0.0620)	−0.2284 (0.2110)	−0.1962 (0.2920)	−0.1896 (0.4630)	0.3026 (0.2890)	−0.5370 * (0.0620)
Sepration	0.7137 (0.1410)	0.3171 (0.4810)	0.3886 (0.2500)	0.4071 (0.2310)	0.9518 * (0.0510)	0.4538 (0.3980)	0.3171 (0.4810)
Sharerate	−0.2176 (0.4330)	−0.1444 (0.5040)	0.0619 (0.7230)	0.0868 (0.6210)	0.0372 (0.8640)	0.3021 (0.2310)	−0.1444 (0.5040)
Salary	0.0867 * (0.0950)	0.0533 (0.3060)	0.0130 (0.7190)	0.0102 (0.7790)	0.0803 (0.1480)	0.0370 (0.5240)	0.0533 (0.3060)
Leverage	0.0416 (0.8300)	0.0240 (0.8820)	0.0463 (0.7140)	0.0206 (0.8730)	0.0502 (0.7760)	0.0119 (0.9560)	0.0240 (0.8820)
Growth	0.0671 (0.1680)	0.1141 ** (0.0320)	0.0707 ** (0.0340)	0.0774 ** (0.0220)	0.0367 (0.4810)	0.0933 * (0.0840)	0.1141 ** (0.0320)
Institution	0.5799 * (0.0700)	−0.0490 (0.8640)	0.2007 (0.3890)	0.2013 (0.3920)	0.1466 (0.6520)	0.4227 (0.2440)	−0.0490 (0.8640)
AnalysistN	0.0145 (0.5150)	−0.0199 (0.3750)	−0.0058 (0.7250)	−0.0060 (0.7170)	−0.0122 (0.5940)	−0.0278 (0.3140)	−0.0199 (0.3750)
AnalysistP	0.0305 (0.1280)	0.0400 * (0.0880)	0.0125 (0.4480)	0.0116 (0.4890)	0.0241 (0.4070)	−0.0122 (0.5900)	0.0400 * (0.0880)
Hii	−0.9118 * (0.0980)	−1.1014 ** (0.0270)	−0.6854 * (0.0600)	−0.6974 * (0.0590)	−1.2963 ** (0.0140)	−1.1550 * (0.0750)	−1.1014 ** (0.0270)
GDPGrowth	−0.2573 (0.4240)	−0.4569 (0.1240)	−0.4546 * (0.0600)	−0.5140 ** (0.0370)	−0.5807 * (0.0820)	−0.2875 (0.4260)	−0.4569 (0.1240)

续表

变量	(1) 减去 R&D 补贴后的私人研发投入跳跃	(2) 研发投入强度跳跃	(3) 以跨度不少于 7 年的样本计算研发投入跳跃	(4) 以跨度不少于 8 年的样本计算研发投入跳跃	(5) 以跨度不少于 9 年的样本计算研发投入跳跃	(6) 剔除研发投入跳跃值小于 2 样本	(7) 剔除 R&D 补贴为 0 样本
CZQ	0.0095 (0.8330)	0.0119 (0.7850)	0.0064 (0.8490)	0.0159 (0.6420)	0.0341 (0.4740)	-0.0059 (0.9130)	0.0119 (0.7850)
CSQ	-0.0048 (0.9170)	0.0621 (0.1630)	0.0331 (0.3320)	0.0437 (0.2060)	0.0491 (0.2910)	0.0577 (0.2920)	0.0621 (0.1630)
_Cons	-0.8578 (0.4410)	-0.3522 (0.7180)	-0.9615 (0.1340)	-1.0492 (0.1050)	-1.2024 (0.1850)	-2.0141 ** (0.0410)	-0.3522 (0.7180)
是否控制行业	是	是	是	是	是	是	是
是否控制年份	是	是	是	是	是	是	是
工具变量 IV1	0.0412 *** (0.0010)	0.0190 ** (0.0160)	0.0336 *** (0.0000)	0.0369 *** (0.0000)	0.0326 *** (0.0000)	0.0404 *** (0.0000)	0.0190 ** (0.0160)
工具变量 IV2	0.1688 *** (0.0000)	0.0660 *** (0.0010)	0.0927 *** (0.0000)	0.0941 *** (0.0000)	0.0623 *** (0.0070)	0.0840 *** (0.0020)	0.0660 *** (0.0010)
Under identification test P 值	0	0.0002	0	0	0	0	0.0002
Weak identification test F 值	19.0120	8.5080	20.8280	21.5360	11.2150	12.1150	8.5080
Over identification test P 值	0.1869	0.6432	0.4394	0.5185	0.3781	0.5996	0.6432
第二阶段 F 值	50.0500	50.3400	80.5300	79.3300	48.4000	48.6000	50.3400
Within R^2	0.5068	0.2287	0.4264	0.4423	0.3914	0.4757	0.2287
样本数	2242	4264	4969	4759	3029	2422	4264
Hausman test P 值	0.0082	0.0230	0	0	0.0446	0.0004	0.0230

注: *、**、***分别表示 10%、5% 和 1% 的显著性水平,且括号内为 P 值。此外,表中工具变量法的回归结果是第一阶段回归结果和第二阶段回归结果的整合。

资料来源:笔者经 Stata 软件的实证结果整理而得。

4. 更换回归方法

考虑到因变量 Leap（企业研发投入跳跃）有不少值为 0，可能对研究结果产生影响。因此，设定研发投入跳跃的虚拟变量，将研发投入跳跃值不为 0 的设为 1，其他设为 0，而后用 Probit 模型的工具变量法进行回归，回归结果如表 4 - 6 第（1）列所示。从第（1）列中各工具变量的回归结果来看，工具变量 IV1 和 IV2 对 R&D 补贴的回归系数分别为 0.0570 和 0.1058，且皆在 1% 的显著性范围内显著。而且，从变量内生性检验（wald test of exogeneity）的 P 值、工具变量的识别不足检验（under identification test）的 P 值、弱识别检验（weak identification test）的 P 值和过度识别检验（over identification test）的 P 值来看，整体而言，拒绝 R&D 补贴为外生变量的原假设，且 R&D 补贴的工具变量的设定较为合理。总体来看，从回归结果可知，R&D 补贴仍与企业的研发投入跳跃概率显著正相关，即有助于企业创新战略重心的转换。

5. 增补控制变量

（1）考虑到除 R&D 补贴外，企业还会收到其他类型的政府补贴，作为企业资金的直接补充，这些补贴也可能影响企业的研发投入跳跃程度。因此，本章控制了除 R&D 补贴外的其他补贴，而后进行稳健性检验，结果如表 4 - 6 第（2）列所示（Hausman Test 的 P 值为 0）。从第（2）列中各工具变量的回归结果来看，整体而言，工具变量的设定较为合理。而且，从回归结果可知，R&D 补贴仍能显著增加企业的研发投入跳跃值，即 R&D 补贴有助于提升企业的创新战略重心转换程度。此外，除 R&D 补贴外的其他补贴与企业研发投入跳跃的关系不显著，即对企业创新战略重心转换程度的提升无显著影响。

（2）从现有关于研发投入波动的文献来看，研发投入的波动是一个具有争议的信号，既有学者认为研发投入的波动是高管进行"收入操纵"的结果（Chen and Miller, 2007; Gentry and Shen, 2013），也有学者认为研发投入波动代表企业主动适应环境、追求创新和获取竞争优势的过程（Mudambi and Swift, 2011）。因此，本章将考虑企业的盈余管理对研究结果的影响。具体而言，首先，参考德肖等（Dechow et al. , 1998）和罗伊乔杜里（Roy-chowdhury, 2006）的模型来测度企业的真实盈余管理水平，具体数据源于 CSMAR 中的会计信息质量子库，而后将真实盈余管理程度（ABSDA）加入主回归模型中进行分析，结果如表 4 - 6 第（3）列所示（Hausman Test 的 P 值为 0.0001）。从第（3）列中各工具变量的回归结果来看，整体而言，工具变量的设定较为合理。而且，从回归结果可知，R&D 补贴仍能显著增加企业的研发投入跳跃值，即有助于企业创新战略重心转换程度的提升。此外，真实盈余管理程度与企业的研发投入跳跃值负相关，但关系不显著。

其次，利用修正的 Jones 模型计算的操控性应计利润作为衡量盈余管理的主要指标（Dechow et al. , 1995），具体数据源于 CSMAR 中的会计信息质量子库，而后将应计盈余管理程度（ABSDB）加入主回归模型中进行分析，结果如表 4 - 6 第（4）列所示（Hausman Test 的 P 值为 0）。从第（4）列中各工具变量的回归结果来看，整体而言，工具变量的设定较为合理。而且，从回归结果可知，R&D 补贴仍能显著增加企业的研发投入跳跃值，即 R&D 补贴有助于增加企业的创新战略重心转换程度。此外，应计盈余管理程度与企业的研发投入跳跃值负相关，但关系不显著。

最后，将企业的真实盈余管理程度（ABSDA）和应计盈余管理程度（ABSDB）均加入主回归模型中进行分析，结果如表 4 - 6 第（5）列所示（Hausman Test 的 P 值为 0.0002）。从第（5）列中各工具变量的回归结果来看，整体而言，工具变量的设定较为合理。而且，从回归结果可知，R&D 补贴仍能显著增加企业的研发投入跳跃值，即 R&D 补贴有助于企业创新战略重心转换程度的提升。此外，应计盈余管理程度和真实盈余管理程度与企业的研发投入跳跃值皆负相关，但关系均不显著。

表 4-6　　　　　　　　　更换回归方法和增补控制变量的稳健性检验

变量	(1) Ivprobit 回归结果	(2) 控制其他补贴	(3) 控制真实盈余管理	(4) 控制应计盈余管理	(5) 控制真实和应计盈余管理
RDSubsidy	3. 2254 *** (0. 0000)	1. 8935 *** (0. 0030)	2. 1147 *** (0. 0010)	1. 9634 *** (0. 0020)	2. 1043 *** (0. 0010)
OtherSubsidy		0. 0017 (0. 9090)			
ABSDA			− 0. 1016 (0. 2600)		− 0. 0765 (0. 4110)
ABSDB				− 0. 1478 (0. 2320)	− 0. 1528 (0. 2550)
Size	− 0. 1353 ** (0. 0170)	0. 0688 (0. 1180)	0. 0631 (0. 1970)	0. 0708 (0. 1240)	0. 0686 (0. 1610)
Multi	− 0. 0563 (0. 5700)	− 0. 1759 ** (0. 0350)	− 0. 2234 ** (0. 0140)	− 0. 1965 ** (0. 0210)	− 0. 2322 ** (0. 0110)
Controller	0. 0797 (0. 2270)	0. 0341 (0. 7870)	0. 0291 (0. 8250)	0. 0310 (0. 8070)	0. 0320 (0. 8080)
Shareholding	0. 0569 (0. 7280)	− 0. 2774 (0. 1210)	− 0. 2872 (0. 1330)	− 0. 2718 (0. 1360)	− 0. 2930 (0. 1260)
Sepration	0. 4973 (0. 1430)	0. 3316 (0. 3200)	0. 3420 (0. 3370)	0. 3635 (0. 2810)	0. 3378 (0. 3420)
Sharerate	− 0. 5663 *** (0. 0030)	0. 0226 (0. 8900)	− 0. 0341 (0. 8590)	− 0. 0019 (0. 9910)	− 0. 0474 (0. 8050)
Salary	0. 1361 *** (0. 0020)	0. 0177 (0. 6210)	0. 0230 (0. 5460)	0. 0191 (0. 6000)	0. 0272 (0. 4770)
Leverage	0. 0921 (0. 5420)	0. 0309 (0. 8020)	0. 0918 (0. 4910)	0. 0254 (0. 8400)	0. 0586 (0. 6640)
Growth	0. 1280 ** (0. 0480)	0. 0819 ** (0. 0120)	0. 0826 ** (0. 0170)	0. 0859 ** (0. 0100)	0. 0820 ** (0. 0180)
Institution	− 0. 5127 (0. 1990)	0. 1707 (0. 4540)	0. 2192 (0. 3730)	0. 1966 (0. 3970)	0. 2202 (0. 3710)
AnalysistN	− 0. 1813 *** (0. 0000)	− 0. 0066 (0. 6830)	− 0. 0036 (0. 8340)	− 0. 0071 (0. 6670)	− 0. 0028 (0. 8730)
AnalysistP	0. 0442 (0. 1130)	0. 0179 (0. 2630)	0. 0262 (0. 1210)	0. 0196 (0. 2320)	0. 0251 (0. 1450)

续表

变量	（1） Ivprobit 回归 结果	（2） 控制其他 补贴	（3） 控制真实 盈余管理	（4） 控制应计 盈余管理	（5） 控制真实和 应计盈余管理
Hii	2. 3020 *** （0. 0050）	- 0. 7111 ** （0. 0480）	- 1. 0976 ** （0. 0110）	- 0. 9795 ** （0. 0170）	- 1. 1089 ** （0. 0100）
GDPGrowth	1. 6136 *** （0. 0000）	- 0. 4996 ** （0. 0320）	- 0. 5373 ** （0. 0320）	- 0. 4936 ** （0. 0370）	- 0. 5271 ** （0. 0350）
CZQ	- 0. 0365 （0. 5860）	0. 0004 （0. 9910）	- 0. 0018 （0. 9600）	- 0. 0047 （0. 8890）	- 0. 0045 （0. 8990）
CSQ	0. 1110 （0. 1170）	0. 0235 （0. 4820）	0. 0278 （0. 4430）	0. 0181 （0. 5980）	0. 0219 （0. 5480）
_Cons	- 0. 7665 （0. 3520）	- 0. 9473 （0. 1340）	- 0. 8288 （0. 2330）	- 0. 8988 （0. 1640）	- 0. 9022 （0. 1940）
是否控制年度	是	是	是	是	是
是否控制行业	是	是	是	是	是
工具变量 IV1	0. 0570 *** （0. 0000）	0. 0325 *** （0. 0000）	0. 0324 *** （0. 0000）	0. 0320 *** （0. 0000）	0. 0326 *** （0. 0000）
工具变量 IV2	0. 1058 *** （0. 0000）	0. 0888 *** （0. 0000）	0. 0973 *** （0. 0000）	0. 0925 *** （0. 0000）	0. 0969 *** （0. 0000）
Under identification test P 值	0	0	0	0	0
Weak identification test P 值	0				
Weak identification test F 值		20. 9740	20. 1020	20. 8570	19. 9290
Over identification test P 值	0. 1614	0. 3976	0. 2534	0. 2970	0. 2460
Wald test of exogene- ity P 值	0				
第二阶段 F 值		81. 6400	71. 4500	81. 1000	69. 8400
Wald chi2	936. 2100				
Within R²		0. 4197	0. 3766	0. 4114	0. 3776
样本数	5211	5211	4904	5130	4885
Hausman test P 值		0	0. 0001	0	0. 0002

注：*、**、*** 分别表示 10%、5% 和 1% 的显著性水平，且括号内为 P 值。此外，表中工具变量法的回归结果是第一阶段回归结果和第二阶段回归结果的整合。

资料来源：笔者经 Stata 软件的实证结果整理而得。

4.4.4　进一步分析

（1）研发投入正向跳跃一般预示着企业的创新战略重心由利用式创新转向了探索式创新，而研发投入负向跳跃则一般预示着企业的创新战略重心由探索式创新转向了利用式创新。接下来，本章将对比政府 R&D 补贴对企业研发投入正向跳跃程度和负向跳跃程度的影响差异。表 4 - 7 第（1）列和第（2）列分别为 R&D 补贴对企业研发投入正向跳跃和研发投入负向跳跃的回归结果（Hausman Test 的 P 值皆为 0）。从第（1）列和第（2）列中各工具变量的回归结果来看，整体而言，工具变量的设定皆较为合理。并且，从结果可知，R&D 补贴皆能显著提升企业的研发投入正向跳跃程度值和负向跳跃程度值，即 R&D 补贴既有利于企业创新战略重心由利用式创新向探索式创新转换程度的提升，也有助于增加企业的创新战略重心由探索式创新转向利用式创新的程度。此外，经系数差异检验后发现，R&D 补贴对研发投入正向跳跃的影响比对负向跳跃的影响更为明显。这意味着，虽然 R&D 补贴既能促进企业的创新战略重心由利用式创新转向探索式创新的程度，也利于企业的创新战略重心由探索式创新向利用式创新转换程度的提升，但前者的效果更加明显。

表 4 - 7　　　　政府 R&D 补贴与研发投入正向跳跃和负向跳跃

变量	（1） 研发投入 正向跳跃	（2） 研发投入 负向跳跃	（3） 系数差异	（4） 系数差异检验 （p 值）
RDSubsidy	2.4511 * (0.0640)	1.4299 ** (0.0250)	1.0212 ***	0
Size	0.2412 *** (0.0000)	- 0.3191 *** (0.0000)	0.5603 ***	0
Multi	- 0.3061 ** (0.0100)	- 0.0248 (0.8440)	- 0.2813	0.2000

续表

变量	（1） 研发投入 正向跳跃	（2） 研发投入 负向跳跃	（3） 系数差异	（4） 系数差异检验 （p 值）
Controller	0.1833 (0.3080)	−0.1770 (0.3140)	0.3603 *	0.0670
Shareholding	−0.1493 (0.5250)	−0.4926 * (0.0850)	0.3433	0.4000
Sepration	−0.2632 (0.5320)	1.1810 ** (0.0360)	−1.4442 *	0.0670
Sharerate	0.0175 (0.9350)	0.0871 (0.7270)	−0.0696	0.3330
Salary	0.1076 * (0.0710)	−0.0979 ** (0.0450)	0.2055 *	0.0670
Leverage	−0.2407 (0.1330)	0.2819 (0.1410)	−0.5226 *	0.0670
Growth	0.1432 *** (0.0030)	−0.0639 (0.2480)	0.2071 ***	0
Institution	0.2799 (0.3770)	−0.0401 (0.9020)	0.3200	0.1330
AnalysistN	−0.0092 (0.7320)	−0.0297 (0.2170)	0.0205	0.4670
AnalysistP	0.0268 (0.3340)	−0.0032 (0.8730)	0.0300	0.2670
Hii	0.0166 (0.9700)	−2.0197 *** (0.0020)	2.0363 ***	0
GDPGrowth	−0.4152 (0.1760)	−0.3831 (0.2890)	−0.0321	0.3330
CZQ	−0.0466 (0.3290)	0.0473 (0.3540)	−0.0939 *	0.0670
CSQ	0.0089 (0.8370)	0.0063 (0.9000)	0.0026	0.2670
_Cons	−4.3835 *** (0.0000)	4.8880 *** (0.0000)	−9.2715 ***	0

续表

变量	（1） 研发投入 正向跳跃	（2） 研发投入 负向跳跃	（3） 系数差异	（4） 系数差异检验 （p 值）
是否控制年度	是	是		
是否控制行业	是	是		
工具变量 IV1	0. 0225 *** （0. 0070）	0. 0399 *** （0. 0010）		
工具变量 IV2	0. 0520 ** （0. 0160）	0. 1443 *** （0. 0000）		
Under identification test P 值	0. 0015	0		
Weak identification test F 值	11. 5900	16. 0530		
Over identification test P 值	0. 7823	0. 6611		
第二阶段 F 值	62. 8800	31. 6400		
Within R^2	0. 4513	0. 4260		
样本数	3306	1905		
Hausman test P 值	0	0		

注：*、**、***分别表示10%、5%和1%的显著性水平，且括号内为 P 值。此外，表中工具变量法的回归结果是第一阶段回归结果和第二阶段回归结果的整合。

资料来源：笔者经 Stata 软件的实证结果整理而得。

（2）本章的机理分析指出，政府 R&D 补贴能否促进企业研发投入跳跃的原因之一在于其能够释放有关企业 R&D 项目真实和创新能力较好等积极信号以减少外部投资者与企业之间的 R&D 信息不对称，从而缓解企业的融资约束问题。若企业面临的融资约束程度较小，则 R&D 补贴的信号机制发挥空间的余地减少，从而可能会弱化 R&D 补贴对企业创新战略重心转换程度的促进效应。因此，本章从融资约束的视角进一步检验其对 R&D 补贴与企业研发投入跳跃关系的调节效应。具体而言，首先，仍选用第 3 章政府 R&D 补贴与企业创新的资金保障部分的方式度量融资约束，而后在回归模型中加入企业的融资约束度量指标及融资约束与 R&D 补贴的交互项进行分析。表 4-8 第（1）列为融资约束对政府 R&D 补贴与企业研发投入跳跃的调节效应回归结果（Hausman Test 的 P 值为 0.001）。从第（1）列中各工具变量的回归结果来看，整体而言，工具变量的设定较为合理。并且，从回归结果可知，R&D 补贴仍能显著增加企业的研发投入跳跃值，而融资约束负向调节这一关系。这表明，对融资约束程度较高的企业而言，R&D 补贴对企业研发投入跳跃的促进效应更明显，即 R&D 补贴更有助于企业创新战略重心转换程度的提升。

（3）如果企业通过寻租的方式获得 R&D 补贴，而非凭借其创新能力等，一旦外部投资者能在一定程度上识别其寻租行为，则获得 R&D 补贴并不能反映出企业 R&D 项目真实和创新能力较好等积极信号。此时，R&D 补贴的信号机制可能弱化，从而不利于企业创新战略重心转换程度的提升。鉴于此，本章也从企业寻租的视角进一步检验其对 R&D 补贴与企业研发投入跳跃关系的调节效应。具体而言，同样选取第 3 章政府 R&D 补贴与企业创新的资金保障部分的方式度量企业寻租。表 4 - 8 第（2）列为寻租对政府 R&D 补贴与企业研发投入跳跃的调节效应回归结果（Hausman Test 的 P 值为 0.0025）。从第（2）列中各工具变量的回归结果来看，整体而言，工具变量的设定较为合理。而且，从回归结果可知，R&D 补贴仍能显著增加企业的研发投入跳跃值，而寻租负向调节这一关系。这表明，对寻租程度较低的企业而言，R&D 补贴对企业研发投入跳跃的促进效应更明显，即 R&D 补贴更有助于企业创新战略重心转换程度的提升。

表 4 - 8　　　　　　　　　　融资约束和企业寻租的调节效应

变量	（1） 融资约束的调节效应	（2） 企业寻租的调节效应
RDSubsidy	2.7350 *** （0.0030）	1.8767 ** （0.0200）
Constraint	0.4060 ** （0.0450）	

续表

变量	（1） 融资约束的调节效应	（2） 企业寻租的调节效应
Constraint × RDSubsidy	− 8. 9236 *** （0. 0040）	
Rent		2. 2707 *** （0. 0010）
Rent × RDSubsidy		− 19. 5710 ** （0. 0280）
Size	0. 1055 *** （0. 0050）	0. 0678 * （0. 0920）
Multi	− 0. 1654 * （0. 0570）	− 0. 1304 （0. 1320）
Controller	0. 0404 （0. 7550）	0. 1678 （0. 2960）
Shareholding	− 0. 0033 * （0. 0900）	− 0. 0015 （0. 3970）
Sepration	0. 3456 （0. 3170）	0. 2339 （0. 5130）
Sharerate	0. 0102 （0. 9520）	0. 2022 （0. 2320）
Salary	0. 0137 （0. 7070）	0. 0010 （0. 9790）
Leverage	− 0. 0413 （0. 8080）	0. 0124 （0. 9250）
Growth	0. 0747 ** （0. 0230）	0. 0731 ** （0. 0210）
Institution	0. 3218 （0. 2010）	0. 2081 （0. 3950）
AnalysistN	− 0. 8376 ** （0. 0290）	− 0. 7955 ** （0. 0410）
AnalysistP	0. 0020 （0. 9030）	0. 0048 （0. 7760）
GDPGrowth	0. 0277 （0. 1320）	0. 0203 （0. 2740）

续表

变量	(1) 融资约束的调节效应	(2) 企业寻租的调节效应
Hii	− 0.4360 * (0.0650)	− 0.6299 ** (0.0380)
CZQ	0.0048 (0.8890)	− 0.0042 (0.9060)
CSQ	0.0164 (0.6350)	0.0055 (0.8760)
_Cons	− 1.1785 * (0.0630)	− 1.0647 (0.1160)
是否控制年度	是	是
是否控制行业	是	是
工具变量 IV1	0.0161 *** (0.0070)	0.0173 *** (0.0080)
工具变量 IV2	0.0783 *** (0.0000)	0.1395 *** (0.0000)
Under identification test P 值	0	0
Weak identification test F 值	16.4970	19.0030
Over identification test P 值	0.9290	0.7099
第二阶段 F 值	74.4200	51.3000
Within R^2	0.3764	0.3455
样本数	5211	4635
Hausman test P 值	0.0010	0.0025

注：*、**、***分别表示10%、5%和1%的显著性水平，且括号内为P值。此外，表中工具变量法的回归结果是第一阶段回归结果和第二阶段回归结果的整合。

资料来源：笔者经 Stata 软件的实证结果整理而得。

4.5 本章小结

近些年，中国创新驱动发展战略持续推进，R&D 投入总额和强度不断攀升，但 R&D 投入结构性失衡问题亟须优化。研发补贴政策的初衷不仅在于 R&D 补贴能作为一种资源直接激励企业增加 R&D 投入，也希望它能作为一种信号引导更多的外部资金助力企业研发，其政策实施效果不仅受企业创新资源的影响，还与其创新战略密切相关。鉴于此，本章基于中国企业"利用式创新过度、探索式创新不足"的创新困境，以及 R&D 投入跳跃是企业创新战略重心在探索式创新与利用式创新之间转换的代理变量，研究 R&D 补贴对企业创新战略重心转换的影响。研究发现：

（1）在样本范围内，政府 R&D 补贴与企业研发投入跳跃值显著正相关，即 R&D 补贴有助于企业创新战略重心转换程度的提升，并且在控制其他变量不变时，当 R&D 补贴每增加 1 单位，企业的研发投入跳跃值将平均增加 1.9042 单位。而且在考虑内生性问题、重新计算 R&D 投入跳跃、变更回归样本、更换回归方法或增补控制变量等多种稳健性检验后，R&D 补贴能显著促进企业研发投入跳跃的结论依然成立。

（2）在样本范围内，政府 R&D 补贴既与企业研发投入正向跳跃值显著正相关，也与研发投入负向跳跃值显著正相关，且经系数差异检验后发现，R&D 补贴对研发投入正向跳跃的促进作用更明显。这说明 R&D 补贴既能促进企业的创新战略重心由利用式创新向探索式创新转换的程度，也可增加企业的创新战略重心由探索式创新向利用式创新转换的程度，但前者的效果更明显。此外，结合理论分析与假设推导的核心逻辑，经调节效应分析后发现，融资约束或企业寻租均负向调节 R&D 补贴与企业研发投入跳跃的正向关系，即对融资约束程度越低或寻租越严重的企业而言，R&D 补贴对企业创新战略重心转换程度的促进效应就被弱化得越明显。

第 5 章　政府 R&D 补贴与企业创新的创新绩效

本章以第 3 章和第 4 章的研究为基础，分别从股权融资和创新战略的视角，试图打开 R&D 补贴对企业创新绩效影响的部分机制"黑箱"，研究股权融资、创新战略重心转换在 R&D 补贴与企业创新绩效关系中所起的中介效应。并结合理论分析与假设推导的核心逻辑，分析融资约束、企业寻租和影子银行化对 R&D 补贴与企业创新绩效关系的调节效应。该章不仅补充了现有关于 R&D 补贴与企业创新绩效影响机制和路径的文献，还能为中国的 R&D 补贴政策该如何从股权融资和创新战略的途径引导企业提高其对基础研究的重视程度，以缓解或突破"利用式创新过度、探索式创新不足"的"创新困境"提供理论参考和经验借鉴。

5.1
引言与引例

随着创新驱动发展等战略的持续推进，中国在全球的创新竞争力正逐步提升，但目前，中国的"双元"均衡创新体制机制还未形成，"重利用式、轻探索式"的创新模式仍占据主导地位，大部分企业主要采取"引进、消化、吸收及再创新"的利用式创新模式，而对具有突破性的探索式创新重视不足。在该模式下，企业虽然可以在短期内获得部分非核心技术，但基础研究投入不足、专利质量不高等问题致使企业难以得到支撑其长远发展的关键核心技术。而这些问题的缓解或解决事关中国企业能否在国内国际经济双循环中实现由中低端价值链向中高端价值链逐步攀升及中国经济增长能否由要素粗放型拉动向技术创新型驱动成功转型。企业作为微观经济活动的主体和创新的主力军，其创新活动不仅受自身创新资源的影响，还与其创新战略密切相关，只有企业的创新资源与其创新战略达成统一，才能更好地进行创新活动。企业的创新战略涉及以应用型研究为主、风险相对较小、投入相对较少的利用式创新活动和以基础性研究为主、风险相对较大、投入相对较多的探索式创新活动。企业创新资源的来源不仅包括自有资金、政府提供的 R&D 补贴，还可能包括债权融资和股权融资等外部资金。由于银行等债权人出于对资金安全性的天然诉求，其对企业创新的贷款主要偏向风险相对较小的利用式创新活动，一般难以对企业的风险相对较大的探索式创新活动予以支持，或者需企业给予银行足够高的风险溢价补偿，但这会提升企业的融资成本。而股权融资等直接融资方式则因其较高的风险承受能力，相对容易对企业的这类风险较大的探索式创新活动提供支持。R&D 补贴作为政府支持企业创新的主要政策工具之一，其目的在于引导企业内部和外部资金助力研发，其实施效果不仅受企业创新战略的影响，还可能与其外部融资密切相关。如何充分并有效地调动企业自身及外部投资者的积极性来一起克服基础研究投入不足、专利质量不高等现实困境，是政府最为关切的问题之一。而从股权融资和企业创新战略的视角来研究 R&D 补贴对企业外部融资、创新战略及其创新绩效的影响，不仅能补充现有关于 R&D 补贴与企业创新绩效影响机制和路径的文献，还能为中国的 R&D 补贴政策该如何从股权融资和创新战略的途径引导企业提高其对基础研究的重视程度，以缓解或突破"利用式创新过度、探索式创新不足"的"创新困境"提供理论参考和经验借鉴。

鉴于此，基于中国企业"利用式创新过度、探索式创新不足"的"创新困境",以及银行等债权投资者与股权投资者因其风险特性差异而对不同风险类别的企业创新活动具有差异化支持特性的现实状况,本章以 2007 ～ 2019 年的 A 股上市制造业企业数据为样本,从企业股权融资和创新战略的视角,试图打开 R&D 补贴对企业创新绩效影响的部分机制黑箱。经研究发现:R&D 补贴能显著提升企业的创新绩效,且在增补重要控制变量、更换能反映企业创新绩效的度量指标、改变回归样本或考虑多种内生性等稳健性检验后,上述结论依然成立。经中介效应检验后发现,企业的股权融资和创新战略重心转换在 R&D 补贴与企业创新绩效的关系中起部分中介效应。具体而言,R&D 补贴既可通过增加企业的股权融资额度、降低企业的股权融资成本或增加企业创新战略重心由利用式创新向探索式创新的转换程度来提升其创新绩效,也可通过提升企业的创新战略重心由探索式创新向利用式创新转换的程度来降低其创新绩效。结合理论分析与假设推导的核心逻辑,经调节效应分析后发现,企业的融资约束程度越低、寻租越严重或影子银行化水平越高,R&D 补贴对企业创新绩效的促进作用就被弱化得越明显。

　　与现有文献相比,本章的边际研究贡献如下:尽管现有关于政府 R&D 补贴的文献从 R&D 补贴能否增加企业内部和外部创新资源并进而影响企业 R&D 投入和创新绩效的视角进行了大量研究,但 R&D 补贴的政策实施效果不仅受企业创新资源的影响,还与其创新战略密切相关。而且,基于中国企业"利用式创新过度、探索式创新不足"的"创新困境",以及债权投资者与股权投资者因其风险偏好差异而对探索式创新和利用式创新等不同风险类别的企业 R&D 活动具有差异化的支持特性。如果轻视股权融资和企业创新战略的重要性,则不利于本书从更为完整的逻辑画像厘清 R&D 补贴影响企业创新绩效的路径机制。本章基于资源依赖理论、信号理论和间断平衡理论等,从股权融资和创新战略的视角深入探讨和实证检验了政府 R&D 补贴对企业创新绩效的影响机制,补充了现有关于 R&D 补贴对企业创新绩效影响机制的研究。并且,结合理论分析与假设推导的核心逻辑,考察了融资约束、企业寻租和影子银行化对 R&D 补贴与企业创新绩效关系的调节效应，丰富和深化了已有相关文献。能为中国的 R&D 补贴政策该如何从股权融资和创新战略的路径引导企业提高其对基础研究的重视程度，以缓解或突破"利用式创新过度、探索式创新不足"的"创新困境"提供理论参考和经验借鉴。

接下来，本章的第二部分为理论分析与假设发展，第三部分为研究设计，第四部分为实证分析，第五部分为本章小结。

5.2 理论分析与假设发展

经第 3 章政府 R&D 补贴与企业创新的资金保障部分的机理分析可知：R&D 补贴是一把"双刃剑"，一方面，从 R&D 补贴的信号属性来看，企业获得 R&D 补贴可向资本市场释放其研发项目真实和创新能力较好等积极信号，从而缓解外部投资者与企业之间的 R&D 信息不对称，提高外部投资者对企业 R&D 项目的支持信心，为企业的研发活动提供更多的资金支持。另一方面，因政府与企业之间的 R&D 信息不对称，企业可通过释放虚假的创新信号骗取 R&D 补贴，当政策制定者信号甄别机制缺失或失效的情况下，如果外部投资者无法辨别此虚假信号，企业仍能以较低的融资成本获得更多的股权融资，但一般不会将其用于实质性的创新活动。而若投资者能在一定程度上识别企业的骗补行为，则企业释放的虚假创新信号反过来会弱化企业获得更多低成本股权融资的能力，R&D 补贴通过信号机制以引导外部投资者助力研发的预期政策效果也将大打折扣。从 R&D 补贴的资源属性来看，政府 R&D 补贴既可通过降低创新投入成本和创新项目风险来促进企业的研发活动。但也能因为"道德风险"问题的存在而将 R&D 补贴资金挪作他用，甚至还可能因 R&D 补贴寻租的存在挤出本该用于研发活动的资金。

如果企业通过寻租的方式获得 R&D 补贴，而非凭借其创新能力等，一旦外部投资者能在一定程度上识别其寻租行为，则获得 R&D 补贴并不能反映出企业研发项目真实、创新能力较好等积极信号，企业获得 R&D 补贴反而可能不利于企业的股权融资，这同样会弱化 R&D 补贴信号机制的发挥。

此外，当企业获得 R&D 补贴后，其可直接支配的资源增加，面临的融资约束问题也可能得到一定程度缓解，在这些外部约束条件发生变化后，企业原有的创新活动可能发生改变。如当企业因 R&D 补贴的授予而得到更多的外部融资后，这些外部资金可能会影响企业内部本该用于 R&D 活动的自有资金。若这些外部融资与企业内部自有资金能相互补充以助力研发，则政府 R&D 补贴能"如其所愿"共同撬动企业外部和内部资金用于创新活动。但如若这些外部融资与企业内部自有资金是相互替代的关系，则企业获得 R&D 补贴仅可能撬动外部或内部资金的一种来助力研发。因此，从政府 R&D 补贴的资源属性和信号属性，以及企业获得 R&D 补贴后资金约束条件的变化可能对其原有创新活动产生影响的双重视角可知：R&D 补贴既可能"如其所愿"共同撬动企业外部和内部资金助力研发，也可能"事与愿违"仅能撬动外部或内部资金的一种来促进研发，进而可能提升其创新绩效。但还可能在政策制定者信号甄别机制缺失或失效的情况下，如果企业的骗补或寻租等行为能在一定程度上被外部投资者识别，则 R&D 补贴不仅可能挤出企业本该用于 R&D 活动的自有资金，还会使其信号机制产生适得其反的效果，从而不利于企业创新绩效的提升。

从企业创新战略的视角来看，一方面，由于竞争者的出现，企业的技术壁垒逐渐被打破，而且因利用式创新保持原有技术发展轨迹，与竞争者的边际利润呈趋同走向，所以其很难在较长时间内为企业提供持续的竞争优势（Zahra，1995）。此外，市场环境的动态性、技术变革、需求变化、供给变动等也会使原本竞争力较强的产品一落千丈（Jansen et al.，2005）。因此，为了应对市场和环境变化，保证竞争优势和市场地位，企业不得不适时进行研发投入正向跳跃，此时，企业的创新战略重心由利用式创新转向了探索式创新。探索式创新是为企业带来创新突破的主要途径，积极参与获取和吸收外部知识会拓宽企业的眼界，并且新知识与旧知识的结合也会产生新的知识结构。而且由于资金的约束，创新战略重心由利用式创新转向探索式创新将使得企业资源更加集中，促进企业内部竞争，淘汰价值降低且不大可能产生绩效的项目，使得企业可以实现更大的发展（Mudambi and Swift，2014）。再者，由于研发活动的不确定性，管理者可以根据市场变化和研发可能带来的效率来判断研发活动的范围，重点提升高效率项目的经费，进而可能获得更高的创新绩效（Patel et al.，2018）。最后，探索式创新活动具有长期性、持续性、积累性，研发活动的长期持续投入不仅可能取得重大理论突破，还可能通过积累效应突破重大技术，显著提升企业的技术水平（Adams，1990）。因此，创新战略重心由利用式创新转向探索式创新不仅可充分利用企业现有资金、优化项目配置，还能提升企业的科技实力，促进企业创新绩效的增加。但企业的创新战略重心由利用式创新转向探索式创新是充满风险的，探索式创新往往伴随着较大的不确定性和较高的风险，研发项目能否出现具有商业价值的科研成果、产生的科研成果是否存在足够便利的商业价值实现路径、产生的商业价值能否与市场存在足够高的契合度等仍是一个未知数。探索式创新的本质是使有价值的新兴产品可以被市场接受，而市场是否能够接受该产品则充满不确定性（Swift，2016）。一旦花费大量资源和精力进行探索式创新后，如果因资金链中断、研发方向判断失误、难题攻关失败等内部原因或技术变迁、消费者需求变化等外部原因导致探索式创新失败，则不仅不能提升企业的创新绩效，还可能使企业陷入灾难。

另一方面，由于新技术的产生是不连续的，其产生有前景的研发机会也是偶然的（Kuhn，1962），一旦探索式创新产生了新的竞争优势，大多数企业就会重新将创新战略重心转向利用式创新，以巩固新的竞争优势，为企业创造更大的价值。因此，在探索式创新告一段落后，便开启了发展较为稳定的利用式创新阶段。它是建立在原有基础上的再开发行为（Saunila and Ukko, 2014），旨在对之前探索式创新的成果进行完善，以提高短期绩效（Ribau et al., 2019）。企业不能仅通过探索式创新获得的新知识而受益，它还需具备识别这些新知识商业价值的能力，并将其融入创新过程中。而企业恰好可通过利用式创新的方式直面消费者诉求，以挖掘新的市场需求、研判新的技术方向，为企业创新提供方向指引。此外，利用式创新一般具有针对性且获取成果的可能性较大，已经产生的商业成果与现有市场的契合度提高，所研发的产品或技术在将来为企业带来现金流入的概率提高，从而可帮助企业扩大当前利润、充裕资源，为下一阶段的研发创新活动提供更好的条件。最后，企业从探索式创新转移到利用式创新也是充满风险的，比如探索式创新的结果可能毫无价值，无法产出利用式创新所需要的技术，利用式创新所需要的技术与探索式创新所需要的技术可能格格不入（Swift, 2016）。因此，无论企业创新战略重心从利用式创新转向探索式创新，还是从探索式创新转向利用式创新，均既可能有助于企业创新绩效的提升，也可能降低企业的创新绩效。至此，基于上述机理分析，本章提出如下备择假设：

假设 H5 – 1a：政府 R&D 补贴与企业创新绩效显著正相关；

假设 H5 – 1b：政府 R&D 补贴与企业创新绩效显著负相关。

5.3
研究设计

5.3.1　资料来源

政府 R&D 补贴数据的获取参考本书第 3 章政府 R&D 补贴与企业创新的资金保障部分。此外，考虑到不同市场因素和制度因素的影响，剔除在 A

股上市，同时在 B 股、H 股或 N 股也发行股票的样本公司。并且，考虑到被 ST 类等发生大额亏损公司的不稳定性，剔除选择区间内上述类型公司。另外，剔除数据异常和数据不全样本公司。最后，由于财政部要求 A 股上市企业从 2007 年 1 月 1 日起实行新的会计准则，因此，研究的时间区间从 2007 年开始。最终，本章共获得 2007 ~ 2019 年期间 2419 家 A 股上市制造业企业共 16650 个样本数据，且为了防止异常值对研究结果的影响，本章对连续型变量进行了 1% 的缩尾处理。

5.3.2　变量定义

1. 因变量

根据假设 H5 – 1a 和假设 H5 – 1b 得出企业创新绩效。对企业创新绩效的度量存在多种方式，如研发投入、新产品销售额百分比、专利等知识产权的申请、授权或被引用等。首先，考虑到本书第 4 章政府 R&D 补贴与企业创新的战略重心部分的因变量的计算是以研发投入为基础，加之研发投入与技术转化的结果能否成功存在较大的不确定性等原因，研发投入可能并不能很好地反映企业的创新绩效，因此，本章不以研发投入来度量企业的创新绩效。其次，由于企业对新产品的认定无统一标准，这致使企业对新产品销售额的确认具有一定主观性，不同企业之间的新产品销售额数据的可比性较差，因此，本章也不以新产品销售额百分比作为企业创新绩效的度量指标。此外，考虑到当前中国各地方政府在创新追赶战略的引导下，对专利申请企业采取创新补助、税收减免等多种财政激励方式，在利益驱使下，企业专利申请动机可能扭曲（黎文靖和郑曼妮，2016），不少企业通过策略性创新的方式申请或获得的专利可能并无实际的引用和适用价值。最后，考虑到企业的创新绩效是一个长期积累的过程，某一年的专利申请、授权或被引用情况可能较难反映企业创新绩效的全貌。鉴于上述因素的考量，本章采用剔除自引用的各年累计专利被引用次数加 1 后的自然对数来度量企业的创新绩效，具体数据源于上市公司专利引用数据库（CITE）。

此外，考虑到专利的自引用可能也是企业创新成果不断积累的体现，也能在一定程度上体现企业的创新绩效。因此，本章以不剔除自引用的各年累计专利被引用次数加 1 的自然对数（Inovation1）来重新度量企业的创新绩效，再进行稳健性检验，具体数据源于上市公司专利引用数据库（CITE）。相比于实用新型专利和外观设计专利，发明专利更具技术含量，更能体现企业的技术实力，而且发明专利的申请更加复杂、审核更为严格，受激励扭曲的影响相对较小。本章也以企业当年独立和联合获得的发明专利加 1 后的自然对数重新度量企业的创新绩效，再进行稳健性检验，具体数据同样源于上市公司专利引用数据库（CITE）。

2. 自变量

根据假设 H5 - 1a 和假设 H5 - 1b 得出政府 R&D 补贴。此处指政府授予企业的直接研发补贴，具体收集过程和度量方式见本书第 3 章政府 R&D 补贴与企业创新的资金保障部分。

3. 控制变量

考虑到本书的第 3 章、第 4 章和第 5 章分别从政府 R&D 补贴对企业股权融资的影响、R&D 补贴对企业创新战略重心转换的影响和 R&D 补贴对企业创新绩效的影响这三个方面展开。而且在 R&D 补贴对企业创新绩效影响的分析和检验中，是基于企业的股权融资和创新战略重心转换可能在 R&D 补贴与企业创新绩效的关系中起中介效应。此外，为了尽可能地防止出现重要变量的遗漏，本章也做了全面深入的文献梳理，并根据文献梳理情况和相关性及多重共线性等检验对控制变量进行了筛选。基于此些因素的综合考量，本章的实证检验中仍旧控制了企业特质、内部治理、财务状况、外部治理、行业竞争、经济增长和生命周期共七类变量，具体情况见本书

第 3 章政府 R&D 补贴与企业创新的资金保障部分。

各主要变量详情如表 5 - 1 所示。

表 5 - 1　主要变量定义和度量

因变量（假设 H5 - 1a 和假设 H5 - 1b）		
Inovation	企业创新绩效	剔除自引用的各年累计专利被引用次数加 1 后的自然对数
自变量（假设 H5 - 1a 和假设 H5 - 1b）		
RDSubsidy	研发补贴	政府授予企业的直接研发补贴（亿元）
控制变量（假设 H5 - 1a 和假设 H5 - 1b）		
第一类：企业特质		
Size	企业规模	企业员工总数的自然对数
Multi	企业多元化程度	企业每一行业的营业收入与营业总收入比值的平方累加
第二类：内部治理		
Controller	实际控制人性质	实际控制人国有取 1，否则取 2
Shareholding	实际控制人持股比例	实际控制人合计持有企业的股份比例
Sepration	两权分离度	实际控制人控制权与现金流权分离度
Sharerate	高管持股比例	高管持股数占企业发行股份比例
Salary	高管薪酬	高管前三名薪酬总额加 1 取自然对数
第三类：财务状况		
Leverage	资产负债率	总负债/总资产
Growth	营业收入增长率	（本期营业收入 - 上期营业收入）/上期营业收入
第四类：外部治理		
Institution	机构持股比例	基金、合格境外投资者、券商、保险、社保和信托等持股比例合计
AnalysistN	分析师关注度	分析师关注人数加 1 的自然对数
AnalysistP	分析师预测带来的业绩压力	（分析师预测的每股收益均值 - 实际每股收益）/预测的每股收益均值，如果无分析师关注则取 0

续表

第五类：行业竞争		
Hii	行业竞争程度	表征行业竞争的赫芬达尔指数
第六类：经济增长		
GDPGrowth	地区生产总值增长率	企业注册地所在省市自治区的生产总值增长率
第七类：企业生命周期		
CZQ	成长期	参考黄宏斌等于 2016 年发表在《金融研究》上的论文《企业生命周期、融资方式与融资约束》
CSQ	成熟期	同上
其他		
Dummy_Year	各年度虚拟变量	年度虚拟变量
Dummy_Ind	各行业虚拟变量	行业虚拟变量
IV1	政府 R&D 补贴的行业层面工具变量	参考张杰等于 2015 年发表在《经济研究》上的论文《中国创新补贴政策的绩效评估：理论与证据》。具体计算方法见本章研究设计中的计量方法部分
IV2	政府 R&D 补贴的地区层面工具变量	同上

注：本表上面的控制变量中未提及假设 H5 – 1a 和假设 H5 – 1b，这样做的目的是提示控制变量是针对假设 H5 – 1a 和假设 H5 – 1b 的控制变量。

5.3.3 计量方法

考虑到本章的研究问题可能存在多种形式的内生性：如因遗漏重要变量导致的内生性问题，以及因政府决定是否授予企业 R&D 补贴的考量因素之一是企业的创新绩效而导致的 R&D 补贴与企业创新绩效之间可能存在逆向因果关系引起的内生性问题等。针对可能存在的内生性，本章不仅通过全面深入的文献梳理以尽量找出各类影响企业创新绩效的控制变量，还在计量模型中设定工具变量加以缓解，并在后续的分析中进行多种类型的稳健性检验。针对假设 H5 – 1a 和假设 H5 – 1b，本章仍采用第 3 章政府 R&D

补贴与企业创新的资金保障部分的 R&D 补贴工具变量设定方法，参考张杰等（2015）的研究，分别设定 R&D 补贴行业层面的工具变量（IV1）和地区层面的工具变量（IV2）。此外，考虑到本章使用的是面板数据，因此，本章使用面板固定效应或随机效应模型中的工具变量法进行回归分析。假设 H5 – 1a 和假设 H5 – 1b 的检验模型如下所示：

$$
\begin{aligned}
\text{Inovation}_{i,t} = {} & \alpha + \alpha_0 \text{RDSubsidy}_{i,t} + \alpha_1 \text{Size}_{i,t} + \alpha_2 \text{Multi}_{i,t} + \alpha_3 \text{Controller}_{i,t} \\
& + \alpha_4 \text{Shareholding}_{i,t} + \alpha_5 \text{Sepration}_{i,t} + \alpha_6 \text{Sharerate}_{i,t} \\
& + \alpha_7 \text{Salary}_{i,t} + \alpha_8 \text{Leverage}_{i,t} + \alpha_9 \text{Growth}_{i,t} + \alpha_{10} \text{Institution}_{i,t} \\
& + \alpha_{11} \text{AnalysistN}_{i,t} + \alpha_{12} \text{AnalysistP}_{i,t} + \alpha_{13} \text{Hii}_{i,t} + \alpha_{14} \text{GDPGrowth}_{i,t} \\
& + \alpha_{15} \text{CZQ}_{i,t} + \alpha_{16} \text{CSQ} + \phi \text{Dummy\_Year} + \varphi \text{Dummy\_Ind} + \mu_{it}
\end{aligned}
$$

$$(5-1)$$

假设 H5 – 1a 和假设 H5 – 1b 对应的系数为 α_0，如果系数 α_0 显著为正，则假设 H5 – 1a 得到验证，如果显著为负，则假设 H5 – 1b 得到验证。

5.4 实证分析

5.4.1　描述性统计

各主要变量的描述性统计如表 5 – 2 所示，其中连续型变量进行了 1% 缩尾处理。从表 5 – 2 可知，因变量企业创新绩效（Inovation）的均值约为 1.9633，最小值为 0，最大值约为 6.7754，且在样本范围内，不到 50% 的样本的创新绩效为 0。自变量政府 R&D 补贴（RDSubsidy）的均值约为 0.0504 亿元，最小值为 0，最大值约为 0.9015 亿元，且在样本范围内，不到 75% 的样本获得了政府 R&D 补贴。此外，政府 R&D 补贴行业层面工具变量

（IV1）的均值约为 0.4048 亿元，最小值约为 0.0019 亿元，最大值约为 3.1402 亿元。政府 R&D 补贴地区层面工具变量（IV2）的均值约为 0.1456 亿元，最小值约为 0.0014 亿元，最大值约为 1.0804 亿元。

表 5-2　　　　　　　　　　主要变量的描述性统计

变量	Obs	Mean	Sd	Min	P25	P50	P75	Max
Inovation	16650	1.9633	1.8395	0	0	1.7918	3.3673	6.7754
RDSubsidy	16650	0.0504	0.1246	0	0	0.0101	0.0421	0.9015
Size	16650	7.6944	1.1103	5.1591	6.9197	7.6314	8.4163	10.6435
Multi	16650	0.7862	0.2348	0.2088	0.5847	0.9026	0.9847	1.0000
Controller	16650	1.6694	0.4704	1.0000	1.0000	2.0000	2.0000	2.0000
Shareholding	16650	0.3366	0.1633	0.0389	0.2095	0.3203	0.4474	0.7358
Sepration	16650	0.0546	0.0795	0	0	0	0.1003	0.2945
Sharerate	16650	0.1052	0.1744	0	0	0.0003	0.1638	0.6648
Salary	16650	14.1614	0.7303	12.2356	13.7040	14.1609	14.6220	16.0653
Leverage	16650	0.4094	0.1975	0.0542	0.2510	0.4020	0.5549	0.8978
Growth	16650	0.1721	0.3775	-0.5089	-0.0175	0.1135	0.2736	2.3678
Institution	16650	0.0608	0.0703	0	0.0077	0.0352	0.0907	0.3361
AnalysistN	16650	1.4487	1.1594	0	0	1.3863	2.3979	3.7612
AnalysistP	16650	0.5080	0.7789	-1.1034	0.0594	0.4171	0.7305	5.3158
Hii	16650	0.0969	0.0856	0.0135	0.0394	0.0741	0.1228	1.0000
GDPGrowth	16650	0.1032	0.0717	-0.2502	0.0697	0.0956	0.1297	0.3227
CZQ	16650	0.4514	0.4976	0	0	0	1.0000	1.0000
CSQ	16650	0.3682	0.4823	0	0	0	1.0000	1.0000
IV1	16650	0.4048	0.6850	0.0019	0.0321	0.1144	0.3484	3.1402
IV2	16650	0.1456	0.2050	0.0014	0.0303	0.0635	0.1707	1.0804

5.4.2　计量结果分析

考虑到本章的回归模型可能存在的内生性问题，故在回归模型中设定工具变量加以缓解。此外，考虑到本章的样本为面板数据，且表 5-3 中

Hausman Test 的 p 值为 0，拒绝使用随机效应模型的原假设。故综合考虑后，决定采用面板固定效应工具变量法进行回归，且本章在表 5 - 3 中列出了面板随机效应工具变量法的回归结果加以对照。表 5 - 3 第（1）列和第（2）列分别为政府 R&D 补贴对企业创新绩效的面板固定效应工具变量法和面板随机效应工具变量法的回归结果。从第（1）列和第（2）列的回归结果可知，政府 R&D 补贴对企业创新绩效的影响系数分别为 1.8813 和 2.0058，且皆在 1% 的显著性范围内显著。并且，从第（1）列中各工具变量的回归结果来看，工具变量 IV1 和 IV2 对 R&D 补贴的回归系数分别为 0.0241 和 0.0349，且皆在 1% 的显著性范围内显著。从工具变量的识别不足检验（under identification test）、弱识别检验（weak identification test）和过度识别检验（over identification test）结果来看，拒绝工具变量与内生变量无关及弱工具变量的原假设，且接受了工具变量外生的原假设，整体而言，工具变量的设定较为合理。总体来看，从实证结果可知，政府 R&D 补贴与企业创新绩效显著正相关，假设 H5 - 1a 得到验证，且在样本范围内，当控制其他变量不变时，每增加 1 单位 R&D 补贴，企业的创新绩效将平均增加 1.8813 单位。

表 5 - 3　　　　　　　　　政府 R&D 补贴与企业创新绩效

变量	（1）固定效应模型工具变量法	（2）随机效应模型工具变量法
RDSubsidy	1.8813 *** (0.0080)	2.0058 *** (0.0050)
Size	0.2110 *** (0.0000)	0.2213 *** (0.0000)
Multi	- 0.1672 *** (0.0010)	- 0.1200 ** (0.0120)
Controller	0.0502 (0.3610)	0.0345 (0.4270)
Shareholding	- 0.6321 *** (0.0000)	- 0.6457 *** (0.0000)

续表

变量	（1） 固定效应模型工具变量法	（2） 随机效应模型工具变量法
Sepration	− 0. 7338 *** （0. 0000）	− 0. 8941 *** （0. 0000）
Sharerate	− 0. 7666 *** （0. 0000）	− 0. 5579 *** （0. 0000）
Salary	0. 2986 *** （0. 0000）	0. 3015 *** （0. 0000）
Leverage	0. 2980 *** （0. 0000）	0. 1413 ** （0. 0340）
Growth	− 0. 0810 *** （0. 0000）	− 0. 0838 *** （0. 0000）
Institution	− 0. 2774 ** （0. 0470）	− 0. 2065 （0. 1300）
Hii	− 0. 4488 ** （0. 0180）	− 0. 4131 ** （0. 0260）
AnalysistN	− 0. 0444 *** （0. 0000）	− 0. 0199 ** （0. 0490）
AnalysistP	0. 0372 *** （0. 0000）	0. 0462 *** （0. 0000）
GDPGrowth	− 2. 6182 *** （0. 0000）	− 2. 5696 *** （0. 0000）
CZQ	− 0. 0185 （0. 3760）	− 0. 0110 （0. 5940）
CSQ	− 0. 0123 （0. 5570）	− 0. 0022 （0. 9160）
_Cons	− 2. 9283 *** （0. 0020）	− 3. 2597 *** （0. 0010）
是否控制年度	是	是
是否控制行业	是	是
工具变量 IV1	0. 0241 *** （0. 0000）	0. 0237 *** （0. 0000）

续表

变量	(1) 固定效应模型工具变量法	(2) 随机效应模型工具变量法
工具变量 IV2	0.0349 *** (0.0000)	0.0330 *** (0.0000)
Under identification test P 值	0	
Weak identification test F 值	82.2560	
Over identification test P 值	0.6403	0.7887
第二阶段 F 值	354.6000	
Wald chi2		20977.7200
Within R^2	0.5789	0.5745
样本数	16650	16650
Hausman test P 值	0	

注：*、**、*** 分别表示 10%、5% 和 1% 的显著性水平，且括号内为 P 值。此外，表中工具变量法的回归结果是第一阶段回归结果和第二阶段回归结果的整合。

资料来源：笔者经 Stata 软件的实证结果整理而得。

5.4.3　稳健性检验

1. 增补控制变量

考虑到除政府 R&D 补贴外，企业还会收到其他类型的政府补贴，作为企业资金的直接补充，这些补贴也可能影响企业的创新绩效。因此，本章控制了除 R&D 补贴外的其他补贴（other subsidy），而后进行稳健性检验。表 5 - 4 第（1）列为控制其他补贴后，R&D 补贴对企业创新绩效的面板固定效应工具变量法的回归结果（Hausman Test 的 P 值为 0）。从第（1）列中各工具变量的回归结果来看，整体而言，工具变量的设定较为合理。从实证结果可知，在控制其他补贴后，政府 R&D 补贴仍能显著提升企业的创新绩效。此外，除 R&D 补贴外的其他补贴也能显著提升企业的创新绩效。

表 5 – 4　增补控制变量、更换度量指标和变更回归样本的稳健性检验

变量	（1） 控制其他 补贴	（2） 重新度量 创新绩效 （Inovation1）	（3） 重新度量 创新绩效 （Inovation2）	（4） 剔除企业 创新绩效 为 0 样本	（5） 剔除政府 R&D 补贴 为 0 样本	（6） 剔除 R&D 补贴和创 新绩效皆 为 0 样本
RDSubsidy	1. 7947 ** （0. 0120）	1. 7963 ** （0. 0130）	1. 9276 *** （0. 0010）	1. 5030 *** （0. 0020）	1. 6500 * （0. 0650）	3. 1350 *** （0. 0000）
OtherSubsidy	0. 0701 *** （0. 0000）					
Size	0. 2009 *** （0. 0000）	0. 2143 *** （0. 0000）	0. 1140 *** （0. 0000）	0. 0882 *** （0. 0000）	0. 0877 ** （0. 0200）	0. 0175 （0. 5250）
Multi	− 0. 1589 *** （0. 0020）	− 0. 1639 *** （0. 0020）	0. 1026 ** （0. 0120）	0. 0751 ** （0. 0230）	0. 0210 （0. 7210）	0. 1226 *** （0. 0050）
Controller	0. 0467 （0. 3940）	0. 0577 （0. 3030）	− 0. 1079 ** （0. 0130）	− 0. 1818 *** （0. 0000）	− 0. 0394 （0. 5570）	− 0. 2154 *** （0. 0000）
Shareholding	− 0. 6385 *** （0. 0000）	− 0. 6264 *** （0. 0000）	− 0. 3047 *** （0. 0000）	− 0. 3490 *** （0. 0000）	− 0. 4408 *** （0. 0010）	− 0. 4397 *** （0. 0000）
Sepration	− 0. 7406 *** （0. 0000）	− 0. 6821 *** （0. 0010）	− 0. 0164 （0. 9180）	− 0. 1679 （0. 2080）	− 0. 6852 *** （0. 0060）	− 0. 4318 ** （0. 0240）
Sharerate	− 0. 7653 *** （0. 0000）	− 0. 7650 *** （0. 0000）	0. 0549 （0. 4820）	− 0. 2594 *** （0. 0000）	− 0. 5774 *** （0. 0000）	− 0. 3492 *** （0. 0000）
Salary	0. 2922 *** （0. 0000）	0. 3023 *** （0. 0000）	0. 0322 ** （0. 0360）	− 0. 0452 *** （0. 0010）	0. 0174 （0. 4700）	− 0. 0365 * （0. 0530）
Leverage	0. 2885 *** （0. 0000）	0. 2805 *** （0. 0000）	0. 1749 *** （0. 0020）	0. 1950 *** （0. 0000）	0. 1735 ** （0. 0390）	0. 1225 ** （0. 0470）
Growth	− 0. 0785 *** （0. 0000）	− 0. 0871 *** （0. 0000）	− 0. 0596 *** （0. 0000）	− 0. 0589 *** （0. 0000）	− 0. 0134 （0. 5960）	− 0. 0223 （0. 2250）
Institution	− 0. 2650 * （0. 0560）	− 0. 2835 ** （0. 0460）	− 0. 5471 *** （0. 0000）	0. 1083 （0. 1990）	0. 0188 （0. 9040）	0. 1058 （0. 3380）
Hii	− 0. 4625 ** （0. 0140）	− 0. 4289 ** （0. 0270）	0. 0721 （0. 6300）	0. 0871 （0. 5850）	− 0. 3071 （0. 1870）	0. 2432 （0. 2810）
AnalysistN	− 0. 0460 *** （0. 0000）	− 0. 0447 *** （0. 0000）	− 0. 0189 ** （0. 0210）	− 0. 0140 ** （0. 0290）	− 0. 0152 （0. 2060）	− 0. 0175 ** （0. 0340）

续表

变量	（1） 控制其他 补贴	（2） 重新度量 创新绩效 （Inovation1）	（3） 重新度量 创新绩效 （Inovation2）	（4） 剔除企业 创新绩效 为 0 样本	（5） 剔除政府 R&D 补贴 为 0 样本	（6） 剔除 R&D 补贴和创 新绩效皆 为 0 样本
AnalysistP	0.0377 *** （0.0000）	0.0389 *** （0.0000）	0.0181 ** （0.0180）	0.0038 （0.5780）	0.0276 ** （0.0160）	0.0225 ** （0.0200）
GDPGrowth	− 2.5951 *** （0.0000）	− 2.6768 *** （0.0000）	− 0.8574 *** （0.0000）	− 0.3900 *** （0.0000）	− 0.3241 * （0.0530）	− 0.4054 *** （0.0040）
CZQ	− 0.0181 （0.3860）	− 0.0180 （0.4000）	− 0.0198 （0.2320）	0.0126 （0.3410）	0.0228 （0.3330）	0.0032 （0.8480）
CSQ	− 0.0130 （0.5360）	− 0.0142 （0.5080）	0.0069 （0.6760）	0.0236 * （0.0800）	− 0.0082 （0.7270）	0.0192 （0.2690）
_Cons	− 2.7819 *** （0.0030）	− 3.2573 *** （0.0010）	− 0.5060 （0.1290）	0.8781 ** （0.0340）	0.9725 （0.3160）	1.2972 ** （0.0410）
是否控制年度	是	是	是	是	是	是
是否控制行业	是	是	是	是	是	是
工具变量 IV1	0.0240 *** （0.0000）	0.0241 *** （0.0000）	0.0241 *** （0.0000）	0.0220 *** （0.0000）	0.0207 *** （0.0000）	0.0176 *** （0.0000）
工具变量 IV2	0.0327 *** （0.0000）	0.0349 *** （0.0000）	0.0349 *** （0.0000）	0.0597 *** （0.0000）	0.0288 *** （0.0000）	0.0425 *** （0.0020）
Under identification test P 值	0	0	0	0	0	0
Weak identification test F 值	79.6590	82.2560	82.2560	43.2950	43.4560	20.1170
Over identification test P 值	0.7463	0.7301	0.8635	0.9693	0.2225	0.5373
第二阶段 F 值	351.1100	358.5800	24.2700	725.1300	360.9500	436.1800
Within R²	0.5813	0.5829	0.0479	0.8033	0.6661	0.7489
样本数	16650	16650	16650	10953	12430	8491
Hausman test P 值	0	0	0.0065	0	0	0

注：* 、** 、*** 分别表示 10%、5% 和 1% 的显著性水平，且括号内为 P 值。此外，表中工具变量法的回归结果是第一阶段回归结果和第二阶段回归结果的整合。

资料来源：笔者经 Stata 软件的实证结果整理而得。

2. 更换度量指标

（1）在主检验中，本章以剔除自引用的各年累计专利被引用次数加 1 的自然对数来度量企业的创新绩效，但考虑到专利的自引用可能也是企业创新成果不断积累的体现，也能在一定程度上表征其创新绩效。因此，本章以不剔除自引用的各年累计专利被引用次数加 1 的自然对数（Inovation1）来重新度量企业的创新绩效，再进行稳健性检验。表 5 - 4 第（2）列为更换企业创新绩效度量指标的面板固定效应工具变量法的回归结果（Hausman Test 的 P 值为 0）。从第（2）列中各工具变量的回归结果来看，整体而言，工具变量的设定较为合理。从实证结果可知，更换企业创新绩效的度量指标后，R&D 补贴仍能显著提升企业的创新绩效。

（2）此外，由于发明专利相比于实用新型专利和外观设计专利，更具有技术含量，更能体现企业的技术实力，而且发明专利的申请更加复杂、审核更为严格，受激励扭曲的影响相对较小。鉴于上述因素，本章以企业当年独立和联合获得的发明专利加 1 后的自然对数（Inovation2）重新度量企业的创新绩效，再进行稳健性检验。表 5 - 4 第（3）列为更换企业创新绩效度量指标的面板固定效应工具变量法的回归结果（Hausman Test 的 P 值为 0.0065）。从第（3）列中各工具变量的回归结果来看，整体而言，工具变量的设定较为合理。从实证结果可知，更换企业创新绩效的度量指标后，R&D 补贴仍能显著提升企业的创新绩效。

3. 变更回归样本

（1）考虑到企业创新绩效的度量指标（Inovation）中存在不少值为 0，可能对研究结果产生影响，因此，本章剔除企业创新绩效为 0 的样本，再进行稳健性检验。表 5 - 4 第（4）列为剔除企业创新绩效为 0 样本的面板固定效应工具变量法的回归结果（Hausman Test 的 P 值为 0）。从第（4）列中各工具变量的回归结果来看，整体而言，工具变量的设定较为合理。并且从实证结果可知, 剔除企业创新绩效为 0 的样本后, 政府 R&D 补贴仍能显著提升企业的创新绩效。

（2）如第 3 章的稳健性检验部分所述, 可能存在将某些未披露 R&D 补贴的样本设定为 0 的情况。因此, 本章将剔除 R&D 补贴为 0 样本, 再进行稳健性检验。表 5 - 4 第（5）列为剔除 R&D 补贴为 0 样本的面板固定效应工具变量法的回归结果（Hausman Test 的 P 值为 0）。从第（5）列中各工具变量的回归结果来看, 整体而言, 工具变量的设定较为合理。并且, 从实证结果可知, 剔除 R&D 补贴为 0 的样本后, R&D 补贴仍能显著提升企业的创新绩效。

（3）此外, 本章也同时剔除政府 R&D 补贴和企业创新绩效皆为 0 的样本进行稳健性检验, 表 5 - 4 第（6）列为剔除 R&D 补贴为 0 样本的面板固定效应工具变量法的回归结果（Hausman Test 的 P 值为 0）。从第（6）列中各工具变量的回归结果来看, 整体而言, 工具变量的设定较为合理。而且, 从实证结果可知, 剔除 R&D 补贴和企业创新绩效皆为 0 的样本后, R&D 补贴仍能显著提升企业的创新绩效。

4. 考虑内生问题

由本书第 3 章政府 R&D 补贴与企业创新的资金保障部分可知, 当以 R&D 补贴为自变量时, 可能存在因样本自选择和选择偏差引起的内生性问题。因此, 本章继续参考李常青等（2018）的研究, 选用倾向得分匹配（PSM）方法进行稳健性检验。参考第 3 章的内容, 设定 R&D 补贴的处理变量时, 剔除 R&D 补贴为 0 的样本, 而后将 R&D 补贴由小到大排列, 将排名前 25% 的设为 0, 排名后 25% 的设为 1, 再以此为处理变量, 分别使用 1 对 1 有放回匹配、核匹配和局部线性回归匹配的方法进行 PSM 检验。类似地, 将排名前 50% 的设为 0, 排名后 50% 的设为 1, 或将小于样本均值的设为 0, 大于样本均值的设为 1, 而后分别将其作为 R&D 补贴的处理变量, 再用 1 对 1 有放回匹配、核匹配和局部线性回归匹配的方法进行 PSM 检验。根据

表 5-5 的检验结果可知，政府 R&D 补贴能显著提升企业的创新绩效，而且从 ATT 值的大小对比来看，整体而言，当处理变量以 R&D 补贴前 25% 分位为 0、后 25% 分位为 1 的方式设定时，ATT 值最大，即 R&D 补贴对企业创新绩效的提升效应更明显。

表 5-5　　　　　　　　考虑内生问题的 PSM 稳健性检验（创新绩效）

匹配方法	处理变量	ATT	T 值	样本数
1 对 1 有放回匹配	R&D 补贴前 25% 分位为 0，后 25% 为 1	0.8531***	11.1900	6215
核匹配	R&D 补贴前 25% 分位为 0，后 25% 为 1	0.8609***	14.3400	6215
局部线性回归匹配	R&D 补贴前 25% 分位为 0，后 25% 为 1	0.84909***	11.1400	6215
1 对 1 有放回匹配	R&D 补贴前 50% 分位为 0，后 50% 为 1	0.4959***	10.7800	12430
核匹配	R&D 补贴前 50% 分位为 0，后 50% 为 1	0.5243***	14.7300	12430
局部线性回归匹配	R&D 补贴前 50% 分位为 0，后 50% 为 1	0.5170***	11.2300	12430
1 对 1 有放回匹配	R&D 补贴小于样本均值为 0，大于均值为 1	0.4995***	7.9100	12430
核匹配	R&D 补贴小于样本均值为 0，大于均值为 1	0.5551***	11.5100	12430
局部线性回归匹配	R&D 补贴小于样本均值为 0，大于均值为 1	0.5568***	8.8200	12430

注：*、**、*** 分别表示 10%、5% 和 1% 的显著性水平。此外，表中工具变量法的回归结果是第一阶段回归结果和第二阶段回归结果的整合。

资料来源：笔者经 Stata 软件的实证结果整理而得。

5.4.4　中介效应分析

（1）经本章的机理分析可知，企业的股权融资额度（EqFinancing）、股权融资成本（PEG）、研发投入正向跳跃（Leap1）和研发投入负向跳跃（Leap2）可能在政府 R&D 补贴与企业创新绩效的关系中起中介效应（其中，研发投入正向跳跃表征企业的创新战略重心由利用式创新向探索式创新转换的程度，研发投入负向跳跃表征企业的创新战略重心由探索式创新转向利用式创新的程度）。表 5-6 第（1）列到第（4）列分别为政府 R&D

补贴与企业股权融资额度，股权融资额度与企业创新绩效，R&D 补贴与企业股权融资成本，以及股权融资成本与企业创新绩效的面板固定效应工具变量法的回归结果（Hausman Test 的 P 值皆在 1% 的显著性范围内显著）。从第（1）列和第（2）列中各工具变量的回归结果来看，整体而言，工具变量的设定皆较为合理。不过，需注意的是，由于中介效应检验涉及的三个模型中，有两个模型的自变量皆为政府 R&D 补贴，且本章对其设定了工具变量，考虑到一致性，本章也对企业股权融资额度和股权融资成本设定了工具变量，其设定方式与 R&D 补贴的工具变量类似。即分别设定企业股权融资额度行业层面的工具变量和地区层面的工具变量，以及企业股权融资成本行业层面的工具变量和地区层面的工具变量。从实证结果可知，政府 R&D 补贴与企业股权融资额度，以及股权融资额度与企业创新绩效的关系皆显著正相关，再结合本章 R&D 补贴与企业创新绩效的回归结果，可知股权融资额度在 R&D 补贴与企业创新绩效的正向关系中起部分中介效应，即 R&D 补贴可通过增加企业的股权融资额度来提升企业的创新绩效。类似地，从实证结果同样可知，股权融资成本也在 R&D 补贴与企业创新绩效的关系中起部分中介效应，具体而言，即 R&D 补贴可通过降低企业的股权融资成本来提升企业的创新绩效。

表 5 - 6 股权融资的中介效应检验

变量	股权融资额度的中介效应		股权融资成本的中介效应	
	（1）股权融资额度	（2）企业创新绩效	（3）股权融资成本	（4）企业创新绩效
RDSubsidy	7. 7425 ** (0. 0150)		− 0. 0925 *** (0. 0050)	
EqFinancing		0. 0871 *** (0. 0060)		
PEG				− 6. 4752 *** (0. 0060)

续表

变量	股权融资额度的中介效应		股权融资成本的中介效应	
	（1）股权融资额度	（2）企业创新绩效	（3）股权融资成本	（4）企业创新绩效
Size	1. 0579 *** (0. 0000)	0. 1555 *** (0. 0000)	0. 0007 (0. 7220)	0. 4101 *** (0. 0000)
Multi	− 0. 6153 ** (0. 0180)	− 0. 1181 ** (0. 0420)	− 0. 0118 ** (0. 0100)	− 0. 3563 ** (0. 0420)
Controller	0. 3255 (0. 2400)	0. 0255 (0. 6670)	0. 0142 *** (0. 0090)	0. 2840 (0. 6670)
Shareholding	− 1. 2524 ** (0. 0210)	− 0. 5130 *** (0. 0000)	− 0. 0060 (0. 5270)	− 0. 8576 *** (0. 0000)
Sepration	− 0. 4113 (0. 6840)	− 0. 6100 *** (0. 0030)	− 0. 0310 * (0. 0860)	− 1. 6956 *** (0. 0030)
Sharerate	− 0. 2700 (0. 5890)	− 0. 7095 *** (0. 0000)	− 0. 0113 (0. 2010)	− 0. 4218 *** (0. 0000)
Salary	− 0. 0389 (0. 7070)	0. 3207 *** (0. 0000)	− 0. 0055 *** (0. 0020)	0. 4855 *** (0. 0000)
Leverage	− 6. 6466 *** (0. 0000)	0. 8769 *** (0. 0000)	0. 0368 *** (0. 0000)	0. 3037 *** (0. 0000)
Growth	0. 9350 *** (0. 0000)	− 0. 1711 *** (0. 0000)	− 0. 0027 (0. 1050)	0. 0018 *** (0. 0000)
Institution	8. 3272 *** (0. 0000)	− 1. 0308 *** (0. 0010)	− 0. 0254 ** (0. 0200)	− 0. 3217 *** (0. 0010)
Hii	1. 7508 ** (0. 0670)	− 0. 5972 *** (0. 0050)	− 0. 0103 (0. 5530)	− 0. 0104 *** (0. 0050)
AnalysistN	0. 1999 *** (0. 0000)	− 0. 0590 *** (0. 0000)	− 0. 0054 *** (0. 0000)	− 0. 0779 *** (0. 0000)
AnalysistP	0. 0438 (0. 3670)	0. 0311 *** (0. 0020)	0. 0013 (0. 1370)	0. 0335 *** (0. 0020)
GDPGrowth	− 0. 6776 (0. 3160)	− 2. 6208 *** (0. 0000)	0. 0140 (0. 2900)	− 1. 7410 *** (0. 0000)
CZQ	1. 7652 *** (0. 0000)	− 0. 1701 *** (0. 0060)	0. 0010 (0. 5940)	− 0. 0477 (0. 2200)
CSQ	− 0. 2396 ** (0. 0240)	0. 0067 (0. 7770)	0. 0001 (0. 9690)	− 0. 0487 (0. 2100)

续表

变量	股权融资额度的中介效应		股权融资成本的中介效应	
	（1）股权融资额度	（2）企业创新绩效	（3）股权融资成本	（4）企业创新绩效
_Cons	− 5. 3261 ** （0. 0120）	− 2. 6568 ** （0. 0110）	0. 1869 *** （0. 0000）	− 6. 7417 *** （0. 0000）
是否控制年度	是	是	是	是
是否控制行业	是	是	是	是
R&D 补贴行业层面工具变量（IV1）	0. 0264 *** （0. 0000）		0. 0351 *** （0. 0000）	
R&D 补贴地区层面工具变量（IV2）	0. 0380 *** （0. 0000）		0. 0778 *** （0. 0000）	
股权融资额度行业层面工具变量		0. 0193 *** （0. 0000）		
股权融资额度地区层面工具变量		0. 0128 *** （0. 0000）		
股权融资成本行业层面工具变量				0. 3656 *** （0. 0000）
股权融资成本地区层面工具变量				0. 1280 *** （0. 0000）
Under identification test P 值	0	0	0	0
Weak identification test F 值	102. 7350	22. 3680	83. 9900	121. 6480
Over identification test P 值	0. 1442	0. 5862	0. 7579	0. 7339
第二阶段 F 值	37. 5900	311. 6900	14. 0100	128. 3700
Within R^2	0. 1239	0. 5210	0. 0913	0. 5374
样本数	16650	16650	7580	7580
Hausman test P 值	0	0	0. 0001	0

注：*、**、***分别表示10%、5%和1%的显著性水平，且括号内为 P 值。此外，表中工具变量法的回归结果是第一阶段回归结果和第二阶段回归结果的整合。

资料来源：笔者经 Stata 软件的实证结果整理而得。

（2）表 5-7 第（1）列到第（4）列分别为政府 R&D 补贴与企业创新绩效，研发投入正向跳跃与企业创新绩效，R&D 补贴与企业创新绩效，以及研发投入负向跳跃与企业创新绩效的面板固定效应工具变量法的回归结果（Hausman Test 的 P 值皆在 1% 的显著性范围内显著）。从第（1）列和第（2）中各工具变量的回归结果来看，整体而言，工具变量的设定较为合理。不过，需注意的是，由于中介效应检验涉及的三个模型中，有两个模型的自变量皆为政府 R&D 补贴，且本章对其设定了工具变量，考虑到一致性，本章也对企业研发投入正向跳跃和负向跳跃分别设定工具变量，其设定方式与 R&D 补贴的工具变量类似。即分别设定企业研发投入正向跳跃行业层面的工具变量和地区层面的工具变量，以及企业研发投入负向跳跃行业层面的工具变量和地区层面的工具变量。从实证结果可知，政府 R&D 与企业创新绩效，以及研发投入正向跳跃与企业创新绩效的关系皆显著正相关。再结合第 4 章政府 R&D 补贴与企业创新的战略重心部分有关 R&D 补贴与研发投入正向跳跃显著正相关的回归结果，可知研发投入正向跳跃在 R&D 补贴与企业创新绩效的关系中起部分中介效应。具体而言，即 R&D 补贴可通过增加企业的创新战略重心由利用式创新向探索式创新转换的程度来提升其创新绩效。类似地，结合表 5 - 7 第（3）列、第（4）列及第 4 章有关 R&D 补贴与研发投入负向跳跃显著正相关的回归结果，可知研发投入负向跳跃在 R&D 补贴与企业创新绩效的关系中起部分中介效应。具体而言，即 R&D 补贴可通过促进企业创新战略重心由探索式创新向利用式创新转换的程度来降低其创新绩效。

表 5 - 7　　　　　　　　　企业 R&D 投入跳跃的中介效应检验

变量	研发投入正向跳跃的中介效应		研发投入负向跳跃的中介效应	
	（1）企业创新绩效	（2）企业创新绩效	（3）企业创新绩效	（4）企业创新绩效
RDSubsidy	2. 8714 ** （0. 0200）		- 1. 3123 * （0. 0610）	
Leap1		0. 3245 *** （0. 0000）		

续表

变量	研发投入正向跳跃的中介效应		研发投入负向跳跃的中介效应	
	（1） 企业创新绩效	（2） 企业创新绩效	（3） 企业创新绩效	（4） 企业创新绩效
Leap2				− 1. 2459 *** （0. 0000）
Size	0. 0961 （0. 2010）	0. 0824 * （0. 0710）	0. 2879 *** （0. 0000）	− 0. 1118 （0. 1410）
Multi	− 0. 4249 *** （0. 0040）	− 0. 1947 * （0. 0980）	0. 3200 ** （0. 0300）	0. 3056 （0. 1210）
Controller	0. 2992 （0. 1920）	0. 2901 （0. 1270）	− 0. 0627 （0. 7580）	− 0. 2313 （0. 3510）
Shareholding	− 1. 2597 *** （0. 0000）	− 1. 0562 *** （0. 0000）	− 0. 1486 （0. 6560）	− 0. 5368 （0. 2350）
Sepration	− 0. 7067 （0. 1840）	− 0. 9497 ** （0. 0320）	− 0. 2714 （0. 6800）	1. 3524 （0. 1220）
Sharerate	− 1. 2397 *** （0. 0000）	− 1. 0169 *** （0. 0000）	− 0. 6649 ** （0. 0220）	− 0. 6123 （0. 1290）
Salary	0. 4210 *** （0. 0000）	0. 2910 *** （0. 0000）	0. 0603 （0. 2910）	− 0. 1322 * （0. 0960）
Leverage	0. 0997 （0. 6240）	0. 2686 （0. 1130）	0. 0544 （0. 8090）	0. 4238 （0. 1510）
Growth	0. 0109 （0. 8500）	− 0. 0743 * （0. 0630）	− 0. 0360 （0. 5450）	− 0. 1121 （0. 2020）
Institution	− 0. 2046 （0. 5970）	− 0. 3214 （0. 3000）	0. 1006 （0. 7930）	− 0. 0074 （0. 9890）
Hii	0. 3299 （0. 5470）	− 0. 2375 （0. 5520）	0. 9109 （0. 2410）	− 1. 9527 ** （0. 0430）
AnalysistN	− 0. 0975 *** （0. 0020）	− 0. 0614 *** （0. 0050）	− 0. 0604 ** （0. 0320）	− 0. 0778 * （0. 0510）
AnalysistP	0. 0501 * （0. 0920）	− 0. 0010 （0. 9620）	0. 0334 （0. 1440）	0. 0200 （0. 5270）
GDPGrowth	− 1. 8867 *** （0. 0000）	− 2. 0895 *** （0. 0000）	0. 1089 （0. 7960）	− 0. 0463 （0. 9350）

续表

变量	研发投入正向跳跃的中介效应		研发投入负向跳跃的中介效应	
	（1）企业创新绩效	（2）企业创新绩效	（3）企业创新绩效	（4）企业创新绩效
CZQ	−0.0285 (0.6220)	0.0414 (0.3590)	−0.0192 (0.7480)	0.0435 (0.5790)
CSQ	0.0291 (0.6000)	0.0064 (0.8900)	−0.0501 (0.3930)	−0.0404 (0.6000)
_Cons	−3.1871*** (0.0010)	1.7940** (0.0350)	−1.2882 (0.2860)	6.1656*** (0.0000)
是否控制年度	是	是	是	是
是否控制行业	是	是	是	是
R&D 补贴行业层面工具变量（IV1）	0.0302*** (0.0000)		0.0435*** (0.0000)	
R&D 补贴地区层面工具变量（IV2）	0.0617*** (0.0090)		0.1492*** (0.0000)	
研发投入正向跳跃行业层面工具变量		0.4540*** (0.0000)		
研发投入正向跳跃地区层面工具变量		0.3677*** (0.0000)		
研发投入负向跳跃行业层面工具变量				0.0160*** (0.0000)
研发投入负向跳跃地区层面工具变量				0.1700*** (0.0000)
Under identification test P 值	0	0	0	0
Weak identification test F 值	10.0440	10.7050	18.2760	60.1500
Over identification test P 值	0.1508	0.1088	0.3292	0.2006
第二阶段 F 值	102.0300	166.1100	108.6400	53.6700
Within R^2	0.5562	0.6850	0.7319	0.5092
样本数	3306	3306	1905	1905
Hausman test P 值	0.0001	0.0015	0.0128	0.0004

注：*、**、***分别表示 10%、5% 和 1% 的显著性水平，且括号内为 P 值。此外，表中工具变量法的回归结果是第一阶段回归结果和第二阶段回归结果的整合。

资料来源：笔者经 Stata 软件的实证结果整理而得。

5.4.5　调节效应分析

（1）本章的机理分析指出，政府 R&D 补贴能提升企业创新绩效的原因之一在于其能够释放有关 R&D 项目真实和企业创新能力较好等积极信号以减少外部投资者与企业之间的 R&D 信息不对称，从而缓解企业的融资约束问题，为企业创新提供更好的资金支持，进而可能促进企业加大研发投入、提升创新绩效。若企业面临的融资约束程度较小，则 R&D 补贴的信号机制发挥空间的余地减少，从而可能会弱化 R&D 补贴对企业创新绩效的促进效应。因此，本章从融资约束的视角进一步检验其对 R&D 补贴与企业创新绩效关系的调节效应。具体而言，本章仍沿用本书第 3 章政府 R&D 补贴与企业创新的资金保障部分的方法，以流动资产减去流动负债的差与总资产的比值来度量企业的融资约束程度，该数值越大表明企业所受的融资约束程度越低。表 5 – 8 第（1）列为融资约束对 R&D 补贴与企业创新绩效关系的调节效应回归结果（Hausman Test 的 P 值为 0）。从第（1）列中各工具变量的回归结果来看，整体而言，工具变量的设定较为合理。并且，从回归结果可知，政府 R&D 补贴仍能显著提升企业的创新绩效，而融资约束负向调节这一关系，这表明，对融资约束程度较高的企业而言，R&D 补贴对企业创新绩效的提升效应更明显。

表 5 – 8　　　　　　融资约束、企业寻租和影子银行的调节效应

变量	（1） 融资约束的 调节效应	（2） 企业寻租的 调节效应	（3） 影子银行的 调节效应
RDSubsidy	3.3093 *** （0.0080）	2.7513 *** （0.0000）	2.8795 *** （0.0000）
Constraint	– 0.0654 （0.6280）		

续表

变量	（1） 融资约束的 调节效应	（2） 企业寻租的 调节效应	（3） 影子银行的 调节效应
RDSubsidy × Constraint	− 10. 0544 *** （0. 0080）		
Rent		0. 8834 *** （0. 0010）	
RDSubsidy × Rent		− 23. 4343 *** （0. 0040）	
ShadowBanking			0. 1656 *** （0. 0040）
RDSubsidy × ShadowBanking			− 4. 8606 ** （0. 0140）
Size	0. 2128 *** （0. 0000）	0. 1599 *** （0. 0000）	0. 1589 *** （0. 0000）
Multi	− 0. 1385 *** （0. 0090）	− 0. 0026 （0. 9470）	− 0. 0186 （0. 6370）
Controller	0. 0359 （0. 5230）	− 0. 1315 *** （0. 0030）	− 0. 1289 *** （0. 0040）
Shareholding	− 0. 6726 *** （0. 0000）	− 0. 2829 *** （0. 0010）	− 0. 2797 *** （0. 0010）
Sepration	− 0. 7675 *** （0. 0000）	− 0. 2683 * （0. 0830）	− 0. 2471 （0. 1140）
Sharerate	− 0. 7602 *** （0. 0000）	− 0. 2889 *** （0. 0000）	− 0. 2927 *** （0. 0000）
Salary	0. 2999 *** （0. 0000）	− 0. 1077 *** （0. 0000）	− 0. 1079 *** （0. 0000）
Leverage	− 0. 0359 （0. 7160）	0. 3201 *** （0. 0000）	0. 3220 *** （0. 0000）
Growth	− 0. 0793 *** （0. 0000）	− 0. 0489 *** （0. 0010）	− 0. 0503 *** （0. 0010）
Institution	− 0. 2651 * （0. 0640）	− 0. 0305 （0. 7660）	− 0. 0179 （0. 8620）

续表

变量	（1） 融资约束的 调节效应	（2） 企业寻租的 调节效应	（3） 影子银行的 调节效应
Hii	−0.4322 ** （0.0260）	−0.1250 （0.4000）	−0.1984 （0.1790）
AnalysistN	−0.0349 *** （0.0010）	−0.0336 *** （0.0000）	−0.0320 *** （0.0000）
AnalysistP	0.0403 *** （0.0000）	0.0077 （0.3190）	0.0084 （0.2790）
GDPGrowth	−2.6229 *** （0.0000）	−0.5424 *** （0.0000）	−0.5617 *** （0.0000）
CZQ	−0.0171 （0.4220）	0.0074 （0.6480）	0.0120 （0.4550）
CSQ	−0.0199 （0.3540）	0.0055 （0.7360）	0.0076 （0.6440）
_Cons	−2.8685 ** （0.0030）	0.1540 （0.7120）	3.6873 *** （0.0000）
是否控制年度	是	是	是
是否控制行业	是	是	是
工具变量 IV1	0.0116 *** （0.0000）	0.0181 *** （0.0000）	0.0138 *** （0.0000）
工具变量 IV2	0.0293 *** （0.0000）	0.0547 *** （0.0000）	0.0569 *** （0.0000）
Under identification test P 值	0	0	0
Weak identification test F 值	44.6390	60.3790	44.9410
Over identification test P 值	0.7465	0.7396	0.4639
第二阶段 F 值	328.5300	426.0700	412.2000
Within R^2	0.5605	0.6493	0.6438
样本数	16650	14772	14770
Hausman test P 值	0	0	0.9967

注：*、**、*** 分别表示 10%、5% 和 1% 的显著性水平，且括号内为 P 值。此外，表中工具变量法的回归结果是第一阶段回归结果和第二阶段回归结果的整合。

资料来源：笔者经 Stata 软件的实证结果整理而得。

（2）本章的机理分析指出，如果企业通过寻租的方式获得 R&D 补贴，而非凭借其创新能力等，当政策制定者信号甄别机制缺失或失效的情况下，如若外部投资者能在一定程度上识别企业的寻租行为，则获得 R&D 补贴并不能反映出企业 R&D 项目真实和创新能力较好等积极信号，因此可能并不利于企业融资约束问题的缓解。而且，即使外部投资者无法甄别此虚假信号，企业仍能以较低的融资成本获得更多的股权融资，但企业一般并不会将其用于实质的研发活动。因此，企业寻租的存在可能不利于政府 R&D 补贴对企业创新绩效提升效应的发挥。因此，本章从企业寻租的视角进一步检验其对 R&D 补贴与企业创新绩效关系的调节效应。具体而言，本章仍沿用本书第 3 章政府 R&D 补贴与企业创新的资金保障部分的方法，参考陈骏和徐捍军（2019）提出的估计模型，并采用分年度分行业回归，测算超额管理费用，以此作为企业寻租（Rent）的代理变量，Rent 越大表示企业寻租程度越高。表 5-8 第（2）列为寻租对 R&D 补贴与企业创新绩效关系的调节效应回归结果（Hausman Test 的 P 值为 0）。从第（2）列中各工具变量的回归结果来看，整体而言，工具变量的设定较为合理。并且，从回归结果可知，政府 R&D 补贴仍能显著提升企业的创新绩效，而寻租负向调节这一关系，这表明，对寻租程度越低的企业而言，R&D 补贴对企业创新绩效的提升效应更明显。

（3）考虑到政府 R&D 补贴的信号属性和资源属性，R&D 补贴既可能对企业的外部融资具有促进效应，又是企业资金的直接补充，此时，企业面临的资金约束条件可能发生变化，企业原有的投融资活动也可能发生改变。如企业可能将更多的资金用于研发创新等可以提升企业创新绩效的实质性创新活动，也可能将更多的资金用于委托贷款、银行理财等致使其"脱实向虚"倾向提升的影子银行化行为，进而可能弱化 R&D 补贴对企业创新绩效的提升效应。本章从企业影子银行化的视角进一步检验其对 R&D 补贴与企业创新绩效关系的调节效应。具体而言，本章借鉴李建军和韩珣（2019）的研究，将企业的影子银行业务分为信用中介类影子银行和信用链条类影子银行，其中信用中介类影子银行是指企业充当实质性信用中介，作为资金的直接融出方和信用创造的主体，通过委托代理、股权创新和民间借贷的方式为中小企业等资金需求方融出资金；信用链条类影子银行是指企业通过购买银行理财产品、券商理财、信托产品、结构性存款和互联网理财等各种"类金融产品"加入体制内影子银行的信用链条。本章以信用中介类影子银行和信用链条类影子银行加总后比企业总资产的值作为企业影子银行化（Shadow Banking）的度量指标，该指标值越大，表明企业的影子银行化程度越高。表 5 – 8 第（3）列为影子银行化对政府 R&D 补贴与企业创新绩效关系的调节效应回归结果。从第（3）列中各工具变量的回归结果来看，整体而言，工具变量的设定较为合理。并且，从回归结果可知，政府 R&D 补贴仍能显著提升企业的创新绩效，而企业的影子银行化水平负向调节这一关系，这表明对影子银行化水平越低的企业而言，R&D 补贴对其创新绩效的提升效应更明显。

5.5 本章小结

对政府而言，研发补贴政策的初衷不仅在于 R&D 补贴能作为一种资源直接激励企业增加 R&D 投入，还希望它能作为一种信号引导更多的外部资金助力企业研发，其政策实施效果不仅受企业创新资源的影响，还与其创新战略密切相关。本章基于中国企业"利用式创新过度、探索式创新不足"的"创新困境"，以及银行等债权投资者与股权投资者因其风险特性差异而对不同风险类别的企业创新活动具有差异化支持特性的现实状况，以 2007～2019 年的 A 股上市制造业企业数据为样本，从股权融资和创新战略重心转换的路径，试图打开 R&D 补贴对企业创新绩效影响的部分机制"黑箱"。经研究发现：

（1）在样本范围内，政府 R&D 补贴与企业创新绩效显著正相关，而且在控制其他变量不变时，每增加 1 单位的 R&D 补贴，企业的创新绩效将平均增加 1.8813 单位。且在增补控制变量、更换能反映企业创新绩效的度量指标、改变回归样本或考虑多种内生性等稳健性检验后，R&D 补贴与企业创新绩效显著正相关的结论依旧成立。

（2）在样本范围内，经中介效应检验后发现，企业股权融资与创新战略重心转换均在 R&D 补贴与企业创新绩效的关系中起部分中介效应。具体而言，R&D 补贴可通过促进企业股权融资额度、降低股权融资成本或增加企业创新战略重心由利用式创新向探索式创新转换的程度来提升企业的创新绩效，但 R&D 补贴也能通过提升企业创新战略重心由探索式创新转向利用式创新的程度来降低企业的创新绩效。

（3）在样本范围内，结合理论分析与假设推导的核心逻辑，经调节效应分析后发现，融资约束、企业寻租或企业影子银行化皆负向调节 R&D 补贴与企业创新绩效的正相关关系。具体而言，即对融资约束程度越低、企业寻租越严重或影子银行化水平越高的企业而言，R&D 补贴对其创新绩效的促进作用就被弱化得越明显。

第6章 政府 R&D 补贴与企业创新的经济后果

基于技术创新是一项系统与持续的研发工程，良好的持续经营状况是企业进行创新这一持续性活动的基本保障，企业需考虑创新失败带来的风险是否会影响其持续经营。本章的目标在于研究 R&D 补贴对企业持续经营风险的影响及其可能的路径机制，并结合理论分析与假设推导的核心逻辑，分析融资约束、企业寻租与影子银行化水平对 R&D 补贴与企业持续经营风险关系的调节效应。本章的研究补充了现有关于 R&D 补贴与持续经营风险关系及其路径机制的研究。不仅能为企业厘清 R&D 补贴如何通过创新影响其持续经营风险提供实证参考证据，也能为投资者更好地评价 R&D 补贴的经济后果提供企业持续经营风险层面的经验借鉴，还能为注册制改革下新监管规则体系的构建提供 R&D 补贴层面的视角。

6.1 引言与引例

2020 年伊始，突发的新冠肺炎疫情对全球经济造成了严重冲击，企业的持续经营风险陡增，且由于世界经济增长低迷、国际经贸摩擦加剧等原因，中国企业的持续经营风险可能长期凸显。此外，2020 年 3 月 1 日，新的《中华人民共和国证券法》正式实施，在 IPO 条件上删除了企业需"具有持续盈利能力，财务状况良好"的表述，从强调企业的"持续盈利能力"转变为注重"持续经营能力"。对企业而言，技术创新是一项系统和持续的工程，其创新相关的风险与持续经营风险等交织相伴，良好的持续经营状况是企业进行创新这一持续性活动的基本保障，企业需考虑创新对其持续经营风险的影响，尤其是当企业进行探索式创新等风险相对较高的创新活动时，更需如此。对投资者而言，面对企业持续经营风险可能长期凸显的现实及 IPO 监管思路从强调持续盈利能力到注重持续经营能力的转变，企业的持续经营风险将成为他们关注的焦点，投资者能否较为准确地把握企业的持续经营风险将影响其投资决策的成败。就监管层而言，对企业持续经营风险的重视，不仅是当前中国经济下行压力加大环境下实施稳就业、保民生等六稳工作政策的关键，还是适应注册制改革、提升资本市场服务实体经济效率、促进中国经济转型升级的应有之义。

持续经营是会计四大基本假设之一，指一个会计主体的经营活动将会无限期地延续下去，在可以预见的未来，会计主体不会遭遇清算、解散等变故而不复存在。持续经营假设主要根源于大工业时代所有权与控制权分离情况下，经营者向所有者报告"受托责任"履行情况的需要。该假设的存在部分是因为当时所处环境相对稳定，部分是因为企业恰当地计量资产负债的价值、合理确认实现的收入费用等需要一个基本前提所致。但随着企业面临的外部社会经济环境发生了巨变，持续经营不确定性成为企业常态，许多企业破产、清算、销声匿迹，大量企业步入持续经营危机不断向理论界和实务界警示了持续经营并非企业天赋所然，持续经营也不是天然之态，它需要企业付出极大的努力。如若一味强调企业的持续盈利，而忽视基础的持续经营，不仅是理论上的缺憾，而且会给实践带来急功近利的风气。虽然影响企业持续盈利的各项会计科目和经营要素同时也可能直接影响"持续经营"，但"持续经营"与"持续盈利"在判断角度上的部分交集，并不意味着"持续经营"和"持续盈利"是可以相互替代的关系。

也许企业的利益相关者对是否以利润最大化为根本目标存在争议，但对于持续经营的目标却是一致的。生存维持是企业经营过程中面临的首要问题（徐志伟等，2020），因为失去了持续经营，企业一切目标都成了无源之水、无本之木。那么，该如何维持企业的持续经营、降低企业的持续经营风险？

现代管理学之父德鲁克认为企业需通过产品和技术的持续创新以实现其持续经营。国内通信产业龙头之一的中兴通讯被美国封杀，其部分核心产品面临因随时被断供带来的持续经营风险陡增；核电巨匠中广核历时 6 年完成的"华龙一号"闪耀全球，其持续经营状况得到显著提升。这些鲜活的案例无不体现出创新对于企业持续经营的重要性。而为了支持中国企业改善其持续经营状况、降低其持续经营风险，政府会强化产业政策对企业技术创新和结构升级的支持，以激励企业加大 R&D 投入，政府 R&D 补贴便是其中最常用的方式之一。对政府而言，R&D 补贴政策之初衷不仅在于它能作为一种资源直接激励企业增加 R&D 投入，还希望它能作为一种信号引导更多的外部资金助力研发，以期降低企业的创新风险、提升其创新绩效，从而改善其持续经营状况、降低其持续经营风险。现存文献大多认为企业的研发创新活动有助于知识的积累和能力的提升以形成比较优势，进而改善企业的持续经营状况（Wood and Michalisin，2010；Jung et al.，2018）。但需注意的是，对这一问题的研究隐含了企业的研发行为是实质性创新活动的先验假设，然而，中国的创新激励政策却存在被扭曲的可能。

政府 R&D 补贴是一把"双刃剑"，从 R&D 补贴的信号属性来看，企业既可通过释放真实的创新信号来获取 R&D 补贴以缓解外部投资者与企业之间的信息不对称，从而融到更多的资金用于自身研发，但也可能存在企业通过释放虚假的创新信号来骗取 R&D 补贴的"逆向选择"问题；从 R&D 补贴的资源属性来看，R&D 补贴既可通过降低创新投入成本和风险来促进企业的研发活动，但企业也可能因"道德风险"问题的存在而将 R&D 补贴资金挪作他用，甚至还可能因 R&D 补贴寻租的存在挤出本该用于研发活动的资金。此时，受 R&D 资助的企业并不一定会获得更多的外部资金助力其研发，而且即使企业获得了更多的外部融资，也并不一定将其用于实质性的创新活动。此外，考虑到目前中国企业的"双元"均衡创新体制机制还未形成，"重利用式、轻探索式"的创新模式仍占据主导地位，大部分企业主要采取"引进、消化、吸收及再创新"的利用式创新模式，而对具有突破性的探索式创新重视不足。因此，中国 R&D 补贴政策的特殊实践和企业创新活动的实际背景可能使得有关政府 R&D 补贴与企业持续经营问题的研究既变得复杂又具有特殊性，尤其是在中国转轨经济的特殊背景下，伴随着市场化进程的不断深化和注册制改革的逐步推进，对该问题的研究具有较为重要的理论意义和现实价值。

鉴于此，考虑到政府 R&D 补贴的信号属性和资源属性，R&D 补贴既可能对企业的外部融资具有促进效应，又可能是企业资金的直接补充，此时，企业面临的资金约束条件可能发生变化，企业原有的投资活动也可能发生改变，如企业可能将更多的资金用于研发创新等可以改善其持续经营状况、降低其持续经营风险的实质性创新活动，也可能将更多的资金用于委托贷款、银行理财等致使其"脱实向虚"倾向提升的影子银行化行为，而企业的这些变化都可能对其持续经营风险产生影响。本章的研究则试图打开政府 R&D 补贴对企业持续经营风险的影响及可能的路径机制这一"黑箱"，如 R&D 补贴对持续经营风险有何影响？其影响路径机制是什么？哪些因素会影响它们的关系？以较为全面深入地从企业持续经营风险的视角评估政府 R&D 补贴对企业创新绩效的经济后果。

具体而言，本章通过手工归集 2007～2019 年 A 股上市制造业企业的政府 R&D 补贴数据，研究 R&D 补贴对企业持续经营风险的影响及其可能的路径机制，研究发现：R&D 补贴能显著降低企业的持续经营风险，且在增补重要控制变量、改变回归样本、更换重要变量度量指标或考虑多种内生性等稳健性检验后，上述结论依然成立；经中介效应分析后发现，企业的创新绩效在 R&D 补贴与持续经营风险的关系中起部分中介效应，即 R&D 补贴可通过提升企业的创新绩效来降低其持续经营风险；结合理论分析与假设推导的核心逻辑，进一步研究发现，企业的融资约束程度越低、寻租越严重或影子银行化水平越高，R&D 补贴对企业持续经营风险的降低效应就被弱化得越明显。

与现有文献相比，本章的边际研究贡献如下：现有关于政府 R&D 补贴经济后果的文献，大多集中于 R&D 补贴对企业 R&D 投入、创新产出、生产率和企业价值等方面的研究，对企业持续经营风险的研究则涉及较少。而技术创新是一项系统与持续的工程，良好的持续经营状况是企业进行创新这一持续性活动的基本保障，企业需考虑创新失败带来的风险是否会影响其持续经营，尤其是当企业进行探索式创新等风险相对较大的创新活动时，更需如此。本章研究了 R&D 补贴对企业持续经营风险的影响及其机制，补充了有关 R&D 补贴与持续经营风险关系及其路径机制的文献。并且，结合理论分析与假设推导的核心逻辑，考察了融资约束、企业寻租和影子银行化对 R&D 补贴与企业持续经营风险关系的调节效应，丰富和深化了已有相关研究。不仅能为企业厘清 R&D 补贴如何通过创新影响其持续经营风险提供实证参考证据，也能为投资者更好地评价 R&D 补贴的经济后果提供企业持续经营风险层面的经验借鉴，还能为注册制改革下新监管规则体系的构建提供 R&D 补贴层面的视角。

接下来，本章的第二部分为理论分析与假设发展，第三部分为研究设计，第四部分为实证分析，第五部分为本章小结。

6.2
理论分析与假设发展

目前，有关政府 R&D 补贴领域的研究，众多学者主要关注 R&D 补贴对企业 R&D 投入或创新产出、生产率、外部融资等短期绩效和行为决策的影响，而有关企业长期生存的持续经营问题的研究则鲜有涉及。相应地，在企业持续经营领域的研究中，大多数文献关注了企业因素、行业因素、区域因素或宏观经济因素等对企业持续经营的影响（Fritsch et al.，2006；Renski，2011；Ejermo and Xiao，2014；肖兴志等，2014；于娇等，2015；何文韬和肖兴志，2018），但探讨 R&D 补贴这一政府行为与企业持续经营关系的文献则相对较少。为数不多的有关政府补贴与企业持续经营关系的研究也并非聚焦于 R&D 补贴对企业持续经营的影响，而且有关政府补贴与企业持续经营关系的研究也并未得出一致的结论。部分研究认为政府补贴为企业生存提供了足够的资源并增强了企业对外部环境的适应能力，能帮助企业及时把握和发展机会、有效缓冲外部环境的威胁，为企业赢得更多的生存空间（Amezcua et al.，2013；Butler et al.，2016；Santos et al.，2016；Pellegrini and Muccigrosso，2017）。还有一些研究则认为，由于政府补贴分配过程的不透明性和复杂性、分配动机的多样性或监管机制的缺失性滋生了大量的企业寻租行为及资源配置扭曲现象等问题，使得政府补贴反而不利于企业的持续经营（Campbell et al.，2012；Koski and Pajarinen，2015）。总体而言，目前有关政府 R&D 补贴与企业持续经营风险关系的研究仍处于探索阶段，尚未形成一个相对完整的理论框架，亟须相关主题的系统解读和深入探讨。

中国经济的发展模式正处于由"要素驱动型"向"创新驱动型"转变的关键阶段，创新不仅是中国新常态下经济增长的核心动力，还是实现产业转型升级的关键，如何有效激励企业增加 R&D 投入、提高创新产出已成为政府进行 R&D 补贴政策体系改革的核心。为促进企业发展，各国政府制定相关产业政策，支持企业的创新活动，如对有潜在商业价值的企业 R&D 项目进行补贴等。政府 R&D 补贴具有信号属性，根据信号理论，企业获得 R&D 补贴相当于向金融市场传递一种企业研发项目真实及创新能力较好等积极信号，增加潜在投资者对企业提供资金支持的信心。这种认证效应源于政府在筛选、评价、支持和监督企业过程中的独立性和公平性使其能够较为准确地识别企业的真实质量和投资价值，而银行等投资者则较难具备相应的信息优势和能力优势。并且，基于政治主导的制度逻辑，企业获得 R&D 补贴可向资本市场释放其与政府关系良好及企业良性发展等信号，这些利好信息在信息不对称的情况下能够成为利益相关者判断企业信誉及发展的重要依据，有利于促进利益相关者更好地支持企业。此外，政府对于特定的研究项目支持，可能会释放出未来公共部门产品需求的信号，当与私人部门的产品和服务需求相重合时，有助于提高预期的边际回报率，吸引更多私人投资。因此，获取政府 R&D 补贴有助于缓解企业的融资约束问题，帮助其获得更多的外部资金，而这些外部资金有助于弥补企业创新资金的不足，为企业的创新活动提供较为稳定的资金保障（Hu，2001）。此外，政府 R&D 补贴还具有资源属性，根据资源依赖理论，R&D 补贴可通过降低企业的创新投入成本和风险引导其增加 R&D 投入。企业对行业前沿领域进行探索时所需要的前期投入较大，且短期难以收回资金，此时，R&D 补贴能够直接有效地缓解企业的资金压力，降低创新投入成本。并且，由于技术创新是一项系统而又复杂的工程，其技术挑战性较大，企业面临的风险也较高，而 R&D 补贴是以资本的形式对企业创新活动进行的补贴，能够分担企业创新投入的风险，刺激企业进行更多的创新投入。总之，从信号理论和资源依赖理论的视角来看，政府 R&D 补贴具有信号属性和资源属性的双重特性，R&D 补贴不仅向市场传递了积极的信号，缓解了因信息不对称造成的"市场失灵"现象，增加了企业从市场获得外部融资的机会、降低了企业获取外部融资的成本。而且 R&D 补贴为企业的发展直接补充了较为丰裕的资源，降低了企业 R&D 项目的风险，刺激了企业增加 R&D 投入。从而有助于企业通过持续性创新的方式增加知识的积累和能力的提升以形成比较优势，进而改善其持续经营状况，降低其持续经营风险。

但是，在存在大量寻租机会的转型经济体中，政府财政补贴激励政策容易受到扭曲，企业可能发送虚假的"创新"信号以获取政府补贴，而这会削弱该补贴的激励效应。如通过释放聘请研究人员挂职企业名下、购置一些并不打算在日后用于研发的设备等"虚假"信号，一个实际只能进行或只准备进行二次创新的企业可能获得政府的 R&D 补贴。如黎文靖和郑曼妮（2016）的研究认为，中国的产业政策在激励企业创新时，企业的创新活动更多是一种创新策略而非实质性创新，受产业政策激励的企业，其当年的专利申请虽显著增加，但仅限于非发明专利。当政策制定者信号甄别机制缺失或失效的情况下，如果外部投资者也无法识别企业释放的虚假信号，则企业可能因得到政府和外部投资者的认可而获得更多成本较低的外部融资，但企业一般不会将其用于实质性的创新活动。而如果外部投资者能在一定程度上识别企业释放的虚假创新信号，则 R&D 补贴信号机制产生的效果可能适得其反。由于委托代理问题的存在，在创新政策的实际执行过程中，政府部门与企业之间存在较大程度的信息不对称，这容易引发企业的道德风险问题，近些年，国内科研资金挪作他用的事件也时有发生。企业获得创新补贴后，在利益最大化目标的驱使下，很可能将享有的政策资源用于服务自身利益，并未将补贴资金用于研发或实质性的创新活动。

此外，在转轨经济背景下，政府依然掌握着重要资源的分配权，加之中国技术评价体系并不完善，信息披露机制存在一定缺陷，政府和市场监管也相对缺位，这为企业寻租提供了一定空间。如果政府的资源分配权很大，而提升和维护产品品质优势很困难，企业将可能热衷于寻求政治关联而非能力建设。而且，企业因寻租获得政府"扶持之手"的照顾后，在中国以 GDP 考核为主的机制下，地方政府的经济增长、税收、基础设施等硬性指标才是主要的"指挥棒"，而 R&D 活动缺乏短期增长效应，不能增加官员晋升的"砝码"。在此情形下，政府会要求受照顾企业进行大量短、平、快的非 R&D 类投资，以帮助地方政府官员获得更好的政绩。因此，为了建立和维持政治联系，企业将付出较为高额的寻租成本，进而可能挤出企业用于创新活动的资源。总之，因政策制定者信号甄别机制的缺失、政府 R&D 补贴分配过程的不透明性和复杂性、分配动机的多样性及监管机制的缺失等原因滋生了企业的骗补、寻租和获得 R&D 补贴后的道德风险等问题，造成了资源配置扭曲。致使 R&D 补贴难以发挥其杠杆作用来引导企业外部和内部资金助力研发，从而不利于企业通过持续性创新的方式增加知识的积累和能力的提升以形成比较优势，进而改善其持续经营状况，降低其持续经营风险。鉴于上述分析，本章提出相互对立的两个假设：

假设 H6－1a：政府 R&D 补贴能显著降低企业的持续经营风险；

假设 H6－1b：政府 R&D 补贴能显著提升企业的持续经营风险。

6.3
研究设计

6.3.1 资料来源

本书选取 2007～2019 年（由于财政部要求 A 股上市企业从 2007 年 1 月 1 日起实行新的会计准则，因此，研究的时间区间从 2007 年开始）的 A 股上市制造业企业数据（根据证监会 2012 年的行业分类标准），数据源于 Wind 数据库、CSMAR 数据库、RESSET 数据库、上市公司年报、半年报及其他定期与非定期公告等。其中，关于上市公司政府 R&D 补贴数据的收集和整理过程参考本书第 3 章政府 R&D 补贴与企业创新的资金保障部分。此外，考虑到不同市场因素和制度因素的影响，剔除在 A 股上市，同时在 B 股、H 股或 N 股也发行股票的样本公司。同时，考虑到被 ST 类等发生大额亏损公司的不稳定性，剔除选择区间内上述类型公司。最后，剔除数据异常和数据不全样本公司。最终，本章共获得 2007～2019 年 2353 家 A 股上市制造业企业共 13638 个样本数据，且为了防止异常值对研究结果的影响，本章对连续型变量进行了 1% 的缩尾处理。

6.3.2　变量定义

1. 因变量

假设 H6 – 1a 和假设 H6 – 1b：企业持续经营风险（Z_Score）。本章参考阿特曼（Altman，1968）、翟胜宝等（2014），以及李建军和韩珣（2019）等的方法度量企业的持续经营风险，其中 Z_Score = 1.2 × 营运资金/总资产 + 1.4 × 留存收益/总资产 + 3.3 × 息税前利润/总资产 + 0.6 × 股票总市值/负债账面价值 + 0.999 × 销售收入/总资产（分母为 0 或者为负则缺失）。Z_Score 用于衡量企业的持续经营风险，该指标值越大，说明企业的持续经营风险越低，反之，则企业的持续经营风险越高。

2. 自变量

假设 H6 – 1a 和假设 H6 – 1b：政府 R&D 补贴（RDSubsidy）。此处指政府授予企业的直接研发补贴，具体收集过程和衡量方式见本书第 3 章政府 R&D 补贴与企业创新的资金保障部分。

3. 控制变量

为了尽可能地防止出现重要变量的遗漏，本书做了全面深入的文献梳理，并根据文献梳理情况和相关性及多重共线性等检验，在假设中控制了企业特质、内部治理、财务状况、外部治理、行业竞争、经济增长和生命周期共七类变量。其中企业特质包括企业规模、企业多元化程度和企业出口占比；内部治理包括实际控制人性质、实际控制人持股比例、两权分离度、高管持股比例和两职合一；财务状况包括营业收入增长率、商誉占比、经营活动现金流量净额与流动负债比及现金流到期债务保障倍数；外部治理包括分析师施加的业绩压力；行业竞争包括表示行业竞争程度的赫芬达尔指数；经济增长包括上市公司所在省份的 GDP 增长率；企业生命周期包括成长期、成熟期和衰退期，但考虑到多重共线性问题，仅在模型中加入成长期和成熟期虚拟变量。此外，本章还控制了年度和行业虚拟变量。

各主要变量详情如表 6 - 1 所示。

表 6 - 1　　　　　　　　　　　主要变量的描述性统计

因变量（假设 H6 - 1a 和假设 H6 - 1b）		
Z_Score	企业持续经营风险	参考阿特曼（Altman，1968）、翟胜宝等（2014）及李建军和韩珣（2019）等的方法计算企业的持续经营风险，具体见本章变量定义部分
自变量（假设 H6 - 1a 和假设 H6 - 1b）		
RDSubsidy	研发补贴	政府授予企业的直接研发补贴（亿元）
控制变量（假设 H6 - 1a 和假设 H6 - 1b）		
第一类：企业特质		
Size	企业规模	企业员工总数的自然对数
Multi	企业多元化程度	企业每一行业的营业收入与营业总收入比值的平方累加
Exportrate	企业出口占比	企业主营出口额/企业主营总额
第二类：内部治理		
Controller	实际控制人性质	实际控制人国有取 1，否则取 2
Shareholding	实际控制人持股比例	实际控制人合计持有公司的股份比例
Sepration	两权分离度	实际控制人控制权与现金流权分离度
Sharerate	高管持股比例	高管持股数占企业发行股数比例
Dir_Ceo	两职合一	董事长和总经理同一人取 1，否则取 2
第三类：财务状况		
Growth	营业收入增长率	（本期营业收入 - 上期营业收入）/上期营业收入
Goodwill	商誉占比	商誉净额/总资产
Netcash	经营活动现金流量净额与流动负债比	经营活动产生的现金流量净额/流动负债合计
MaturityDebts	现金流到期债务保障倍数	经营活动产生的现金流量净额/（一年内到期的非流动负债 + 应付票据）

续表

第四类：外部治理		
AnalystP	分析师预测带来的业绩压力	（分析师预测的每股收益均值 – 实际每股收益）/分析师预测的每股收益均值，如果无分析师关注则取 0
第五类：行业竞争		
Hii	行业竞争程度	表征行业竞争程度的赫芬达尔指数
第六类：经济增长		
GDPGrowth	地区生产总值增长率	企业注册地所在省市自治区的生产总值增长率
第七类：企业生命周期		
CZQ	成长期	参考黄宏斌等于 2016 年发表在《金融研究》上的论文《企业生命周期、融资方式与融资约束》
CSQ	成熟期	同上
其他		
Dummy_Year	各年度虚拟变量	年度虚拟变量
Dummy_Ind	各行业虚拟变量	行业虚拟变量
IV1	政府 R&D 补贴的行业层面工具变量	参考张杰等于 2015 年发表在《经济研究》上的论文《中国创新补贴政策的绩效评估：理论与证据》，具体计算方法见研究设计中的计量方法部分
IV2	政府 R&D 补贴的地区层面工具变量	同上

注：本表上面的控制变量中未提及假设 H6 – 1a 和假设 H6 – 1b，这样做的目的是提示控制变量是针对假设 H6 – 1a 和假设 H6 – 1b 的控制变量。

6.3.3　计量方法

考虑到本章的研究问题可能存在多种形式的内生性，如因遗漏重要变量导致的内生性问题，如因企业的持续经营风险可能反过来影响其创新活动，进而可能影响政府 R&D 补贴的申请和获得，此时可能存在逆向因果关系导致的内生性问题。针对可能存在的内生性，本章不仅通过全面深入的文献梳理以尽量找出各类影响企业持续经营风险的控制变量，还在计量模型中设定工具变量加以缓解，并在后续的分析中进行多种类型的稳健性检验。针对假设 H6 – 1a 和假设 H6 – 1b，以本书第 3 章政府 R&D 补贴与企业创新的资金保障部分的工具变量设定方法，分别设定行业层面的 R&D 补贴工具变量（IV1）和地区层面的 R&D 补贴工具变量（IV2）。此外，考虑到本章节使用的是面板数据，故以面板固定效应模型或随机效应模型的工具变量法进行回归分析。假设 H6 – 1a 和假设 H6 – 1b 的检验模型具体如下所示：

$$
\begin{aligned}
Z\_Score_{i,t} = {} & \varepsilon + \varepsilon_0 RDSubsidy_{i,t} + \varepsilon_1 Size_{i,t} + \varepsilon_2 Multi_{i,t} + \varepsilon_3 Exportrate_{i,t} \\
& + \varepsilon_4 Controller_{i,t} + \varepsilon_5 Shareholding_{i,t} + \varepsilon_6 Sepration_{i,t} \\
& + \varepsilon_7 Sharerate_{i,t} + \varepsilon_8 Dir\_Ceo_{i,t} + \varepsilon_9 Growth_{i,t} + \varepsilon_{10} Goodwill_{i,t} \\
& + \varepsilon_{11} Netcash_{i,t} + \varepsilon_{12} MaturityDebts_{i,t} + \varepsilon_{13} AnalysistP \\
& + \varepsilon_{14} Hii_{i,t} + \varepsilon_{15} GDPGrowth_{i,t} + \varepsilon_{16} CZQ_{i,t} + \varepsilon_{17} CSQ \\
& + \phi Dummy\_Year + \varphi Dummy\_Ind + \mu_{it} \qquad (6-1)
\end{aligned}
$$

其中假设 H6 – 1a 和假设 H6 – 1b 对应的系数为模型中的 ε_0，如果系数 ε_0 显著为正，则假设 H6 – 1a 得到验证（因为 Z_Score 值越大，企业的持续经营风险越小），如果系数 ε_0 显著为负，则假设 H6 – 1b 得到验证。

6.4
实证分析

6.4.1　描述性统计

各主要变量的描述性统计如表 6 – 2 所示，其中连续型变量进行了 1% 缩尾处理。从表 6 – 2 可知，因变量企业持续经营风险（Z_Score）的均值约为 5.0394，最小值约为 0.6002，最大值约为 24.4091。自变量政府 R&D 补贴（RDSubsidy）的均值约为 0.0564 亿元，最小值为 0，最大值约为 1.0552

亿元，且在样本范围内，不到75%的样本获得了政府 R&D 补贴。此外，政府 R&D 补贴行业层面工具变量（IV1）的均值约为0.4155亿元，最小值约为0.0019亿元，最大值约为3.1402亿元。政府 R&D 补贴地区层面工具变量（IV2）的均值约为0.1463亿元，最小值约为0.0014亿元，最大值约为1.0804亿元。

表6-2 主要变量的描述性统计

变量	Obs	Mean	Sd	Min	P25	P50	P75	Max
Z_Score	13638	5.0394	3.9943	0.6002	2.6343	3.8552	5.8998	24.4091
RDSubsidy	13638	0.0564	0.1432	0	0	0.0113	0.0455	1.0552
Size	13638	7.8168	1.0825	5.5053	7.0536	7.7478	8.5084	10.7239
Multi	13638	0.7780	0.2371	0.2055	0.5703	0.8915	0.9823	1.0000
Exportrate	13638	0.1631	0.2164	0	0	0.0686	0.2384	0.8816
Controller	13638	1.6551	0.4754	1.0000	1.0000	2.0000	2.0000	2.0000
Shareholding	13638	0.3364	0.1620	0.0420	0.2096	0.3195	0.4469	0.7387
Sepration	13638	0.0552	0.0802	0	0	0	0.1012	0.2974
Sharerate	13638	0.1011	0.1690	0	0	0.0003	0.1551	0.6496
Dir_Ceo	13638	1.7214	0.4483	1.0000	1.0000	2.0000	2.0000	2.0000
Growth	13638	0.1801	0.3737	-0.4601	-0.0102	0.1194	0.2812	2.3429
Goodwill	13638	0.0254	0.0630	0	0	0	0.0113	0.3504
Netcash	13638	0.1777	0.2877	-0.4387	0.0186	0.1238	0.2751	1.4259
MaturityDebts	13638	6.4513	28.3955	-13.8806	0.0975	0.6817	2.3404	235.7517
AnalysistP	13638	0.5267	0.8079	-1.0444	0.0783	0.4286	0.7405	5.5182
Hii	13638	0.0975	0.0852	0.0135	0.0402	0.0747	0.1228	1.0000
GDPGrowth	13638	0.1030	0.0714	-0.2502	0.0712	0.0947	0.1291	0.3227
CZQ	13638	0.4776	0.4995	0	0	0	1.0000	1.0000
CSQ	13638	0.3547	0.4784	0	0	0	1.0000	1.0000
IV1	13638	0.4155	0.6903	0.0019	0.0336	0.1281	0.3830	3.1402
IV2	13638	0.1463	0.2070	0.0014	0.0303	0.0635	0.1701	1.0804

6.4.2 计量结果分析

考虑到本章的回归模型中可能存在的内生性问题，故在回归模型中设定工具变量加以缓解。此外，考虑到本章的样本为面板数据，且从下表各列中 Hausman Test 的 p 值来看，拒绝使用随机效应模型的原假设。故综合考虑后，决定采用面板固定效应工具变量法进行回归，且本章在表 6 - 3 中列出了面板随机效应工具变量法的回归结果加以对照。表 6 - 3 第（1）列和第（2）列分别为政府 R&D 补贴对 Z_Score 的固定效应工具变量法和随机效应工具变量法的回归结果。从第（1）列和第（2）列的结果可知，政府 R&D 补贴对 Z_Score 的影响系数分别为 9.6858 和 11.7560，且皆在 1% 的显著性范围内显著。并且，从第（1）列中各工具变量的回归结果来看，工具变量 IV1 和 IV2 对 R&D 补贴的回归系数分别为 0.0269 和 0.0423，且皆在 1% 的显著性范围内显著。从工具变量的识别不足检验（under identification test）、弱识别检验（weak identification test）和过度识别检验（over identification test）结果来看，拒绝工具变量与内生变量无关及弱工具变量的原假设，且接受了工具变量外生的原假设。整体而言，工具变量的设定较为合理。总体来看，从回归结果可知，RDSubsidy 与 Z_Score 显著正相关，即 R&D 补贴有助于企业持续经营风险的降低，假设 H6 - 1a 得到验证。且在样本范围内，当控制其他变量不变时，每增加 1 单位 R&D 补贴，将平均提升 9.6858 单位的 Z_Score，即降低 9.6858 单位的企业持续经营风险。

表 6 - 3　　　　　政府 R&D 补贴与企业持续经营风险

变量	(1) 面板固定效应工具变量法	(2) 面板随机效应工具变量法
RDSubsidy	9.6858 *** (0.0000)	11.7560 *** (0.0000)

续表

变量	（1） 面板固定效应工具变量法	（2） 面板随机效应工具变量法
Size	− 1. 3910 *** （0. 0000）	− 1. 6262 *** （0. 0000）
Multi	0. 9426 *** （0. 0000）	1. 0059 *** （0. 0000）
Exportrate	− 0. 7012 ** （0. 0110）	− 0. 1295 （0. 5080）
Controller	0. 3983 ** （0. 0390）	0. 6140 *** （0. 0000）
Shareholding	− 0. 6418 * （0. 0880）	0. 5930 ** （0. 0300）
Sepration	− 0. 3953 （0. 5640）	− 0. 4345 （0. 4220）
Sharerate	− 0. 6675 * （0. 0570）	− 0. 3884 （0. 1300）
Dir_Ceo	− 0. 0029 （0. 9720）	− 0. 0592 （0. 4290）
Growth	0. 0126 （0. 8550）	0. 0192 （0. 7870）
Goodwill	− 3. 2735 *** （0. 0000）	− 2. 4016 *** （0. 0000）
NetCash	2. 9056 *** （0. 0000）	4. 2794 *** （0. 0000）
MaturityDebts	0. 0042 *** （0. 0000）	0. 0055 *** （0. 0000）
Hii	− 0. 8606 （0. 1830）	− 1. 1928 * （0. 0700）
AnalysistP	− 0. 3088 *** （0. 0000）	− 0. 3039 *** （0. 0000）
GDPGrowth	− 0. 1717 （0. 7380）	0. 1187 （0. 8180）

续表

变量	（1） 面板固定效应工具变量法	（2） 面板随机效应工具变量法
CZQ	− 0. 5829 *** （0. 0000）	− 0. 7774 *** （0. 0000）
CSQ	− 0. 4581 *** （0. 0000）	− 0. 6400 *** （0. 0000）
_Cons	13. 8745 *** （0. 0000）	15. 4608 *** （0. 0000）
是否控制年度	是	是
是否控制行业	是	是
工具变量 IV1	0. 0269 *** （0. 0000）	0. 0255 *** （0. 0000）
工具变量 IV2	0. 0423 *** （0. 0000）	0. 0405 *** （0. 0000）
Under identification test P 值	0	
Weak identification test F 值	65. 4080	
Over identification test P 值	0. 4088	0. 2481
第二阶段 F 值	54. 0100	
Wald chi2		5104. 6400
Within R^2	0. 0862	0. 1364
样本数	13638	13638
Hausman test P 值	0	

　　注：＊、＊＊、＊＊＊分别表示 10%、5% 和 1% 的显著性水平，且括号内为 P 值。此外，表中工具变量法的回归结果是第一阶段回归结果和第二阶段回归结果的整合。

　　资料来源：笔者经 Stata 软件的实证结果整理而得。

6. 4. 3　稳健性检验

1. 增补控制变量

考虑到除政府 R&D 补贴外，企业还会收到其他类型的政府补贴，作为企业资金的直接补充，这些补贴也可能影响企业的持续经营风险。因此，本章控制了除 R&D 补贴外的其他补贴（other subsidy），而后进行稳健性检验。表 6-4 第（1）列为控制其他补贴后政府 R&D 补贴对 Z_Score 的固定效应工具变量法的回归结果（Hausman Test 的 P 值为 0）。从第（1）列中各工具变量的回归结果来看，整体而言，工具变量的设定较为合理。并且，从回归结果可知，在控制其他补贴后，政府 R&D 补贴仍能显著增加 Z_Score 值，即降低企业的持续经营风险。此外，除 R&D 补贴外的其他补贴则显著降低了 Z_Score 值，即提升了企业的持续经营风险。

表 6-4 　增补控制变量、变更回归样本和更换度量指标的稳健性检验

变量	（1）控制其他补贴	（2）去除 R&D 补贴为 0 样本	（3）战略新兴产业企业样本	（4）以前后一期 ROA 标准差重新度量因变量
RDSubsidy	9.9328 *** （0.0000）	8.2716 *** （0.0040）	10.6615 *** （0.0060）	-0.8428 *** （0.0000）
OtherSubsidy	-0.1363 ** （0.0150）			
Size	-1.2917 *** （0.0000）	-1.3158 *** （0.0000）	-1.6353 *** （0.0000）	0.0121 ** （0.0150）
Multi	0.7828 *** （0.0000）	1.0802 *** （0.0000）	1.3493 *** （0.0000）	-0.0391 *** （0.0000）
Exportrate	-0.7603 *** （0.0070）	-0.8767 *** （0.0080）	-1.0592 ** （0.0220）	-0.0203 （0.2210）
Controller	0.5250 *** （0.0080）	0.4699 * （0.0570）	0.1121 （0.7400）	-0.0039 （0.7580）
Shareholding	-1.1680 *** （0.0020）	-2.0291 *** （0.0000）	-1.1662 （0.1150）	0.0340 （0.1360）
Sepration	-1.0939 （0.1160）	-1.9634 ** （0.0240）	-3.9886 *** （0.0060）	0.1135 *** （0.0070）

续表

变量	（1） 控制其他补贴	（2） 去除 R&D 补贴 为 0 样本	（3） 战略新兴产业 企业样本	（4） 以前后一期 ROA 标准差 重新度量因 变量
Sharerate	− 1. 3409 *** （0. 0000）	− 1. 2833 *** （0. 0020）	− 0. 3550 （0. 5890）	− 0. 0175 （0. 3990）
Dir_ Ceo	0. 0019 （0. 9820）	0. 0118 （0. 9030）	− 0. 0700 （0. 6440）	0. 0060 （0. 2270）
Growth	− 0. 0011 （0. 9870）	− 0. 0204 （0. 8190）	− 0. 1323 （0. 2860）	− 0. 0144 *** （0. 0000）
Goodwill	− 2. 3643 *** （0. 0000）	− 2. 5040 *** （0. 0000）	− 2. 5807 *** （0. 0080）	0. 0349 （0. 3060）
NetCash	2. 9102 *** （0. 0000）	3. 2286 *** （0. 0000）	3. 1586 *** （0. 0000）	0. 0148 ** （0. 0420）
MaturityDebts	0. 0042 *** （0. 0000）	0. 0033 ** （0. 0160）	0. 0058 *** （0. 0020）	− 0. 0001 （0. 3020）
Hii	0. 9119 （0. 1650）	1. 5180 * （0. 0710）	− 0. 9927 （0. 5550）	0. 2937 *** （0. 0000）
AnalysistP	− 0. 3123 *** （0. 0000）	− 0. 3136 *** （0. 0000）	− 0. 4027 *** （0. 0000）	0. 0061 *** （0. 0020）
GDPGrowth	− 2. 6776 *** （0. 0000）	− 2. 6312 *** （0. 0000）	− 0. 6396 （0. 4840）	0. 1140 *** （0. 0020）
CZQ	− 0. 5973 *** （0. 0000）	− 0. 5910 *** （0. 0000）	− 0. 7691 *** （0. 0000）	− 0. 0046 （0. 2780）
CSQ	− 0. 4921 *** （0. 0000）	− 0. 4892 *** （0. 0000）	− 0. 5089 *** （0. 0000）	− 0. 0101 ** （0. 0290）
_Cons	14. 5711 *** （0. 0000）	17. 2766 *** （0. 0000）	19. 3847 *** （0. 0000）	− 0. 3162 *** （0. 0000）
是否控制年度	是	是	是	是
是否控制行业	是	是	是	是
工具变量 IV1	0. 0268 *** （0. 0000）	0. 0228 *** （0. 0000）	0. 0251 *** （0. 0000）	0. 0241 *** （0. 0000）

变量	(1) 控制其他补贴	(2) 去除 R&D 补贴 为 0 样本	(3) 战略新兴产业 企业样本	(4) 以前后一期 ROA 标准差 重新度量因 变量
工具变量 IV2	0. 0407 *** (0. 0000)	0. 0328 *** (0. 0000)	0. 0264 ** (0. 0470)	0. 0804 *** (0. 0000)
Under identification test P 值	0	0	0	0
Weak identification test F 值	64. 0170	33. 8880	16. 1910	49. 0240
Over identification test P 值	0. 8306	0. 8866	0. 1540	0. 8406
第二阶段 F 值	44. 0900	35. 6200	26. 2700	43. 3400
Within R^2	0. 0456	0. 1052	0. 0539	– 0. 1716
样本数	13638	10239	5311	11514
Hausman test P 值	0	0	0	0

注：*、**、*** 分别表示 10%、5% 和 1% 的显著性水平，且括号内为 P 值。此外，表中工具变量法的回归结果是第一阶段回归结果和第二阶段回归结果的整合。

资料来源：笔者经 Stata 软件的实证结果整理而得。

2. 变更回归样本

（1）如第 3 章的稳健性检验部分所述，可能存在将某些未披露 R&D 补贴的样本设定为 0 的情况。因此，本章将剔除 R&D 补贴为 0 的样本，进行稳健性检验。表 6-4 第（2）列为剔除 R&D 补贴为 0 样本中，R&D 补贴对 Z_Score 的固定效应工具变量法的回归结果（Hausman Test 的 P 值为 0）。从第（2）列中各工具变量的回归结果来看，整体而言，工具变量的设定较为合理。并且，从回归结果可知，在剔除政府 R&D 补贴为 0 的样本中，R&D 补贴仍能显著增加 Z_Score 值，即降低企业的持续经营风险。

（2）由于战略新兴产业作为新一轮科技革命和产业变革的代表，是培育发展新动能和获取未来竞争新优势的关键，一般受到更多的政策扶持。而且战略新兴产业企业以"重大技术突破"为基础，且与"关键技术""共性技术""基础研究"密切相关,其创新成功的概率更低、面临的风险更大,受到的融资约束程度一般也更高。鉴于此,本章单独分析战略新兴产业企业中,政府 R&D 补贴对企业持续经营风险的影响,其中战略新兴产业企业样本来自最新的中证指数有限公司和上交所发布的中国战略新兴产业综合指数。表 6 - 4 第(3)列为战略新兴产业企业中,政府 R&D 补贴对 Z_Score 的固定效应工具变量法的回归结果(Hausman Test 的 P 值为 0)。从第(3)列中各工具变量的回归结果来看,整体而言,工具变量的设定较为合理。并且,从回归结果可知,在战略新兴产业企业样本中,政府 R&D 补贴仍能显著增加 Z_Score 值,即降低企业的持续经营风险。

3. 更换度量指标

参考已有文献,采用盈利的波动性来反映企业的持续经营风险(John et al.,2008;余明桂等,2013;张敏等,2015;许家云和毛其淋,2016)。具体而言,以经行业年度均值调整后的扣除非经常性损益的总资产收益率的三年滚动标准差来表征企业的持续经营风险,该值越大表示企业的持续经营风险越高。表 6 - 4 第(4)列为更换企业持续经营风险度量指标后,政府 R&D 补贴对 Z_Score 的固定效应工具变量法的回归结果(Hausman Test 的 P 值为 0)。从第(4)列中各工具变量的回归结果来看,整体而言,工具变量的设定较为合理。并且,从回归结果可知,政府 R&D 补贴可显著降低企业的盈余波动率,这表明 R&D 补贴仍能显著降低企业的持续经营风险。

4. 考虑内生问题

(1)从本章的机理分析可知,政府 R&D 补贴不仅能向市场传递积极的信号,缓解因信息不对称造成的"市场失灵"现象,增加企业从市场获取外部融资的机会、降低企业的外部融资成本。而且 R&D 补贴能为企业的发展直接补充较为丰裕的资源,降低企业 R&D 项目的风险,刺激企业增加 R&D 投入。从而有助于企业通过持续性创新的方式增加知识的积累和能力的提升以形成比较优势，进而改善其持续经营状况，降低其持续经营风险。但企业的创新活动有多种类别，部分是见效周期可能相对较长的探索式创新，部分是见效周期可能相对较短的利用式创新，这两种创新对企业持续经营风险的影响可能存在时间上的差异。而且，企业的持续经营风险可能反过来影响其创新活动，进而可能影响政府 R&D 补贴的申请和获取，此时可能存在逆向因果关系导致的内生性问题。因此，本章选择将政府 R&D 补贴分别滞后一期、二期和三期，再进行稳健性检验。表 6 – 5 第（1）列、第（2）列和第（3）列分别为政府 R&D 补贴滞后一期、滞后二期和滞后三期对 Z_Score 的固定效应工具变量法的回归结果（Hausman Test 的 P 值皆为0）。从第（1）列中各工具变量的回归结果来看，整体而言，工具变量的设定较为合理。并且，从回归结果可知，在政府 R&D 补贴滞后一期的样本中，R&D 补贴滞后一期仍能显著增加企业的 Z_Score 值，即降低企业的持续经营风险。类似地，从第（2）列和第（3）列的回归结果可知，政府 R&D 补贴滞后二期和滞后三期皆能显著增加企业的 Z_Score 值，即降低企业的持续经营风险。

表 6 – 5　　　　考虑内生问题的稳健性检验（将 R&D 补贴滞后）

变量	（1） R&D 补贴滞后一期	（2） R&D 补贴滞后二期	（3） R&D 补贴滞后三期
L1RDSubsidy	7. 2751 *** （0. 0020）		
L2RDSubsidy		6. 8626 *** （0. 0010）	
L3RDSubsidy			5. 9056 *** （0. 0030）
Size	− 1. 1907 *** （0. 0000）	− 1. 0955 *** （0. 0000）	− 1. 1226 *** （0. 0000）

续表

变量	（1） R&D 补贴滞后一期	（2） R&D 补贴滞后二期	（3） R&D 补贴滞后三期
Multi	0. 9951 *** （0. 0000）	1. 0317 *** （0. 0000）	0. 8650 *** （0. 0000）
Exportrate	− 0. 9977 *** （0. 0000）	− 1. 2153 *** （0. 0000）	− 1. 3060 *** （0. 0000）
Controller	0. 3752 * （0. 0580）	0. 5028 ** （0. 0190）	0. 6721 *** （0. 0040）
Shareholding	− 1. 0871 *** （0. 0030）	− 0. 7613 * （0. 0550）	− 0. 4163 （0. 3470）
Sepration	− 0. 1292 （0. 8470）	0. 7155 （0. 3220）	1. 4503 * （0. 0690）
Sharerate	− 0. 7521 ** （0. 0220）	− 1. 3605 *** （0. 0000）	− 1. 6622 *** （0. 0020）
Dir_Ceo	− 0. 0262 （0. 7490）	0. 0339 （0. 6950）	0. 1118 （0. 2220）
Growth	− 0. 0208 （0. 7730）	− 0. 0607 （0. 4140）	− 0. 1315 * （0. 0910）
Goodwill	− 2. 7754 *** （0. 0000）	− 2. 8162 *** （0. 0000）	− 3. 1418 *** （0. 0000）
NetCash	3. 0116 *** （0. 0000）	2. 9482 *** （0. 0000）	2. 7960 *** （0. 0000）
MaturityDebts	0. 0030 *** （0. 0020）	0. 0042 *** （0. 0000）	0. 0035 *** （0. 0030）
Hii	− 0. 0157 （0. 9820）	0. 0739 （0. 9280）	− 0. 2467 （0. 7860）
AnalysistP	− 0. 3693 *** （0. 0000）	− 0. 3985 *** （0. 0000）	− 0. 3681 *** （0. 0000）
GDPGrowth	− 0. 6566 （0. 1740）	− 0. 8021 （0. 1200）	− 0. 4028 （0. 4670）
CZQ	− 0. 5815 *** （0. 0000）	− 0. 4842 *** （0. 0000）	− 0. 4812 *** （0. 0000）

续表

变量	(1) R&D 补贴滞后一期	(2) R&D 补贴滞后二期	(3) R&D 补贴滞后三期
CSQ	− 0. 5126 *** (0. 0000)	− 0. 4426 *** (0. 0000)	− 0. 3747 *** (0. 0000)
_Cons	13. 4312 *** (0. 0000)	12. 3609 *** (0. 0000)	11. 5826 *** (0. 0000)
是否控制年度	是	是	是
是否控制行业	是	是	是
工具变量 IV1	0. 0189 *** (0. 0000)	0. 0227 *** (0. 0000)	0. 0269 *** (0. 0000)
工具变量 IV2	0. 0850 *** (0. 0000)	0. 0949 *** (0. 0000)	0. 0964 *** (0. 0000)
Under identification test P 值	0	0	0
Weak identification test F 值	59. 9430	71. 2080	75. 4710
Over identification test P 值	0. 1410	0. 4691	0. 1637
第二阶段 F 值	55. 8500	49. 6300	48. 2000
Within R^2	0. 1652	0. 1659	0. 2087
样本数	12959	11245	9523
Hausman test P 值	0	0	0

注: * 、 ** 、 *** 分别表示 10% 、5% 和 1% 的显著性水平，且括号内为 P 值。此外，表中工具变量法的回归结果是第一阶段回归结果和第二阶段回归结果的整合。

资料来源: 笔者经 Stata 软件的实证结果整理而得。

（2）由第 3 章政府 R&D 补贴与企业创新的资金保障部分可知，当以 R&D 补贴为自变量时，可能存在因样本自选择和选择偏差引起的内生性问题。因此，本章继续参考李常青等（2018）的研究，选用倾向得分匹配（PSM）方法进行稳健性检验。以第 3 章使用的方法来设定 R&D 补贴处理变量，再用 1 对 1 有放回匹配、核匹配和局部线性回归匹配的方法进行 PSM 检验。根据表 6 - 6 的检验结果可知，政府 R&D 补贴能显著增加企业的 Z_Score 值，即能降低企业的持续经营风险。而且从 ATT 值的大小对比来看，当处理变量以 R&D 补贴前 25% 分位为 0、后 25% 分位为 1 的方式设定时，ATT 值最大，即 R&D 补贴对企业持续经营风险的降低效果更明显。

表 6 − 6　　　考虑内生问题的 PSM 稳健性检验（持续经营风险）

匹配方法	处理变量	ATT	T 值	样本数
1 对 1 有放回匹配	R&D 补贴前 25% 分位为 0，后 25% 为 1	0.4603 **	2.5200	5119
核匹配	R&D 补贴前 25% 分位为 0，后 25% 为 1	0.5029 ***	3.4400	5119
局部线性回归匹配	R&D 补贴前 25% 分位为 0，后 25% 为 1	0.4757 ***	2.6100	5119
1 对 1 有放回匹配	R&D 补贴前 50% 分位为 0，后 50% 为 1	0.4167 ***	3.7700	10239
核匹配	R&D 补贴前 50% 分位为 0，后 50% 为 1	0.4226 ***	4.7900	10239
局部线性回归匹配	R&D 补贴前 50% 分位为 0，后 50% 为 1	0.4043 ***	3.6600	10239
1 对 1 有放回匹配	R&D 补贴小于样本均值为 0，大于均值为 1	0.3768 ***	2.8400	10239
核匹配	R&D 补贴小于样本均值为 0，大于均值为 1	0.3490 ***	3.2600	10239
局部线性回归匹配	R&D 补贴小于样本均值为 0，大于均值为 1	0.3106 **	2.3400	10239

注：* 、** 、*** 分别表示 10% 、5% 和 1% 的显著性水平。
资料来源：笔者经 Stata 软件的实证结果整理而得。

6.4.4　中介效应分析

从本章的机理分析可知，政府 R&D 补贴不仅能向市场传递积极的信号，缓解因信息不对称造成的"市场失灵"现象，增加企业从市场获取股权融资的机会。而且 R&D 补贴能为企业的发展直接补充较为丰裕的资源，降低企业 R&D 项目的风险，刺激企业增加 R&D 投入。从而有助于企业通过持续性创新的方式增加知识的积累和能力的提升以形成比较优势，进而改善企业的持续经营状况、降低其持续经营风险。因此，企业的创新绩效可能在政府 R&D 补贴与企业持续经营风险的关系中起中介效应。

表 6 − 7 第（1）列、第（2）列和第（3）列为企业创新绩效的中介效应检验结果，其中第（1）列为政府 R&D 补贴对企业创新绩效的固定效应

工具变量法回归结果（Hausman Test 的 P 值为 0.0023）。从第（1）列中各
工具变量的回归结果来看，整体而言，工具变量的设定较为合理。不过，
需注意的是，由于中介效应检验涉及的三个模型中，有两个模型的自变量
皆为政府 R&D 补贴，且本章对其设定了工具变量，考虑到一致性，本章也
对企业创新绩效设定工具变量。其设定方式与 R&D 补贴的工具变量类似，
即分别设定企业创新绩效行业层面的工具变量和地区层面的工具变量。总
体来看，从实证结果可知，政府 R&D 补贴能显著提升企业的创新绩效。第
（2）列和第（3）列分别为企业创新绩效与 Z_Score、政府 R&D 补贴与
Z_Score 的固定效应工具变量法回归结果（Hausman Test 的 P 值皆为 0）。类
似地，从第（2）列和第（3）列中各工具变量的回归结果来看，整体而言，
工具变量的设定皆较为合理。并且，从回归结果可知，政府 R&D 补贴和企
业创新绩效皆与企业的 Z_Score 值显著正相关，即 R&D 补贴和企业的创新
绩效皆能显著降低企业的持续经营风险。总体来看，综合第（1）列、第
（2）列和第（3）列的回归结果可知，企业的创新绩效在政府 R&D 补贴与
企业持续经营风险的关系中起部分中介效应，即 R&D 补贴可通过提升企业
的创新绩效来降低其持续经营风险。

表 6-7　　　　　　　企业股权融资和创新绩效的中介效应检验

变量	（1） 创新绩效	（2） Z_Score	（3） Z_Score
RDSubsidy	26.9214 *** (0.0000)		9.7927 *** (0.0000)
Innovation		0.0571 *** (0.0000)	
Size	1.0894 *** (0.0000)	-1.1135 *** (0.0000)	-1.3155 *** (0.0000)
Multi	0.5138 (0.3890)	0.7565 *** (0.0000)	0.8016 *** (0.0000)

续表

变量	（1） 创新绩效	（2） Z_Score	（3） Z_Score
Exportrate	2. 3176 ** （0. 0110）	− 1. 0304 *** （0. 0000）	− 0. 7650 *** （0. 0060）
Controller	− 2. 1323 *** （0. 0010）	0. 6159 *** （0. 0010）	0. 5223 *** （0. 0080）
Shareholding	− 1. 5552 （0. 2120）	− 0. 9241 *** （0. 0090）	− 1. 1882 *** （0. 0020）
Sepration	− 2. 5975 （0. 2520）	− 0. 3634 （0. 5640）	− 1. 1221 （0. 1060）
Sharerate	− 0. 1354 （0. 9070）	− 1. 0618 *** （0. 0010）	− 1. 3482 *** （0. 0000）
Dir_Ceo	0. 7824 *** （0. 0040）	− 0. 0072 （0. 9270）	0. 0024 （0. 9770）
Growth	− 0. 1958 （0. 3930）	− 0. 0473 （0. 4590）	0. 0021 （0. 9770）
Goodwill	− 4. 1963 ** （0. 0280）	− 2. 1110 *** （0. 0000）	− 2. 3329 *** （0. 0000）
NetCash	− 0. 2334 （0. 5670）	2. 9482 *** （0. 0000）	2. 9122 *** （0. 0000）
MaturityDebts	0. 0020 （0. 5510）	0. 0031 *** （0. 0010）	0. 0042 *** （0. 0000）
Hii	3. 6820 * （0. 0860）	0. 9687 （0. 1120）	0. 8640 （0. 1880）
AnalysistP	0. 0465 （0. 6620）	− 0. 3481 *** （0. 0000）	− 0. 3103 *** （0. 0000）
GDPGrowth	− 10. 1791 *** （0. 0000）	− 1. 8322 *** （0. 0000）	− 2. 6781 *** （0. 0000）
CZQ	− 0. 2243 （0. 3460）	− 0. 5540 *** （0. 0000）	− 0. 5989 *** （0. 0000）
CSQ	− 0. 1441 （0. 5680）	− 0. 5029 *** （0. 0000）	− 0. 4943 *** （0. 0000）

续表

变量	（1） 创新绩效	（2） Z_Score	（3） Z_Score
_Cons	−4. 3723 （0. 2120）	13. 3062 *** （0. 0000）	14. 7121 *** （0. 0000）
是否控制年度	是	是	是
是否控制行业	是	是	是
R&D 补贴行业层面工具变量	0. 0268 *** （0. 0000）		0. 0268 *** （0. 0000）
R&D 补贴地区层面工具变量	0. 0428 *** （0. 0000）		0. 0428 *** （0. 0000）
创新绩效行业层面工具变量		0. 0248 *** （0. 0000）	
创新绩效地区层面工具变量		0. 0189 *** （0. 0000）	
Under identification test P 值	0	0	0
Weak identification test F 值	65. 4560	263. 4270	65. 4560
Over identification test P 值	0. 2163	0. 2699	0. 7546
第二阶段 F 值	39. 3500	52. 0400	45. 0600
Within R^2	0. 1001	0. 1790	0. 0496
样本数	13638	13638	13638
Hausman test P 值	0. 0023	0	0

注：*、**、*** 分别表示 10%、5% 和 1% 的显著性水平，且括号内为 P 值。此外，表中工具变量法的回归结果是第一阶段回归结果和第二阶段回归结果的整合。

资料来源：笔者经 Stata 软件的实证结果整理而得。

6.4.5　调节效应分析

（1）经本章的机理分析可知，政府 R&D 补贴可向资本市场传递企业 R&D 项目真实、创新能力较好等积极信号，缓解因信息不对称造成的"市场失灵"现象，增加企业从市场获取外部融资的机会，为企业的 R&D 活动提供资金支持，从而有助于企业通过持续性创新的方式增加知识的积累和能力的提升以形成比较优势，进而改善企业的持续经营状况、降低其持续经营风险。若企业面临的融资约束程度较小，则 R&D 补贴的信号机制发挥空间的余地减少，从而可能会弱化 R&D 补贴对企业持续经营风险的降低效应。因此，本章从融资约束的视角进一步检验其对 R&D 补贴与企业持续经营风险关系的调节效应。具体而言，首先，仍选用第 3 章政府 R&D 补贴与企业创新的资金保障部分的方式度量融资约束，而后在主回归模型中加入融资约束度量指标及融资约束与 R&D 补贴的交互项进行实证分析。表 6-8 第 (1) 列为融资约束对 R&D 补贴与 Z_Score 关系调节效应的固定效应工具变量法回归结果（Hausman Test 的 P 值为 0）。从第 (1) 列中各工具变量的回归结果来看，整体而言，工具变量的设定较为合理。其次，从回归结果可知，R&D 补贴仍能显著增加 Z_Score 值，即降低企业的持续经营风险。而融资约束弱化这一正向关系，即对融资约束程度越低的企业而言，R&D 补贴对持续经营风险的降低效应就被弱化得越明显。

表 6-8　　　　融资约束、企业寻租和影子银行的调节效应分析

变量	(1) 融资约束的 调节效应	(2) 企业寻租的 调节效应	(3) 影子银行的 调节效应
RDSubsidy	15.4330 *** (0.0000)	11.3515 *** (0.0000)	11.7743 *** (0.0000)
Constraint	9.0775 *** (0.0000)		
RDSubsidy × Constraint	-51.6600 *** (0.0000)		
Rent		6.5497 *** (0.0000)	
RDSubsidy × Rent		-156.0702 *** (0.0000)	
ShadowBanking			2.1782 *** (0.0000)

续表

变量	（1） 融资约束的 调节效应	（2） 企业寻租的 调节效应	（3） 影子银行的 调节效应
RDSubsidy × ShadowBanking			- 37. 9293 *** （0. 0000）
Size	- 0. 8534 *** （0. 0000）	- 1. 2219 *** （0. 0000）	- 1. 2171 *** （0. 0000）
Multi	0. 4988 *** （0. 0070）	0. 7622 *** （0. 0000）	0. 7136 *** （0. 0000）
Exportrate	- 0. 7098 ** （0. 0120）	- 0. 5624 * （0. 0690）	- 0. 5226 * （0. 0940）
Controller	0. 3159 （0. 1070）	0. 5724 ** （0. 0120）	0. 5536 ** （0. 0160）
Shareholding	- 2. 2209 *** （0. 0000）	- 1. 3510 *** （0. 0010）	- 1. 1153 *** （0. 0080）
Sepration	- 1. 5062 ** （0. 0320）	- 1. 6714 ** （0. 0290）	- 1. 2298 （0. 1060）
Sharerate	- 2. 3696 *** （0. 0000）	- 1. 0389 *** （0. 0070）	- 0. 8036 ** （0. 0390）
Dir_Ceo	0. 0535 （0. 5270）	- 0. 0391 （0. 6700）	- 0. 0476 （0. 6060）
Growth	0. 0270 （0. 7000）	- 0. 0394 （0. 5950）	- 0. 0596 （0. 4170）
Goodwill	0. 9067 （0. 1260）	- 3. 0207 *** （0. 0000）	- 2. 2339 *** （0. 0010）
NetCash	2. 2091 *** （0. 0000）	2. 8590 *** （0. 0000）	2. 7901 *** （0. 0000）
MaturityDebts	0. 0036 *** （0. 0010）	0. 0047 *** （0. 0000）	0. 0043 *** （0. 0000）
Hii	0. 5080 （0. 4410）	0. 9565 （0. 1830）	0. 8873 （0. 2150）
AnalysistP	- 0. 0968 *** （0. 0070）	- 0. 2859 *** （0. 0000）	- 0. 2766 *** （0. 0000）

续表

变量	（1） 融资约束的 调节效应	（2） 企业寻租的 调节效应	（3） 影子银行的 调节效应
GDPGrowth	−3.2719 *** （0.0000）	−4.1063 *** （0.0000）	−3.9412 *** （0.0000）
CZQ	−0.4896 *** （0.0000）	−0.6065 *** （0.0000）	−0.5494 *** （0.0000）
CSQ	−0.2955 *** （0.0000）	−0.5138 *** （0.0000）	−0.4646 *** （0.0000）
是否控制年度	是	是	是
是否控制行业	是	是	是
R&D 补贴工具变量 IV1	0.0134 *** （0.0000）	0.0222 *** （0.0000）	0.0168 *** （0.0000）
R&D 补贴工具变量 IV2	0.0348 *** （0.0000）	0.0800 *** （0.0000）	0.0829 *** （0.0000）
Under identification tes P 值	0	0	0
Weak identification test F 值	35.1920	59.9580	46.1860
Over identification test P 值	0.6993	0.8631	0.3345
第二阶段 F 值	64.4700	37.7700	38.8500
Within R^2	0.0552	0.0472	0.0374
样本数	13638	13638	12035
Hausman test P 值	0	0	0

注：＊、＊＊、＊＊＊分别表示10%、5%和1%的显著性水平，且括号内为 P 值。此外，表中工具变量法的回归结果是第一阶段回归结果和第二阶段回归结果的整合。

资料来源：笔者经 Stata 软件的实证结果整理而得。

（2）结合第6章的假设推导可知，若企业的寻租较严重，则 R&D 补贴的信号机制可能被弱化，从而可能不利于 R&D 补贴对降低企业持续经营风险作用的发挥。因此，本章从企业寻租的视角进一步检验其对 R&D 补贴与持续经营风险关系的调节效应。具体而言，同样选取第 3 章政府 R&D 补贴与企业创新的资金保障部分的方式度量企业寻租。而后在主回归模型中加入企业寻租度量指标及寻租与 R&D 补贴的交互项进行实证分析。表 6 - 8 第（2）列为寻租对 R&D 补贴与 Z_Score 关系调节效应的固定效应工具变量法回归结果（Hausman Test 的 P 值为 0）。从第（2）列中各工具变量的回归结果来看，整体而言，工具变量的设定较为合理。并且，从回归结果可知，R&D 补贴仍能显著增加 Z_Score 值，即降低企业的持续经营风险。而企业寻租弱化这一正向关系，即对寻租程度越高的企业而言，R&D 补贴对持续经营风险的降低效应就被弱化得越明显。

（3）当企业获得 R&D 补贴后，企业面临的资金约束条件可能发生变化，企业原有的投资活动也可能有所改变，如企业可能将更多的资金用于研发创新等可以提升其创新绩效的事项，也可能将更多的资金用于委托贷款、银行理财或证券投资等致使其"脱实向虚"倾向提升的影子银行化活动。若企业过度依赖影子银行业务，则可能会忽略主营业务，导致其脱实向虚（彭俞超和何山，2020），进而可能不利于企业持续经营风险的降低。因此，本章从企业影子银行化的视角进一步检验其对 R&D 补贴与持续经营风险关系的调节效应。具体而言，选取第 5 章政府 R&D 补贴与企业创新的创新绩效部分的方式度量企业影子银行化，而后在主回归模型中加入企业影子银行化度量指标及影子银行化与 R&D 补贴的交互项进行实证分析。表 6 - 8 第（3）列为企业影子银行化对 R&D 补贴与 Z_Score 关系调节效应的固定效应工具变量法回归结果（Hausman Test 的 P 值为 0）。从第（3）列中各工具变量的回归结果来看，整体而言，工具变量的设定较为合理。并且，从回归结果可知，R&D 补贴仍能显著增加 Z_Score 值，即降低企业的持续经营风险。而企业的影子银行化弱化这一正向关系，即对影子银行化水平越高的企业而言，R&D 补贴对持续经营风险的降低效应就被弱化得越明显。

6.5

本章小结

技术创新是一项系统与持续的进程，良好的持续经营状况是企业进行创新这一持续性活动的基本保障，企业需考虑创新对其持续经营风险的影响。加之，面对企业持续经营风险可能长期凸显的现实，以及 IPO 监管思路从强调持续盈利能力到注重持续经营能力的转变，企业的持续经营风险无疑将成为投资者和监管层关注的焦点。鉴于此，本章通过手工归集 2007 ~ 2019 年 A 股上市制造业企业的政府 R&D 补贴数据，研究 R&D 补贴对企业持续经营风险的影响及其可能的路径机制，研究发现：

（1）在样本范围内，政府 R&D 补贴能显著降低企业的持续经营风险，而且在控制其他变量不变时，每增加 1 单位的 R&D 补贴，企业的持续经营风险水平将平均降低 9.6858 单位。并且，在增补控制变量、变更回归样本、更换持续经营风险度量指标或考虑各类内生性问题后，R&D 补贴能显著降低企业持续经营风险的结论依然成立。

（2）在样本范围内，根据中介效应检验结果可知，企业的创新绩效在 R&D 补贴与持续经营风险的关系中起部分中介效应。具体而言，即 R&D 补贴可通过提升企业的创新绩效来降低其持续经营风险。并且，结合理论分析与假设推导的核心逻辑，经调节效应分析后发现，融资约束、企业寻租或影子银行皆负向调节 R&D 补贴与企业持续经营风险的关系。具体而言，即在融资约束程度越低、企业寻租越严重或影子银行化水平越高的企业中，R&D 补贴对企业持续经营风险的降低效应就被弱化得越明显。

第 7 章　研究结论与未来展望

7.1

研究结论

对政府而言，研发补贴政策的初衷不仅在于 R&D 补贴能作为一种资源直接激励企业增加 R&D 投入，还希望它能作为一种信号引导更多的外部资金助力企业研发，其政策实施效果不仅受企业创新资源的影响，还与其创新战略密切相关。企业作为微观经济活动的主体和创新的主力军，其技术进步与突破事关中国经济能否由过去的要素粗放型拉动向技术创新型驱动转型，以通过创新驱动发展的方式支撑和引领中国经济向高质量发展阶段迈进。此时，R&D 补贴作为政府支持企业创新的主要政策工具，其效率的提升显得至关重要，尤其是随着中国经济转型升级的不断深化，企业通过创新驱动实现可持续发展迫切需要新的理论支撑和实证证据，以便更好地满足政府 R&D 补贴与企业创新决策行为之间的良性互动。此外，技术创新是一项系统和持续的工程，企业在进行创新的过程中，其创新相关的风险与持续经营风险等交织相伴，良好的持续经营状况是企业进行创新这一持续性活动的基本保障。企业需考虑创新失败带来的风险是否会影响其持续经营，尤其是当企业进行探索式创新等风险相对较大的创新活动时，更需如此。而且，面对企业持续经营风险可能长期凸显的现实，以及 IPO 监管思路从强调持续盈利能力到注重持续经营能力的转变，企业的持续经营风险无疑将成为投资者和监管层关注的焦点。本书以此为背景，基于资源依赖理论和信号传递理论，并结合信息不对称理论、委托代理理论和间断平衡理论等，从股权融资和创新战略的视角深入探讨了 R&D 补贴对企业创新绩效的影响机制，并从持续经营风险的角度研究了 R&D 补贴影响企业创新绩效的经济后果。

具体而言，本书通过手工归集 2007～2019 年 A 股上市制造业企业的政府 R&D 补贴数据，基于信息不对称理论、信号理论、资源依赖理论、间断平衡理论等，以规范研究和实证研究的方法分析和研究 R&D 补贴对企业股权融资、创新战略重心转换、创新绩效和持续经营风险的影响。其中，前三个问题主要为政府 R&D 补贴对企业创新绩效的影响机制研究，第一个和第二个问题的研究主要是为了打牢该影响机制的基底。在打牢该影响机制的基底基础之上，在第三个问题中研究企业股权融资和创新战略重心转换在 R&D 补贴与企业创新绩效的关系中所起的中介效应。而对第四个问题的研究则是从企业持续经营风险层面的视角来探讨 R&D 补贴对企业创新绩效影响的经济后果。经研究发现：

（1）在样本范围内，政府 R&D 补贴能显著提升企业的股权融资额度、降低企业的股权融资成本，且在增补重要控制变量、改变回归样本、更换主要变量度量指标或考虑各类内生性问题后，该结论依然成立。结合理论分析与假设推导的核心逻辑，进一步研究发现，企业所受融资约束程度越低或寻租越严重，越会弱化 R&D 补贴对企业股权融资额度的促进效应和对股权融资成本的降低效应。

（2）在样本范围内，政府 R&D 补贴与企业研发投入跳跃显著正相关，即 R&D 补贴有助于企业创新战略重心转换程度的提升，且在考虑样本选择偏差和自选择等引起的内生性、重新度量研发投入跳跃、更改回归方法、变更回归样本或增补重要控制变量等多种稳健性检验后，上述结论依然成立。进一步研究发现，R&D 补贴与研发投入正向跳跃和负向跳跃皆显著正相关，但经系数对比发现，R&D 补贴对前者的促进效应明显大于后果。即相比于企业的创新战略重心由探索式创新向利用式创新转换，R&D 补贴更能促进企业的创新战略重心由利用式创新向探索式创新转变。此外，结合理论分析与假设推导的核心逻辑，经调节效应检验可知，对融资约束程度越低或寻租越严重的企业而言，R&D 补贴对企业研发投入跳跃的正向关系越弱，即 R&D 补贴对企业创新战略重心转换程度的促进效应就被弱化得越明显。

（3）在样本范围内，政府 R&D 补贴能显著提升企业的创新绩效，且在增补重要控制变量、更换能反映企业创新绩效的度量指标、改变回归样本或考虑多种内生性等稳健性检验后，上述结论依然成立。经中介效应检验后发现，R&D 补贴既可通过增加企业的股权融资额度、降低企业的股权融资成本或增加企业创新战略重心由利用式创新向探索式创新转换的程度来提升其创新绩效，也可通过提升企业的创新战略重心由探索式创新向利用式创新转换的程度来降低其创新绩效。并且，结合理论分析与假设推导的核心逻辑，经调节效应分析后发现，企业的融资约束程度越低、寻租越严重或影子银行化水平越高，R&D 补贴对企业创新绩效的促进效应就被弱化得越明显。

（4）在样本范围内，政府 R&D 补贴能显著降低企业的持续经营风险，且在增补重要控制变量、改变回归样本、更换持续经营风险度量指标或考虑多种内生性等稳健性检验后，上述结论依然成立。经中介效应分析后发现，R&D 补贴可通过促进企业的股权融资额度或提升企业创新绩效的方式来降低其持续经营风险，并且结合理论分析与假设推导的核心逻辑，经调节效应检验后可知，企业的融资约束程度越低、寻租越严重或影子银行化水平越高，R&D 补贴对企业持续经营风险的降低效应就被弱化得越明显。

7.2
政策建议

（1）根据本书的研究可知，企业获得政府 R&D 补贴可向资本市场释放其研发项目真实和创新能力较好等积极信号，以减少外部投资者与企业之间的 R&D 信息不对称，缓解企业面临的融资约束问题，从而有助于企业获取更多的外部资金用于研发。但如果企业通过寻租或骗补等方式获得 R&D 补贴，即使企业因外部投资者无法辨别此虚假信号而获得了更多的融资，但企业一般不会将其用于实质性的创新活动，而若外部投资者能在一定程度上识别其虚假信号，则 R&D 补贴信号机制带来的效果甚至可能适得其反。因此，进行 R&D 支持政策体系改革时，不仅需考虑建立可连接企业、政府与外部投资者的 R&D 信息平台，以缓解政府、企业与外部投资者之间的信息不对称，帮助受 R&D 资助的企业获得更多的外部融资用于研发活动，还需加强 R&D 补贴评估、甄选指标体系及科技信用评价体系建设，增加政策的信息透明度，以减少企业的 R&D 补贴寻租或骗补行为。

（2）从本书的研究结论可知，政府 R&D 补贴会进一步强化企业创新战略重心的转换，但仅企业创新战略重心由利用式创新转向探索式创新有利于企业创新绩效的提升，而企业创新战略重心由探索式创新向利用式创新转换反而不利于增加企业的创新绩效。因此，对企业而言，对研发项目实施积极的管理，增强其对外部知识的搜寻，当新机会出现的时候适当增加研发投入有利于企业创新绩效的提升。对政府而言，如若能对那些创新战略重心由利用式创新向探索式创新转变的企业给予一定资助，不仅有助于它们强化创新战略重心向探索式创新转化，以提升其对基础研究的重视程度，缓解或克服中国企业"利用式创新过度、探索式创新不足"的"创新困境"，还有利于企业创新绩效的提升。因此，在目前中国为企业降税减负趋势背景和中央、地方财政压力不断吃紧的矛盾下，优化政府 R&D 补贴政策、提升 R&D 补贴效率，对创新战略重心由利用式创新转向探索式创新的企业给予重点支持可能是一个较好的选择。

（3）本书的研究结论表明，企业的影子银行化程度越高，越会弱化政府 R&D 补贴对企业创新绩效的提升效应或对持续经营风险的降低效应。并且企业将资金用于委托贷款、银行理财或证券投资等致使其"脱实向虚"倾向提升的影子银行化活动可能是以挤出其研发投入等实体投资为代价来实现的。如果未能限制企业的"脱实向虚"倾向，R&D 补贴的政策效果可能仅仅是流于企业短期财务状况改善的表面，而不能从根本上达到促进企业创新能力提升、核心竞争力增强的终极目标。因此，在进行 R&D 补贴政策体系改革的过程中，还需一些配套政策以限制企业参与影子银行活动，出台相关规章制度激励企业将精力聚焦于主营业务等实体投资。

7.3
研究局限及展望

（1）本书的政府 R&D 补贴包括中央政府和地方政府授予企业的补贴，限于样本中较多的 R&D 补贴项目并未公布其来源，本书未将两者进行有效分离。但实际上，中央政府和地方政府在审核企业 R&D 补贴申请资质及监督等方面均存在一定差异。未来的研究可尝试将中央政府和地方政府授予企业的 R&D 补贴分离出来，分别研究它们对股权融资、创新战略重心转换、创新绩效或持续经营风险等的影响及差异。

（2）本书以企业研发投入 GARCH 模型学生化残差的绝对值的最大值作为研发投入跳跃的取值，并以此来表征企业的创新战略重心转换。该计算方式以一定时期内脱离历史趋势或预期的研发投入的最大波动程度来衡量企业的研发投入跳跃，并假定其他年份都是平稳变化的，但实际上，其他年份的变化并非平稳。未来的研究可检验研发投入跳跃前后的变化方向或变动大小对企业创新绩效的影响。

（3）虽然研发投入作为企业至关重要的创新决策，能在很大程度上反映出企业创新战略重点的实际情况，但企业在一定时期内脱离历史趋势与预期的最大波动并不一定能非常准确地反映企业创新战略重心的转换情况，此时还需对企业创新战略重心转换的非定量信息予以进一步确认。未来的研究可考虑对上市企业的年报等定期或非定期公告进行文本语言分析以从定性信息中捕捉企业创新战略重心的实际情况。

参 考 文 献

[1] 安同良,周绍东,皮建才.R&D 补贴对中国企业自主创新的激励效应 [J].经济研究,2009,44(10):87-98,120.

[2] 白俊红,卞元超.中国政府 R&D 资助空间自相关特征研究 [J].科研管理,2016,37(1):77-83.

[3] 白俊红,李婧.政府 R&D 资助与企业技术创新——基于效率视角的实证分析 [J].金融研究,2011(6):181-193.

[4] 白俊红.中国的政府 R&D 资助有效吗?——来自大中型工业企业的经验证据 [J].经济学(季刊),2011,10(4):1375-1400.

[5] 白旭云,王砚羽,苏欣.研发补贴还是税收激励——政府干预对企业创新绩效和创新质量的影响 [J].科研管理,2019,40(6):9-18.

[6] 鲍宗客,朱魏巍.中国企业的实质性与扭曲性研发——研发企业存在生存溢价吗?[J].科学学研究,2017,35(11):1691-1699.

[7] 步丹璐,屠长文,石翔燕.政府竞争,股权投资与政府补助 [J].会计研究,2018(4):52-57.

[8] 才国伟,吴华强,徐信忠.政策不确定性对公司投融资行为的影响研究 [J].金融研究,2018(3):89-104.

[9] 陈建勋,王涛,翟春晓.TMT 社会网络结构对双元创新的影响——兼论结构刚性的生成与化解 [J].中国工业经济,2016(12):140-156.

[10] 陈骏,徐捍军.企业寻租如何影响盈余管理 [J].中国工业经济,2019(12):171-188.

［11］陈玲，杨文辉．政府研发补贴会促进企业创新吗？——来自中国上市公司的实证研究［J］．科学学研究，2016，34（3）：433－442.

［12］戴晨，刘怡．税收优惠与财政补贴对企业 R&D 影响的比较分析［J］．经济科学，2008（3）：58－71.

［13］戴小勇，成力为．财政补贴政策对企业研发投入的门槛效应［J］．科研管理，2014，35（6）：68－76.

［14］邓若冰，吴福象．研发模式、技术溢出与政府最优补贴强度［J］．科学学研究，2017，35（6）：842－852.

［15］段军山，庄旭东．金融投资行为与企业技术创新——动机分析与经验证据［J］．中国工业经济，2021（1）：155－173.

［16］樊琦，韩民春．政府 R&D 补贴对国家及区域自主创新产出影响绩效研究——基于中国 28 个省域面板数据的实证分析［J］．管理工程学报，2011，25（3）：183－188.

［17］付丙海，谢富纪，韩雨卿．创新链资源整合、双元性创新与创新绩效：基于长三角新创企业的实证研究［J］．中国软科学，2015（12）：176－186.

［18］傅勇．财政分权、政府治理与非经济性公共物品供给［J］．经济研究，2010，45（8）：4－15，65.

［19］郭晓丹，何文韬．战略性新兴产业政府 R&D 补贴信号效应的动态分析［J］．经济学动态，2011（9）：88－93.

［20］郭迎锋，顾炜宇，乌大玥，王立勇．政府资助对企业 R&D 投入的影响——来自中国大中型工业企业的证据［J］．中国软科学，2016（3）：162－174.

［21］海本禄，高庆祝，尹西明，杨君笑．高管过度自信、研发投入跳跃与企业绩效——来自中国上市公司的经验证据［J］．科技进步与对策，2020，37（12）：136－145.

［22］何文韬，肖兴志．进入波动、产业震荡与企业生存——中国光伏

产业动态演进研究 [J]. 管理世界，2018，34 (1)：114 - 126.

[23] 黄宏斌，翟淑萍，陈静楠. 企业生命周期、融资方式与融资约束——基于投资者情绪调节效应的研究 [J]. 金融研究，2016 (7)：96 - 112.

[24] 黄亮华，谢德仁. IPO 前的业绩压力、现金流约束与开发支出会计政策隐性选择 [J]. 南开管理评论，2014 (6)：72 - 82.

[25] 黄志雄. 科技创新补贴供给侧改革与企业研发策略研究 [J]. 经济理论与经济管理，2018 (12)：57 - 69.

[26] 贾慧英，王宗军，曹祖毅. 研发投入跳跃与组织绩效：环境动态性和吸收能力的调节效应 [J]. 南开管理评论，2018，21 (3)：130 - 141.

[27] 江静. 公共政策对企业创新支持的绩效——基于直接补贴与税收优惠的比较分析 [J]. 科研管理，2011，32 (4)：1 - 8，50.

[28] 江轩宇. 政府放权与国有企业创新——基于地方国企金字塔结构视角的研究 [J]. 管理世界，2016 (9)：120 - 135.

[29] 姜付秀，支晓强，张敏. 投资者利益保护与股权融资成本——以中国上市公司为例的研究 [J]. 管理世界，2008 (2)：117 - 125.

[30] 蒋琰. 权益成本、债务成本与公司治理：影响差异性研究 [J]. 管理世界，2009 (11)：144 - 155.

[31] 焦翠红，陈钰芬. R&D 补贴、寻租与全要素生产率提升 [J]. 统计研究，2018，35 (12)：80 - 91.

[32] 焦豪. 双元型组织竞争优势的构建路径：基于动态能力理论的实证研究 [J]. 管理世界，2011 (11)：76 - 91，188.

[33] 解维敏，方红星. 金融发展、融资约束与企业研发投入 [J]. 金融研究，2011 (5)：171 - 183.

[34] 解维敏，唐清泉，陆姗姗. 政府 R&D 资助、企业 R&D 支出与自主创新——来自中国上市公司的经验证据 [J]. 金融研究，2009 (6)：86 - 99.

[35] 鞠晓生. 中国上市企业创新投资的融资来源与平滑机制 [J]. 世界经济，2013，36 (4)：138 - 159.

[36] 寇恩惠，戴敏．中国式分权与地方政府创新补贴偏向 [J]．当代经济科学，2019，41（6）：25-36．

[37] 寇宗来，毕睿罡，查存．融资约束对企业广告和研发策略的影响：理论与经验证据 [J]．世界经济，2020，43（4）：28-51．

[38] 黎文靖，郑曼妮．实质性创新还是策略性创新？——宏观产业政策对微观企业创新的影响 [J]．经济研究，2016，51（4）：60-73．

[39] 李常青，李宇坤，李茂良．控股股东股权质押与企业创新投入 [J]．金融研究，2018（7）：143-157．

[40] 李汇东，唐跃军，左晶晶．用自己的钱还是用别人的钱创新？——基于中国上市公司融资结构与公司创新的研究 [J]．金融研究，2013（2）：170-183．

[41] 李建军，韩珣．非金融企业影子银行化与经营风险 [J]．经济研究，2019，54（8）：21-35．

[42] 李莉，高洪利，陈靖涵．中国高科技企业信贷融资的信号博弈分析 [J]．经济研究，2015，50（6）：162-174．

[43] 李莉，闫斌，顾春霞．知识产权保护、信息不对称与高科技企业资本结构 [J]．管理世界，2014（11）：1-9．

[44] 李力，刘全齐，唐登莉．碳绩效、碳信息披露质量与股权融资成本 [J]．管理评论，2019，31（1）：221-235．

[45] 李玲，陶厚永．纵容之手、引导之手与企业自主创新——基于股权性质分组的经验证据 [J]．南开管理评论，2013，16（3）：69-79，88．

[46] 李万福，杜静，张怀．创新补助究竟有没有激励企业创新自主投资——来自中国上市公司的新证据 [J]．金融研究，2017（10）：130-145．

[47] 李新功．政府R&D资助、金融信贷与企业技术创新 [J]．管理评论，2016，28（12）：54-62．

[48] 李永，王砚萍，马宇．制度约束下政府R&D资助挤出效应与创新效率 [J]．科研管理，2015，36（10）：58-65．

[49] 李争光,曹丰,赵西卜,董竞宇.机构投资者异质性、会计稳健性与股权融资成本——来自中国上市公司的经验证据 [J].管理评论,2016,28 (7):42 –52.

[50] 廖信林,顾炜宇,王立勇.政府 R&D 资助效果、影响因素与资助对象选择——基于促进企业 R&D 投入的视角 [J].中国工业经济,2013 (11):148 –160.

[51] 林承亮,许为民.技术外部性下创新补贴最优方式研究 [J].科学学研究,2012,30 (5):766 –772,781.

[52] 刘端,陈诗琪,陈收.制造业上市公司的股权增发、外部融资依赖对企业创新的影响 [J].管理学报,2019,16 (8):1168 –1178.

[53] 刘海洋,林令涛,黄顺武.地方官员变更与企业兴衰——来自地级市层面的证据 [J].中国工业经济,2017 (1):62 –80.

[54] 刘诗源,林志帆,冷志鹏.税收激励提高企业创新水平了吗?——基于企业生命周期理论的检验 [J].经济研究,2020,55 (6):105 –121.

[55] 柳光强.税收优惠、财政补贴政策的激励效应分析——基于信息不对称理论视角的实证研究 [J].管理世界,2016 (10):62 –71.

[56] 柳剑平,郑绪涛,喻美辞.税收、补贴与 R&D 溢出效应分析 [J].数量经济技术经济研究,2005 (12):81 –90.

[57] 陆国庆,王舟,张春宇.中国战略性新兴产业政府创新补贴的绩效研究 [J].经济研究,2014,49 (7):44 –55.

[58] 逯东,万丽梅,杨丹.创业板公司上市后为何业绩变脸?[J].经济研究,2015,50 (2):132 –144.

[59] 马海燕,朱韵.研发时序双元转换与组织绩效的关系研究 [J].管理学报,2020,17 (12):1777 –1785.

[60] 马文聪,李小转,廖建聪,张光宇.不同政府科技资助方式对企业研发投入的影响 [J].科学学研究,2017,35 (5):689 –699.

［61］毛新述，叶康涛，张颐．上市公司权益资本成本的测度与评价——基于中国证券市场的经验检验［J］．会计研究，2012（11）：12 - 22，94．

［62］苗文龙，何德旭，周潮．企业创新行为差异与政府技术创新支出效应［J］．经济研究，2019，54（1）：85 - 99．

［63］潘越，谢玉湘，潘健平．代币发行融资研究——基于企业生存时间的视角［J］．金融研究，2020（6）：133 - 151．

［64］彭红星，毛新述．政府创新补贴、公司高管背景与研发投入——来自中国高科技行业的经验证据［J］．财贸经济，2017，38（3）：147 - 161．

［65］彭红星，王国顺．中国政府创新补贴的效应测度与分析［J］．数量经济技术经济研究，2018，35（1）：77 - 93．

［66］彭雯，张立民，钟凯，黎来芳．监管问询的有效性研究：基于审计师行为视角分析［J］．管理科学，2019，32（4）：17 - 30．

［67］彭新敏，张帆．技术变革、次序双元与后发企业追赶［J］．科学学研究，2019，37（11）：2016 - 2025．

［68］彭俞超，何山．资管新规、影子银行与经济高质量发展［J］．世界经济，2020，43（1）：47 - 69．

［69］秦雪征，尹志锋，周建波，孔欣欣．国家科技计划与中小型企业创新：基于匹配模型的分析［J］．管理世界，2012（4）：70 - 81．

［70］任曙明，吕镯．融资约束、政府补贴与全要素生产率——来自中国装备制造企业的实证研究［J］．管理世界，2014（11）：10 - 23，187．

［71］尚洪涛，黄晓硕．政府补贴、研发投入与创新绩效的动态交互效应［J］．科学学研究，2018，36（3）：446 - 455，501．

［72］尚洪涛，黄晓硕．中国医药制造业企业政府创新补贴绩效研究［J］．科研管理，2019，40（8）：32 - 42．

［73］尚洪涛，宋雅希．中国民营企业创新补贴政策效应的动态评价［J］．科学学研究，2020，38（6）：1121 - 1131．

[74] 孙晓华，郭旭，王昀. 政府补贴、所有权性质与企业研发决策 [J]. 管理科学学报，2017，20（6）：18-31.

[75] 谭之博，赵岳. 企业规模与融资来源的实证研究——基于小企业银行融资抑制的视角 [J]. 金融研究，2012.

[76] 唐清泉，卢珊珊，李懿东. 企业成为创新主体与 R&D 补贴的政府角色定位 [J]. 中国软科学，2008（6）：88-98.

[77] 唐书林，肖振红，苑婧婷. 上市公司自主创新的国家激励扭曲之困——是政府补贴还是税收递延？[J]. 科学学研究，2016，34（5）：744-756.

[78] 唐书林，肖振红，苑婧婷. 上市企业的自主创新驱动困境：是免费补贴还是税收递延？[J]. 管理工程学报，2018，32（2）：95-106.

[79] 佟爱琴，陈蔚. 政府补贴对企业研发投入影响的实证研究——基于中小板民营上市公司政治联系的新视角 [J]. 科学学研究，2016，34（7）：1044-1053.

[80] 王刚刚，谢富纪，贾友. R&D 补贴政策激励机制的重新审视——基于外部融资激励机制的考察 [J]. 中国工业经济，2017（2）：60-78.

[81] 王俊. R&D 补贴对企业 R&D 投入及创新产出影响的实证研究 [J]. 科学学研究，2010，28（9）：1368-1374.

[82] 王玮，陈丽华. 技术溢出效应下供应商与政府的研发补贴策略 [J]. 科学学研究，2015，33（3）：363-368，418.

[83] 王文利，甄烨，张钦红. 面向资金约束供应商的供应链内部融资——股权还是债权？[J]. 管理科学学报，2020，23（5）：89-101.

[84] 王业斌. 知识生产中的政府 R&D 资助与金融信贷，孰优孰劣？[J]. 科研管理，2014，35（12）：62-68，111.

[85] 温军，冯根福. 异质机构、企业性质与自主创新 [J]. 经济研究，2012，47（3）：53-64.

[86] 吴超鹏，唐菂. 知识产权保护执法力度、技术创新与企业绩

效——来自中国上市公司的证据 [J]. 经济研究，2016，51（11）：125 - 139.

[87] 吴非，杜金岷，杨贤宏. 财政 R&D 补贴、地方政府行为与企业创新 [J]. 国际金融研究，2018（5）：35 - 44.

[88] 吴华强，才国伟，徐信忠. 宏观经济周期对企业外部融资的影响研究 [J]. 金融研究，2015（8）：109 - 123.

[89] 吴建祖，肖书锋. 创新注意力转移、研发投入跳跃与企业绩效——来自中国 A 股上市公司的经验证据 [J]. 南开管理评论，2016，19（2）：182 - 192.

[90] 吴建祖，肖书锋. 研发投入跳跃对企业绩效影响的实证研究——双元性创新注意力的中介作用 [J]. 科学学研究，2015，33（10）：1538 - 1546，1554.

[91] 吴俊，黄东梅. 研发补贴、产学研合作与战略性新兴产业创新 [J]. 科研管理，2016，37（9）：20 - 27.

[92] 吴淑娥，仲伟周，卫剑波，黄振雷. 融资来源、现金持有与研发平滑——来自中国生物医药制造业的经验证据 [J]. 经济学季刊，2016，15（2）：745 - 766.

[93] 伍健，田志龙，龙晓枫，熊琪. 战略性新兴产业中政府补贴对企业创新的影响 [J]. 科学学研究，2018，36（1）：158 - 166.

[94] 武咸云，陈艳，杨卫华. 战略性新兴产业的政府补贴与企业 R&D 投入 [J]. 科研管理，2016，37（5）：19 - 23.

[95] 肖兴志，何文韬，郭晓丹. 能力积累、扩张行为与企业持续生存时间——基于中国战略性新兴产业的企业生存研究 [J]. 管理世界，2014（2）：77 - 89.

[96] 肖兴志，王伊攀. 政府补贴与企业社会资本投资决策——来自战略性新兴产业的经验证据 [J]. 中国工业经济，2014（9）：148 - 160.

[97] 肖瑶，郭京京，李全升. 基于破坏事件的双元惯例治理选择研究 [J]. 科研管理，2020，41（8）：105 - 113.

[98] 邢斐, 董亚娇. 企业产品多样化对研发补贴政策绩效的影响 [J]. 科学学研究, 2017, 35 (9): 1370 – 1377.

[99] 熊维勤. 税收和补贴政策对 R&D 效率和规模的影响——理论与实证研究 [J]. 科学学研究, 2011, 29 (5): 698 – 706.

[100] 徐志伟, 殷晓蕴, 王晓晨. 污染企业选址与存续 [J]. 世界经济, 2020, 43 (7): 122 – 145.

[101] 许家云, 毛其淋. 政府补贴、治理环境与中国企业生存 [J]. 世界经济, 2016, 39 (2): 75 – 99.

[102] 许楠, 田涵艺, 蔡竞. 非创始人管理下的 R&D 投入与产出——基于创业板企业的实证研究 [J]. 南开管理评论, 2019, 22 (1): 111 – 123.

[103] 杨其静. 企业成长: 政治关联还是能力建设? [J]. 经济研究, 2011, 46 (10): 54 – 66, 94.

[104] 杨仕辉, 熊艳, 王红玲. 吸收能力、研发合作创新激励与补贴政策 [J]. 中国管理科学, 2003 (1): 95 – 100.

[105] 杨向阳, 童馨乐. 政府支持对 KIBS 企业研发投入的影响研究 [J]. 科研管理, 2014, 35 (12): 46 – 53.

[106] 杨学儒, 李新春, 梁强, 李胜文. 平衡开发式创新和探索式创新一定有利于提升企业绩效吗? [J]. 管理工程学报, 2011, 25 (4): 17 – 25.

[107] 杨洋, 魏江, 罗来军. 谁在利用政府补贴进行创新? ——所有制和要素市场扭曲的联合调节效应 [J]. 管理世界, 2015 (1): 75 – 86, 98, 188.

[108] 杨勇华. 技术变迁演化理论研究述评 [J]. 经济学家, 2008, 1 (1): 18 – 24.

[109] 叶陈刚, 王孜, 武剑锋, 李惠. 外部治理、环境信息披露与股权融资成本 [J]. 南开管理评论, 2015, 18 (5): 85 – 96.

[110] 叶康涛, 陆正飞. 中国上市公司股权融资成本影响因素分析 [J]. 管理世界, 2004 (5): 127 – 131, 142.

[111] 叶祥松,刘敬．异质性研发、政府支持与中国科技创新困境 [J]．经济研究,2018,53 (9): 116-132.

[112] 叶子荣,贾宪洲．科技财政与自主创新：基于中国省级 DPD 模型的实证研究 [J]．管理评论,2011,23 (2): 72-79.

[113] 于娇,逯宇铎,刘海洋．出口行为与企业生存概率：一个经验研究 [J]．世界经济,2015,38 (4): 25-49.

[114] 余海跃,康书隆．地方政府债务扩张、企业融资成本与投资挤出效应 [J]．世界经济,2020,43 (7): 49-72.

[115] 余明桂,李文贵,潘红波．民营化、产权保护与企业风险承担 [J]．经济研究,2013,48 (9): 112-124.

[116] 袁建国,后青松,程晨．企业政治资源的诅咒效应——基于政治关联与企业技术创新的考察 [J]．管理世界,2015 (1): 139-155.

[117] 曾颖,陆正飞．信息披露质量与股权融资成本 [J]．经济研究, 2006 (2): 69-79,91.

[118] 翟胜宝,张胜,谢露,郑洁．银行关联与企业风险——基于中国上市公司的经验证据 [J]．管理世界,2014 (4): 53-59.

[119] 张春辉,陈继祥．两种创新补贴对创新模式选择影响的比较分析 [J]．科研管理,2011,32 (8): 9-16.

[120] 张帆,孙薇．政府创新补贴效率的微观机理：激励效应和挤出效应的叠加效应——理论解释与检验 [J]．财政研究,2018 (4): 48-60.

[121] 张继良,李琳琳．R&D 资助差异与企业技术创新阶段的关系研究 [J]．科学学研究,2014,32 (11): 1740-1746.

[122] 张杰,陈志远,杨连星,新夫．中国创新补贴政策的绩效评估：理论与证据 [J]．经济研究,2015,50 (10): 4-17,33.

[123] 张杰,郑文平．创新追赶战略抑制了中国专利质量么？ [J]．经济研究,2018,53 (5): 28-41.

[124] 张杰,周晓艳,李勇．要素市场扭曲抑制了中国企业 R&D？ [J]．

经济研究，2011，46（8）：78 – 91.

［125］张杰. 政府创新补贴对中国企业创新的激励效应——基于 U 型关系的一个解释［J］. 经济学动态，2020（6）：91 – 108.

［126］张洁，何代欣，安立仁，张宸璐. 领先企业开放式双元创新与制度多重性——基于华为和 IBM 的案例研究［J］. 中国工业经济，2018（12）：170 – 188.

［127］张俊瑞，刘彬，程子健，汪方军. 上市公司对外担保与持续经营不确定性审计意见关系研究——来自沪深主板市场 A 股的经验证据［J］. 审计研究，2014（1）：62 – 70.

［128］张立民，邢春玉，李琰. 持续经营审计意见、管理层自信与投资效率［J］. 审计研究，2017（1）：52 – 58.

［129］张岭. 股权与债权融资对技术创新绩效的影响研究［J］. 科研管理，2020，41（8）：95 – 104.

［130］张敏，童丽静，许浩然. 社会网络与企业风险承担——基于中国上市公司的经验证据［J］. 管理世界，2015（11）：161 – 175.

［131］张倩倩，周铭山，董志勇. 研发支出资本化向市场传递了公司价值吗？［J］. 金融研究，2017（6）：176 – 190.

［132］张祥建，徐晋. 股权再融资与大股东控制的"隧道效应"——对上市公司股权再融资偏好的再解释［J］. 管理世界，2005（11）：127 – 136，151.

［133］张璇，刘贝贝，汪婷，李春涛. 信贷寻租、融资约束与企业创新［J］. 经济研究，2017，52（5）：161 – 174.

［134］张一林，龚强，荣昭. 技术创新、股权融资与金融结构转型［J］. 管理世界，2016（11）：65 – 80.

［135］张玉，陈凯华，乔为国. 中国大中型企业研发效率测度与财政激励政策影响［J］. 数量经济技术经济研究，2017，34（5）：38 – 54.

［136］章元，程郁，佘国满. 政府补贴能否促进高新技术企业的自主

创新？——来自中关村的证据 [J]. 金融研究, 2018 (10): 123 - 140.

[137] 赵凯, 王鸿源. 政府 R&D 补贴政策与企业创新决策间双向动态耦合与非线性关系 [J]. 经济理论与经济管理, 2018 (5): 43 - 56.

[138] 赵世芳, 江旭, 应千伟, 霍达. 股权激励能抑制高管的急功近利倾向吗？——基于企业创新的视角 [J]. 南开管理评论, 2020, 23 (6): 76 - 87.

[139] 赵文, 李月娇, 赵会会. 政府研发补贴有助于企业创新效率提升吗？——基于模糊集定性比较分析的研究 [J]. 研究与发展管理, 2020, 32 (2): 37 - 47.

[140] 赵玉洁, 万贻健, 方瑄. 关键审计事项披露能否降低上市公司的股权融资成本？[J]. 审计研究, 2020 (6): 59 - 67.

[141] 赵袁军, 许桂苹, 刘峥, 李义敏, 谢敏. 政府支持视角下的中国企业创新绩效研究 [J]. 科研管理, 2017, 38 (S1): 412 - 418.

[142] 郑世林, 刘和旺. 中国政府推动高技术产业化投资效果的实证研究 [J]. 数量经济技术经济研究, 2013, 30 (7): 66 - 80.

[143] 郑绪涛, 柳剑平. 促进 R&D 活动的税收和补贴政策工具的有效搭配 [J]. 产业经济研究, 2008 (1): 26 - 36.

[144] 仲为国, 李兰, 路江涌, 彭泗清, 潘建成, 郝大海, 王云峰. 中国企业创新动向指数: 创新的环境、战略与未来——2017·中国企业家成长与发展专题调查报告 [J]. 管理世界, 2017 (6): 37 - 50.

[145] 周楷唐, 麻志明, 吴联生. 持续经营审计意见是否具有额外价值？——来自债务融资的证据 [J]. 会计研究, 2016 (8): 81 - 88, 97.

[146] 周黎安. 转型中的地方政府: 官员激励与治理 [M]. 上海: 格致出版社, 2008.

[147] 周铭山, 张倩倩, 杨丹. 创业板上市公司创新投入与市场表现: 基于公司内外部的视角 [J]. 经济研究, 2017 (11): 135 - 149.

[148] 周绍东. 企业技术创新与政府 R&D 补贴: 一个博弈 [J]. 产业

经济评论，2008（3）：38 – 51.

[149] 朱桂龙，蔡朝林，陈朝月. 声誉积累优势还是绩效积累优势？政府 R&D 补贴分配中"粘性"效应探究 [J]. 科学学与科学技术管理，2019，40（3）：43 – 55.

[150] 朱平芳，徐伟民. 政府的科技激励政策对大中型工业企业 R&D 投入及其专利产出的影响——上海市的实证研究 [J]. 经济研究，2003（6）：45 – 53，94.

[151] 祝继高，陆正飞. 产权性质、股权再融资与资源配置效率 [J]. 金融研究，2011（1）：131 – 148.

[152] 邹薇，钱雪松. 融资成本、寻租行为和企业内部资本配置 [J]. 经济研究，2005（5）：64 – 74.

[153] Adams J. D. Fundamental Stocks of Knowledge and Productivity Growth [J]. Journal of Political Economy，1990，98（4）：673 – 702.

[154] Adler P. S. , Goldoftas B. , Levine D. I. Flexibility Versus Efficiency? A Case Study of Model Changeovers in the Toyota Production System [J]. Organization Science，1999，10（1）：43 – 68.

[155] Aguiar L. , Gagnepain P. European Cooperative R&D and Firm Performance: Evidence Based on Funding Differences in Key Actions [J]. International Journal of Industrial Organization，2017，53：1 – 33.

[156] Ahuja G. , Lampert C. M. Entrepreneurship in the Large Corporation: A Longitudinal Study of How Established Firms Create Breakthrough Inventions [J]. Strategic Management Journal，2001，22（6 – 7）：521 – 543.

[157] Altman E. I. Financial Ratios, Discriminant Analysis and the Prediction of Corporate Bankruptcy [J]. The Journal of Finance，1968，23（4）：589 – 609.

[158] Amezcua A. S. , Grimes M. G. , Bradley S. W. , Wiklund J. Organizational Sponsorship and Founding Environments: A Contingency View on the Sur-

vival of Business-Incubated Firms, 1994 – 2007 [J]. Academy of Management Journal, 2013, 56 (6): 1628 – 1654.

[159] Anderson P. , Tushman M. L. Organizational Environments and Industry Exit: The Effects of Uncertainty, Munificence and Complexity [J]. Industrial and Corporate Change, 2001, 10 (3): 675 – 711.

[160] Ang J. S. , Cheng Y. , Wu C. Does Enforcement of Intellectual Property Rights Matter in China? Evidence from Financing and Investment Choices in the High-Tech Industry [J]. Review of Economics and Statistics, 2014, 96 (2): 332 – 348.

[161] Argyres N. Capabilities, Technological Diversification and Divisionalization [J]. Strategic Management Journal, 1996, 17 (5): 395 – 410.

[162] Aristei D. , Sterlacchini A. , Venturini F. Effectiveness of R&D Subsidies During the Crisis: Firm-Level Evidence Across EU Countries [J]. Economics of Innovation and New Technology, 2017, 22 (6): 554 – 573.

[163] Arrow K. Economic Welfare and the Allocation of Resources for Invention [J]. NBER Chapters. , 1962, 12 (1962): 609 – 626.

[164] Bedu N. , Vanderstocken A. Do Regional R&D Subsidies Foster Innovative SMEs' Development: Evidence from Aquitaine SMEs [J]. European Planning Studies, 2019, 28 (8): 1575 – 1598.

[165] Benner M. J. , Tushman M. L. Exploitation, Exploration and Process Management: The Productivity Dilemma Revisited [J]. Academy of Management Review, 2003, 29 (2): 238 – 256.

[166] Besharov M. L. , Smith W. K. Multiple Institutional Logics in Organizations: Explaining Their Varied Nature and Implications [J]. Academy of Management Review, 2014, 39 (3): 364 – 381.

[167] Bianchini S. , Llerena P. , Martino R. The Impact of R&D Subsidies under Different Institutional Frameworks? [J]. Structural Change and Economic

Dynamics, 2019, 50: 65 – 78.

［168］Boeing P. The Allocation and Effectiveness of China's R&D Subsidies——Evidence from Listed Firms ［J］. Research Policy, 2016, 45 (9): 1774 – 1789.

［169］Bronzini R. , Iachini E. Are Incentives for R&D Effective? Evidence from a Regression Discontinuity Approach ［J］. American Economic Journal-Economic Policy, 2014, 6 (4): 100 – 134.

［170］Bronzini R. , Piselli P. The Impact of R&D Subsidies on Firm Innovation ［J］. Research Policy, 2016, 45 (2): 442 – 457.

［171］Bérubé C. , Mohnen P. Are Firms That Receive R&D Subsidies more Innovative? ［J］. Canadian Journal of Economics, 2009, 42 (1): 206 – 225.

［172］Butler I. , Galassi G. , Ruffo H. Public Funding for Startups in Argentina: An Impact Evaluation ［J］. Small Business Economics, 2016, 46 (2): 295 – 309.

［173］Campbell N. D. , Heriot K. C. , Jauregui A. , Mitchell D. T. Which State Policies Lead to US Firm Exits? Analysis with the Economic Freedom Index ［J］. Journal of Small Business Management, 2012, 50 (1): 87 – 104.

［174］Cano-Kollmann M. , Hamilton R. D. , Mudambi R. Public Support for Innovation and the Openness of Firms' Innovation Activities ［J］. Industrial and Corporate Change, 2017, 26 (3): 421 – 442.

［175］Catozzella A. , Vivarelli M. The Possible Adverse Impact of Innovation Subsidies: Some Evidence from Italy ［J］. International Entrepreneurship and Management Journal, 2016, 12 (2): 351 – 368.

［176］Chen J. , Heng C. S. , Tan B. C. Y. , Lin Z. The Distinct Signaling Effects of R&D Subsidy and Non-R&D Subsidy on IPO Performance of IT Entrepreneurial Firms in China ［J］. Research Policy, 2018, 47 (1): 108 – 120.

［177］Chen M. J. , Guariglia A. Internal Financial Constraints and Firm

Productivity in China: Do Liquidity and Export Behavior Make a Difference? [J]. Journal of Comparative Economics, 2013, 41 (4): 1123 –1140.

[178] Chen S. , Sun Z. , Tang S. , Wu D. Government Intervention and Investment Efficiency: Evidence from China [J]. Journal of Corporate Finance, 2011, 17 (2): 259 –271.

[179] Chen W. R. , Miller K. D. Situational and Institutional Determinants of Firms' R&D Search Intensity [J]. Strategic Management Journal, 2007, 28 (4): 369 –381.

[180] Chen Y. , Liu Y. , Shahab Y. , Zhou Y. Do Staggered Board Elections Affect Firms' Financing Costs? Evidence from China [J]. International Journal of Finance and Economics, 2020, 26 (2): 2118 –2133.

[181] Clark K. B. , Chew W. B. , Fujimoto T. Product Development in the World Auto Industry [J]. Brookings Papers on Economic Activity, 1987 (3): 729 –781.

[182] Conti A. Entrepreneurial Finance and the Effects of Restrictions on Government R&D Subsidies [J]. Organization Science, 2018, 29 (1): 134 –153.

[183] Czarnitzki D. , Hottenrott H. , Thorwarth S. Industrial Research Versus Development Investment: The Implications of Financial Constraints [J]. Cambridge Journal of Economics, 2011, 35 (3): 527 –544.

[184] Dechow P. M. , Kothari S. P. , Watts R. L. The Relation between Earnings and Cash Flows [J]. Journal of Accounting and Economics, 1998, 25 (2): 133 –168.

[185] Dechow P. M. , Sloan R. G. , Sweeney A. P. Detecting Earnings Management [J]. Accounting Review, 1995, 70 (2): 193 –225.

[186] DiMasi J. A. , Hansen R. W. , Grabowski H. G. The Price of Innovation: New Estimates of Drug Development Costs [J]. Journal of Health Economics, 2003, 22 (2): 151 –185.

［187］ Dimos C. , Pugh G. The Effectiveness of R&D Subsidies: A Meta-Regression Analysis of the Evaluation Literature ［J］. Research Policy, 2016, 45 (4): 797 – 815.

［188］ Ejermo O. , Xiao J. Entrepreneurship and Survival over the Business Cycle: How Do New Technology-Based Firms Differ? ［J］. Small Business Economics, 2014, 43 (2): 411 – 426.

［189］ Eldredge N. , Gould S. J. Punctuated Equilibrium Prevails ［J］. Nature, 1988, 332 (61): 211 – 212.

［190］ Engel D. , Rothgang M. , Eckl V. Systemic Aspects of R&D Policy Subsidies for R&D Collaborations and Their Effects on Private R&D ［J］. Industry and Innovation, 2016, 23 (2): 206 – 222.

［191］ Feldman M. P. , Kelly M. R. The Extant Assessment of Knowledge Spillovers: Government R&D Policy, Economic Incentives, and Private Firm Behavior ［J］. Research Policy, 2006, 35 (10): 1509 – 1521.

［192］ Feng Z. Y. , Wang M. L. , Huang H. W. Equity Financing and Social Responsibility: Further International Evidence ［J］. The International Journal of Accounting, 2015, 50 (3): 247 – 280.

［193］ Florian S. Do Research Subsidies Crowd out Private R&D of Large Firms? Evidence from European Framework Programmes? ［J］. Research Policy, 2020, 49 (3).

［194］ Florian S. Research Subsidies, Industry-University Cooperation and Innovation ［J］. Research Policy, 2018, 47 (7): 1256 – 1266.

［195］ Fonseka M. M. , Samarakoon L. P. , Tian G. L. Equity Financing Capacity and Stock Returns: Evidence from China ［J］. Journal of International Financial Markets, Institutions and Money, 2012, 22 (5): 1277 – 1291.

［196］ Francis B. , Hasan I. , Huang Y. , Sharma Z. Do Banks Value Innovation? Evidence from US Firms ［J］. Financial Management, 2012, 41 (1):

159 – 185.

［197］ Freeman C. Technology Policy and Economic Performance： Lessons from Japan ［M］. Frances Pinter， London， 1987.

［198］ Freeman R. E. Strategic Management： A Stakeholder Approach ［M］. Oxford： Cambridge University Press， 2010.

［199］ Fritsch M. ， Brixy U. ， Falck O. The Effect of Industry， Region， and Time on New Business Survival——A Multi-Dimensional Analysis ［J］. Review of Industrial Organization， 2006， 28 （3）： 285 – 306.

［200］ García-Quevedo J. Do Public Subsidies Complement Business R&D? A Meta-Analysis of the Econometric Evidence ［J］. Kyklos， 2004， 57 （1）： 87 – 102.

［201］ Gentry R. J. ， Shen W. The Impacts of Performance Relative to Analyst Forecasts and Analyst Coverage on Firm R&D Intensity ［J］. Strategic Management Journal， 2013， 34 （1）： 121 – 130.

［202］ Gill I. ， Kharas H. An East Asian Renaissance： Ideas for Economic Growth ［M］. World Bank Publications， 2007.

［203］ Gonzáles X. ， Jaumandreu J. ， Pazó C. Barriers to Innovation and Subsidy Effectiveness ［J］. Rand Journal of Economics， 2005， 36 （4）： 930 – 949.

［204］ Grilli L. ， Murtinu S. Selective Subsidies， Entrepreneurial Founders' Human Capital， and Access to R&D Alliances ［J］. Research Policy， 2018， 47 （10）： 1945 – 1963.

［205］ Grilli L. High-Tech Entrepreneurship in Europe： A Heuristic Firm Growth Model and Three "（Un-） Easy Pieces" for Policy-Making ［J］. Industry and Innovation， 2014， 21 （4）： 267 – 284.

［206］ Guiso L. High-Tech Firms and Credit Rationing ［J］. Journal of Economic Behavior and Organization， 1998， 35 （1）： 39 – 59.

［207］ Guo D. ， Guo Y. ， Jiang K. Funding Forms， Market Conditions， and Dynamic Effects of Government R&D Subsidies: Evidence from China [J]. Economic Inquiry, 2017, 55 (2): 825 – 842.

[208] Gupta A. K., Smith K. G., Shalley C. E. The Interplay between Exploration and Exploitation [J]. The Academy of Management Journal, 2006, 49 (4): 693 – 706.

[209] Harryson S. J., Dudkowski R., Stern A. Transformation Networks in Innovation Alliances: The Development of Volvo C70 [J]. Journal of Management Studies, 2008, 45 (4): 745 – 773.

[210] Hottenrott H., Lopes-Bento C., Veugelers R. Direct and Cross-Scheme Effects in a Research and Development Subsidy Program [J]. Research Policy, 2017, 46 (6): 1118 – 1132.

[211] Howell S. T. Financing Innovation: Evidence from R&D Grants [J]. American Economic Review, 2017, 107 (4): 1136 – 1164.

[212] Hu A. G. Ownership, Government R&D, Private R&D, and Productivity in Chinese Industry [J]. Journal of Comparative Economics, 2001, 29 (1): 136 – 157.

[213] Hud M., Hussinger K. The Impact of R&D Subsidies During the Crisis [J]. Research Policy, 2015, 44 (10): 1844 – 1855.

[214] Jansen J. J. P., Van den Bosch F. A. J., Volberda H. W. Exploratory Innovation, Exploitative Innovation, and Performance: Effects of Organizational Antecedents and Environmental Moderators [J]. Management Science, 2006, 52 (11): 1661 – 1674.

[215] Jansen J. J. P., Van den Bosch F. A. J., Volberda H. W. Managing Potential and Realized Absorptive Capacity: How Do Organizational Antecedents Matter? [J]. Academy of Management Journal, 2005, 48 (6): 999 – 1015.

[216] Jensen M. C., Meckling W. H. Theory of The Firm: Managerial Behavior, Agency Costs and Ownership Structure [J]. SSRN Electronic Journal,

1976, 3 (4): 305 – 360.

[217] John K. , Litov L. , Yeung B. Corporate Governance and Risk-Taking [J]. The Journal of Finance, 2008, 63 (4): 1679 – 1728.

[218] Jung H. , Hwang J. , Kim B. K. Does R&D Investment Increase SME Survival During a Recession? [J]. Technological Forecasting and Social Change, 2018, 137: 190 – 198.

[219] Ju X. S. , Chen J. , Tan Q. Financing for Innovation of Chinese Listed Firms [J]. Singapore Economic Review, 2020, 65 (4): 1007 – 1032.

[220] Kang K. N. , Park H. Influence of Government R&D Support and Inter-Firm Collaborations on Innovation in Korean Biotechnology SMEs [J]. Technovation, 2012, 32 (1): 68 – 78.

[221] Karhunen H. , Huovari J. R&D Subsidies and Productivity in SMEs [J]. Small Business Economics, 2015, 45 (4): 805 – 823.

[222] Kleer R. Government R&D Subsidies as a Signal for Private Investors [J]. Research Policy, 2010, 39 (10): 1361 – 1374.

[223] Koski H. , Pajarinen M. Subsidies, the Shadow of Death and Labor Productivity [J]. Journal of Industry, Competition and Trade, 2015, 15 (2): 189 – 204.

[224] Kuhn T. S. The Structure of Scientific Revolutions [M]. The University of Chicago Press, 1962.

[225] Kusnadi Y. , Wei K. C. J. The Equity-Financing Channel, the Catering Channel, and Corporate Investment: International Evidence [J]. Journal of Corporate Finance, 2017, 47: 236 – 252.

[226] Lach S. Do R&D Subsidies Stimulate or Displace Private R&D? Evidence from Israel [J]. The Journal of Industrial Economics, 2002, 50 (4): 369 – 390.

[227] Lerner J. The Government as Venture Capitalist: The Long-Run Im-

pact of the SBIR Program [J]. The Journal of Private Equity, 1999, 72 (3): 285 – 318.

[228] Lerner J. When Bureaucrats Meet Entrepreneurs: The Design of Effective 'Public Venture Capital' Programmes [J]. Economic Journal, 2002, 112 (477): F73 – F84.

[229] Levinthal D. A., March J. G. The Myopia of Learning [J]. Strategic Management Journal, 1993, 14: 95 – 112.

[230] Li L., Chen J., Gao H., Xie L. The Certification Effect of Government R&D Subsidies on Innovative Entrepreneurial Firms' Access to Bank Finance: Evidence from China [J]. Small Business Economics, 2019, 52 (1): 241 – 259.

[231] Li L., Liu Q., Wang J., Hong X. Carbon Information Disclosure, Marketization, and Cost of Equity Financing [J]. International Journal of Environmental Research and Public Health, 2019, 16 (1): 150.

[232] Limaj E., Bernroider E. W. N. The Roles of Absorptive Capacity and Cultural Balance for Exploratory and Exploitative Innovation in SMEs [J]. Journal of Business Research, 2019, 94: 137 – 153.

[233] Liu X., Li X., Li H. R&D Subsidies and Business R&D: Evidence from High-Tech Manufacturing Firms in Jiangsu [J]. China Economic Review, 2016, 41: 1 – 22.

[234] Lundvall B. A. National Systems of Innovation: Towards a Theory of Innovation and Interactive Learning [M]. Pinter Publisher, London, 1992.

[235] March J. G. Exploration and Exploitation in Organizational Learning [J]. Organization Science, 1991, 2 (1): 71 – 87.

[236] Mariani M., Mealli F. The Effects of R&D Subsidies to Small and Medium-Sized Enterprises: Evidence from a Regional Program [J]. Italian Economic Journal, 2018, 4 (2): 249 – 281.

[237] Meuleman M. , De Maeseneire W. Do R&D Subsidies Affect SME's Access to External Financing? [J]. Research Policy, 2012, 41 (3): 580 –591.

[238] Modigliani F. , Miller M. H. The Cost of Capital, Corporation Finance and the Theory of Investment [J]. American Economic Review, 1958, 48 (3): 261 –297.

[239] Montmartin B. , Herrera M. Internal and External Effects of R&D Subsidies and Fiscal Incentives: Empirical Evidence Using Spatial Dynamic Panel Models [J]. Research Policy, 2015, 44 (5): 1065 – 1079.

[240] Moonitz M. The Basic Postulates of Accounting [M]. Accounting Research Study, 1961.

[241] Mudambi R. , Swift T. Knowing When to Leap: Transitioning between Exploitative and Explorative R&D [J]. Strategic Management Journal, 2014, 35 (1): 126 – 145.

[242] Mudambi R. , Swift T. Proactive R&D Management and Firm Growth: A Punctuated Equilibrium Model [J]. Research Policy, 2011, 40 (3): 429 – 440.

[243] Nelson R. R. National Innovation Systems: A Comparative Analysis [M]. Oxford University Press, Oxford, 1993.

[244] Nguyen Q. , Rugman A. M. Internal Equity Financing and the Performance of Multinational Subsidiaries in Emerging Economies [J]. Journal of International Business Studies, 2015, 46 (4): 468 –490.

[245] Patel P. , Pavitt K. National Innovation Systems: Why They are Important, and How They Might be Measured and Compared [J]. Economics of Innovation and New Technology, 1994, 3 (1): 77 –95.

[246] Patel P. C. , Guedes M. J. , Soares N. , Goncalves V. D. Strength of the Association between R&D Volatility and Firm Growth: The Roles of Corporate Governance and Tangible Asset Volatility [J]. Journal of Business Research,

2018, 88: 282 - 288.

[247] Pederzini E. , Toniolo A. SMEs Equity Financing: Does Corporate Law Matter? [J]. European Company Law, 2020, 17 (6): 1 - 14.

[248] Pellegrini G. , Muccigrosso T. Do Subsidized New Firms Survive Longer? Evidence from a Counterfactual Approach [J]. Regional Studies, 2017, 51 (10): 1 - 11.

[249] Pfeffer J. , Salancik G. R. The External Control of Organizations: A Resource Dependence Perspective [M]. Harper & Row, New York, 1978.

[250] Piga C. , Vivarelli M. Sample Selection in Estimating the Determinants of Cooperative R&D [J]. Applied Economics Letters, 2003, 10 (4): 243 - 246.

[251] Raimo N. , Nuccio E. D. , Giakoumelou A. , Petruzzella F. , Vitolla F. Non-Financial Information and Cost of Equity Capital: An Empirical Analysis in the Food and Beverage Industry [J]. British Food Journal, 2020, 123 (1): 49 - 65.

[252] Renski H. External Economies of Localization, Urbanization and Industrial Diversity and New Firm Survival [J]. Papers in Regional Science, 2011, 90 (3): 473 - 502.

[253] Ribau C. P. , Moreira A. C. , Raposo M. The Role of Exploitative and Exploratory Innovation in Export Performance: An Analysis of Plastics Industry SMEs [J]. European Journal of International Management, 2019, 13 (2): 224 - 246.

[254] Romanelli E. , Tushman M. L. Organizational Transformation as Punctuated Equilibrium: An Empirical Test [J]. Academy of Management Journal, 1994, 37 (5): 1141 - 1166.

[255] Romer P. M. Increasing Returns and Long-Run Growth [J]. Journal of Political Economy, 1986, 94 (5): 1002 - 1037.

［256］Rosenkopf L. , Nerkar A. Beyond Local Search：Boundary-Spanning, Exploration, and Impact in the Optical Disk Industry ［J］. Strategic Management Journal, 2001, 22（4）：287 – 306.

［257］Roychowdhury S. Earnings Management through Real Activities Manipulation ［J］. Journal of Accounting and Economics, 2006, 42（3）：335 – 370.

［258］Salerno D. Does the Private Equity Financing Improve Performance in Family SMEs? ［J］. Journal of Family Business Management, 2019, 9（1）：110 – 124.

［259］Santos A. , Neto P. , Serrano M. M. A Long-Term Mortality Analysis of Subsidized Firms in Rural Areas：An Empirical Study in the Portuguese Alentejo Region ［J］. Eurasian Economic Review, 2016, 6（1）：125 – 151.

［260］Saunila M. , Ukko J. Intangible Aspects of Innovation Capability in SMEs：Impacts of Size and Industry ［J］. Journal of Engineering and Technology Management, 2014, 33：32 – 46.

［261］Schumpeter J. A. The Theory of Economics Development ［M］. Harvard University Press, Cambridge, 1934.

［262］Sergio A. , Jose G. Q. The Impact of R&D Subsidies on R&D Employment Composition ［J］. Industrial and Corporate Change, 2016, 25（6）：955 – 975.

［263］Silva F. , Carreira C. Financial Constraints：Do They Matter to Allocate R&D Subsidies? ［J］. B E Journal of Economic Analysis and Policy, 2017, 17（4）：1 – 26.

［264］Solow R. M. Technical Change and the Aggregate Production Function ［J］. Review of Economics and Statistics, 1957, 39（3）：312 – 320.

［265］Soltanzadeh J. , Elyasi M. , Ghaderifar E. , Soufi H. R. , Khoshsirat M. Evaluation of the Effect of R&D Subsidies on Iranian Firms' Innovative Behavior：Reconceptualizing Behavioral Additionality ［J］. Journal of Ence and

Technology Policy Management, 2019, 11 (1): 17 – 48.

[266] Spence M. A. Job Market Signaling [J]. Quarterly Journal of Economics, 1973, 87 (3): 355 – 374.

[267] Stiglitz J. E. , Weiss A. Credit Rationing in Markets with Imperfect Information [J]. American Economic Review, 1981, 71 (3): 393 – 410.

[268] Sun X. , Yu R. , Wang Y. Do Government Subsidies Stimulate Firms' R&D Efforts? ——Empirical Evidence from China [J]. Asian Journal of Technology Innovation, 2020, 28 (2): 163 – 180.

[269] Swift T. The Perilous Leap between Exploration and Exploitation [J]. Strategic Management Journal, 2016, 37 (8): 1688 – 1698.

[270] Takalo T. , Tanayama T. , Toivanen O. Market Failures and the Additionality Effects of Public Support to Private R&D: Theory and Empirical Implications [J]. International Journal of Industrial Organization, 2013, 31 (5): 634 – 642.

[271] Takalo T. , Tanayama T. Adverse Selection and Financing of Innovation: Is There a Need for R&D Subsidies? [J]. Journal of Technology Transfer, 2010, 35 (1): 16 – 41.

[272] Wallsten S. J. The Effects of Government-Industry R&D Programs on Private R&D: The Case of the Small Business Innovation Research Program [J]. Rand Journal of Economics, 2000, 31 (1): 82 – 100.

[273] Wei J. , Zuo Y. The Certification Effect of R&D Subsidies from the Central and Local Governments: Evidence from China [J]. R&D Management, 2018, 48 (5): 615 – 626.

[274] Windrum P. , Birchenhall C. Is Product Life Cycle Theory a Special Case? Dominant Designs and the Emergence of Market Niches through Coevolutionary-Learning [J]. Structural Change and Economic Dynamics, 1998, 9 (1): 109 – 134.

［275］Wood M. S. , Michalisin M. D. Entrepreneurial Drive in the Top Management Team: Effects on Strategic Choice and Firm Performance ［J］. Journal of Leadership and Organizational Studies, 2010, 17 (3): 222 – 239.

［276］Wu A. H. The Signal Effect of Government R&D Subsidies in China: Does Ownership Matter? ［J］. Technological Forecasting and Social Change, 2017, 117: 339 – 345.

［277］Wu R. , Liu Z. , Ma C. , Chen X. Effect of Government R&D Subsidies on Firms' Innovation in China ［J］. Asian Journal of Technology Innovation, 2019, 28 (1): 42 – 59.

［278］Wu Z. , Chua J. H. , Chrisman J. J. Effects of Family Ownership and Management on Small Business Equity Financing ［J］. Journal of Business Venturing, 2007, 22 (6): 875 – 895.

［279］Xu C. The Fundamental Institutions of China's Reforms and Development ［J］. Journal of Economic Literature, 2011, 49 (4): 1076 – 1151.

［280］Zahra S. A. Corporate Entrepreneurship and Financial Performance: The Case of Management Leveraged Buyouts ［J］. Journal of Business Venturing, 1995, 10 (3): 225 – 247.

［281］Zang J. J. Structural Holes, Exploratory Innovation and Exploitative Innovation ［J］. Management Decision, 2018, 56 (8): 1682 – 1695.